教育博客知识共享研究：
主体认知、社会影响与行为保障

金 辉 著

科学出版社

北 京

内 容 简 介

本书针对当前国内教育博客"存活率低"的现实问题，以用户在教育博客的知识共享实践为研究对象，在理论逻辑演绎和实证调研检验的基础上，对教育博客知识共享的内在机理与治理对策进行了翔实且细致的研究。全书分为 6 章，首先介绍了教育博客发展的历史渊源和现实困境，接着对教育博客知识共享展开了全方位界定，然后剖析了教育博客知识共享发生与运行的内在规律，最后分别从主体认知、社会影响和行为保障三个视角出发，探究了不同类别影响因素对教育博客知识共享的作用路径及影响功效，并继而提出了相应的治理对策。

本书不仅可以作为教育/教学管理、知识管理、情报信息等研究领域的学者（教师、研究生或相关研究人员）理论研究或学习的参考资料，也对正在从事或有志于从事知识管理的相关实践者具有实用参考价值。

图书在版编目(CIP)数据

教育博客知识共享研究：主体认知、社会影响与行为保障/金辉著.
—北京：科学出版社，2016.11
ISBN 978-7-03-050525-5

Ⅰ.①教…　Ⅱ.①金…　Ⅲ.①互连网络-传播媒介-应用-高等教育-研究-中国　Ⅳ.①G649.2-39

中国版本图书馆 CIP 数据核字(2016)第 267704 号

责任编辑：胡　凯　许　蕾/责任校对：张怡君
责任印制：张　伟/封面设计：许　瑞

科 学 出 版 社 出版
北京东黄城根北街 16 号
邮政编码：100717
http://www.sciencep.com

北京凌奇印刷有限责任公司 印刷
科学出版社发行　各地新华书店经销
*

2016 年 11 月第 一 版　开本：720×1000　B5
2019 年 6 月第四次印刷　印张：14 1/2
字数：292 000
定价：69.00 元
（如有印装质量问题，我社负责调换）

序

　　随着信息化时代的到来，我国教育事业现代化发展越来越依托于教育信息化体系的构建和完善。运用好各类信息技术与平台促进教育资源的普及与共享，实现教育思想、理念、方法和手段的全方位创新，对于提高教育质量、促进教育公平、构建学习型社会和人力资源强国具有重大意义。

　　但在教育信息化已成为不可逆转的趋势的同时，作为基础的传统教育教学是否会被信息技术所颠覆也引发了一些教育界人士的忧虑。对此，我的回答是：传统教育教学生命力的延续恰恰源自与信息技术的深度融合。在过去，教育教学是相对封闭、保守的；在未来，教育教学必须要破除窠臼，走向开放，以全新的思维迎接和拥抱信息技术的革命。信息技术的日益革新固然会对传统教育教学有所冲击，但其亦为我国教育事业的发展提供了更好的技术支撑和更多的发展可能，更为重要的是，其所推崇的"开放、平等、协作、分享"等精神为广大教育界人士创造了更为广阔的生态空间。

　　作为一种典型的现代信息技术与教育教学相融合的产物——教育博客自诞生起就被众多教育界人士视为理想的知识共享媒介和网络平台，其集成了文字、图像、语音、视频等多种知识共享方式，在促进教育资源交流、教师专业成长、教学手段革新、自主学习构建、学术科研合作等方面发挥着日益重要的作用。纵观教育博客的成长历程，其用户数已经从早期的指数增长转变为现今的平缓增长，尤其是近年来其用户数增速的大幅度回落意味着教育博客的发展已经遇到了阶段性的"瓶颈"。伴随而来的是，广大的教育者开始认真思考教育博客的价值和功效。

　　"如何真正利用好教育博客服务于教育教学"、"如何推进教育博客向着更高效、更健康的方向发展"是近年来教育理论界和实践界广泛关注的话题。许多教育界人士从不同的角度出发试图解读教育博客成功运营的关键。但遗憾的是，这些研究成果大多缺少一个系统的全局观以及鲜明的突破口。有别于当下既有的研究成果，金辉博士的这本书以用户在教育博客的知识共享实践为切入点，从主体认知、社会影响和行为保障三维视角全方位为读者解析了当下教育博客运行的现实问题、内在规律与改善途径，让我们有机会透彻地了解到教育博客成长背后的知识路径和演化逻辑。所以金辉博士的这个成果具有很好的理论和现实意义。

　　在本书中，金辉博士一方面运用了大量的跨学科经典理论推演了用户在教育博客知识共享行为的发生路径以及诸多影响因素对用户教育博客知识共享实践的作用机制，为我们系统刻画了一幅教育博客知识共享的运行机理图；另一方面运用科学的研究方法采集了翔实的调研数据并基于数据分析提出了一系列破解当前国内教育博客"存活率低"的治理之道。我相信，本书的面世不仅能给教育工作者以及关心教育教学改革的人士以启发，也能给广大在第一线使用教育博客的用户以及教育博客平台的运营商和监管方以启迪。

　　希望读者们能从本书中汲取知识养分，少走弯路，为早日实现我国以教育信息化带动教育现代化的发展战略贡献自己的力量。

杨忠

南京大学党委常务副书记

南京大学商学院教授、博士生导师

2016 年 9 月 23 日于南京

前　言

　　21 世纪是信息技术迅猛发展的时代，也是社会各个领域全面推进信息化建设的时代。放眼当今全球教育界，教育信息化已是各国推进教育改革不可回避的发展趋势，教育信息化水平也已成为衡量一个国家教育现代化进程的重要标志。为了推进和落实我国教育信息化的总体部署，教育部于 2012 年 3 月组织编制和印发了《教育信息化十年发展规划（2011—2020 年）》，明确了以"以教育信息化带动教育现代化，破解制约我国教育发展的难题，促进教育的创新与变革，是加快从教育大国向教育强国迈进的重大战略抉择"，强调了"教育信息化……是实现我国教育现代化宏伟目标不可或缺的动力与支撑"。为了响应我国教育信息化的迫切要求，充分运用和发挥各种领先信息技术对教育事业的引领和支撑作用，俨然是当下教育界人士密切关注和积极实践的重要课题。

　　以计算机为核心的互联网信息技术的飞速发展，造就了一批引领潮流的互联网平台和工具，这些平台和工具在对传统教育产生极大冲击的同时，也为我国教育事业信息化注入了新的生机和活力。在当下众多新型的互联网平台和工具中，教育博客作为一个重要分支，逐步进入我国教育界公众的视野，并日渐为国内教育界人士备受推崇的教育信息化载体。相较于传统教育媒介，教育博客在推进教育知识资源共享化方面有着诸多先天的优势。首先，教育博客作为一种时尚的网络交流媒体，其"崇自由"、"重开放"、"尊个性"的独特魅力和人性理念充分顺应了当代教育工作者在知识传播上自主性的诉求；其次，教育博客在技术上"简单易用"、"及时发布"、"灵活互动"等特性，使其用户可以最大限度地摆脱时间、空间、经费、技术等资源的约束，被视为是理想的"零壁垒"在线知识共享场所；再次，教育博客的普遍推广还可以为广大教育界人士创造诸如"自我反思"、"业务成长"、"人际合作"、"协同创新"等多维价值。

　　虽然当前教育博客的发展呈上升态势，并且教育博客在推动知识共享方面有着一系列亮点，但我国教育博客平台内的知识共享实践并未如世人所预期的那样蓬勃、健康发展。事实上，当前国内用户在参与教育博客知识共享实践的过程中已经日渐暴露出诸如"知识共享质量参差不齐"，"知识互动缺乏深度"，"共享行为缺乏有效监管"等一系列问题。在众多已经显现的问题中，以教育博客的"存活率低"（即用户持续参与教育博客知识共享实践）最为突出。相关调查表明：在教育博客建设的初期，用户们往往会表现出很高的热情，他们会经常更新和维护博客空间的知识内容，并积极与其他用户进行知识互动；但随着时间的推移，他们对教育博客的关注度和投入度逐渐下降，大部分教育博客处于"养在深闺人未识"的尴尬境遇，甚至很多教育博客在创建不到半年内就被"遗弃"或"长草"。那么，在知识互动交流更为便捷的教育博客平台，用户们为什么反而会对知识共享实践表现出倦怠或参与热情递减的现象呢？为了解释并解决这一问题，不仅需要实践上的勇于尝试，更需要理论上的深度探索。

正是基于这样的考虑，本书尝试从本源上对三个基础且关键的研究议题予以系统解答，分别为："什么是教育博客知识共享"，"教育博客知识共享行为是如何发生的"，"哪些因素会影响以及如何影响教育博客知识共享行为的发生"。针对第一个研究议题，本书对教育博客知识共享进行了全面系统的界定，全方位介绍和阐述了教育博客知识共享的内涵、要素、模式、特点等知识要点。针对第二个研究议题，本书立足于个体行为层面，综合借鉴和运用多个学科的经典理论，逻辑推演了用户教育博客知识共享行为的一般发生机制，并构建了统摄全书的研究框架。针对第三个研究议题，本书分别从主体认知、社会影响和行为保障三个视角出发，甄别了有可能影响用户教育博客知识共享行为的具体因素，并验证了各影响因素对用户教育博客知识共享行为的影响功效，继而提出了有助于教育博客知识共享实践良性发展的治理对策。其中，主体认知视角旨在探究用户对教育博客知识共享行为的偏好认知，社会影响视角旨在探究用户对教育博客知识共享行为的压力认知，行为保障视角旨在探究用户对教育博客知识共享行为的信心认知。

为了向读者清晰地揭示教育博客知识共享的内在机理与治理对策，本书严格遵循"文献研究→现状调研→理论推演→实证检验→对策建议"逻辑递进的研究思路，在采集和整理了数十万字的文献与数据资料的基础上，运用文献扎根、问卷调查等多种形式的研究方法，经历数次"构思—推翻—重建"的艰难撰写过程，历时三年最终完成了本书的创作。

本书的学术价值与写作特色主要体现在三个方面。①跨学科研究范式：本书综合运用了管理学、组织行为学、应用心理学、信息系统学等研究领域的经典基础理论（如理性行为理论、社会认知理论、计划行为理论、技术接受模型等），这种跨学科理论工具的融合运用不仅有助于读者从广阔的视角客观解读用户教育博客知识共享的行为，并且有利于提升本书中理论模型、研究假设和研究结论的解释力度。②多元化研究思路：本书尝试从三个研究视角出发，甄别了教育博客知识共享的主体认知类因素、社会影响类因素和行为保障类因素，探究了不同类别的各影响因素对教育博客知识共享的作用路径与影响效用。这一研究举措有不仅助于从整体视角（Holistic Perspective）系统解答不同类别的影响因素对教育博客知识共享的差异化作用机理，且有助于探究不同类别的影响因素对教育博客知识共享的异质性影响功效。③针对性治理对策：本书在理论揭秘用户教育博客知识共享行为发生机制的"黑箱"的基础上，分别从主体认知驱动、社会影响驱动和行为保障驱动出发，提出了提升和改善用户教育博客知识共享行为的治理对策，进而有助于从事教育博客知识管理的相关实践者有针对性地强化对用户教育博客知识共享行为的管理和引导。基于这些研究特色，本书不仅可以作为教育/教学管理、知识管理、情报信息学领域的学者（研究人员、教师或研究生）理论研究或学习的参考资料，并且也对正在从事或有志于从事知识管理的相关管理实践者具有较高的实用参考价值。

　　本书在创作期间得到了国家自然科学基金青年项目"中国本土文化对员工知识共享行为的影响机理研究：变量、路径与效用"（71402065）、江苏省教育科学"十二五"规划 2015 年度课题"高校教师博客知识共享行为的内在机理与治理对策研究"（D/2015/01/79）、江苏省现代教育技术研究重点课题"网络环境下基于教育博客的教师知识共享行为研究"（2012-R-21880）的资助，在此表示由衷的谢忱。在撰写过程中，本书参考和应用了国内外学者的相关研究成果，一并深表感谢。同时，本书的诞生也凝聚着各位领导、同事、友人和家人的关怀和支持！

　　鉴于本书研究议题的前沿性和复杂性，加之囿于时空、人力、物力等客观因素的制约，创作过程难免存在不尽完备之处。书中的缺点与不当之处，敬请广大专家、学者和读者批评指正。

金　辉

2016 年 8 月

目　录

第一章　绪　　论

1.1　教育博客的发展历史与兴起根源

1.1.1　教育博客发展的历史

1. 博客在全球的发展简史

博客（Blog），是英语单词 Weblog 的简称；Weblog 是 web 和 log 的组合词，是指基于互联网的一种流水记录形式的信息发布平台，也被称为"网络日志"。

世界上最原始的博客诞生于 1997 年的美国。纽约时报的大卫•格拉格这样描述博客的诞生："（最初是）一些程序员尝试在互联网上推出超链接形式的日记，张贴他们自己在技术层面的思考心得和个人生活方面的休闲内容；当这种行为引起人们的广泛关注后，他们为那些喜欢这种张贴方式但对技术一窍不通的人开发了博客网站，由此博客在非技术人员中也开始流行起来。"

1999 年起，博客开始逐步向世人展示它的魅力和价值所在。以著名的博客网站"博客在线"为例（http:// www.Blogger.com，创建于 1999 年），在其营运一年后就拥有了 150 000 万注册用户（Langellier et al.，2004）。2001 年，美国"9.11"恐怖袭击事件之后，美国兴起了很多"反恐战争"的博客平台，并且这些平台吸引了大量美国民众的参与（Cohn et al.，2004）。2003 年，博客的价值开始得到越来越多的关注和报道，许多全球大型的门户网站（如雅虎，MSN 等）为了吸引和挽留用户，纷纷为会员提供个性化的博客服务（Lu et al.，2007）；许多著名的企业也开始尝试挖掘博客的商业价值，例如，谷歌为了推广其在线广告业务将个体博客平台与其在线广告进行了捆绑营销，耐克公司把在博客平台投放广告业务视为一种接近潜在目标客户的新途径（Hsu et al.，2008）。2004 年，韦氏词典正式收录了"博客"一词。2005 年，博客被财富杂志评选为十大科技趋势之一（Vogelstein et al.，2005）。2007 年，全球博客总量已经突破一亿，并且每天仍以新增用户 17.5 万的速度高速发展（Technorati Inc.，2008）。至此，博客俨然已经成为最受全球网络用户喜爱的网络信息发布工具之一，博客行为也已从一个最初的边缘网络活动发展成为时下最为主流的网络活动。

2. 博客在我国的发展简史

当博客在西方如火如荼发展的同时，博客思想的火花也开始悄然传入我国。我国研究新媒体的学者孙坚华先生早在 1998 年就开始关注、追踪和介绍西方的博客现象，并在 2002 年完成了堪称国内第一篇系统、全面阐述博客革命的文章——《博客论》。2003 年，方兴东和王俊秀作为国内研究博客的先行者，出版了我国第一本介绍博客发展的书籍——《博客：e 时代盗火者》。正是在这些崇尚网络文化的社会精英们的引领下，博客开始逐步进入国人的视野。

我国最早的博客网站"博客中国"（www.blogchina.com）创建于 2002 年。2002 年至 2004 年期间，国内的博客网站主要定位于 IT 信息化、经济、科学技术等领域，参与的人士大多是一些专家和学者，形式和内容相对专业，不太容易吸引普通网民的参与（管士亮，2005）。2005 年是国内博客发展具有里程碑意义的一年，被誉为是国内"博客大众化元年"（陶龙超，2009）；当时主流的互联网公司意识到博客可能带来的商业价值，开始全面介入个人博客服务（如为普通网民开放了自助式的个人博客空间），标志着博客正式从社会精英走向了普通大众。来自中国互联网络信息中心的历次《中国互联网络发展状况调查统计报告》显示：2007 年至 2009 年期间，国内博客开始迅猛发展，博客用户数和使用率均呈现快速扩张的态势（裴香兰等，2013）；2010 年及以后，随着博客的认知和普及程度越来越高，博客用户数和使用率日趋稳定，但仍始终保持在持续增长的态势（如表 1-1、图 1-1 和图 1-2 所示）。短短十余年光阴，博客已经以一种前所未有的速度和规模渗透到我国社会的各个领域和角落（谢佳琳等，2011），成为继 Email、BBS、ICQ 之后第四种最受国内网络用户喜爱的网络信息交流方式（华海英，2006）。

表 1-1 2007 年至 2014 年我国博客用户数和使用率

调查时间	调查报告	博客用户数（万人）	博客使用率（%）
2007 年 7 月	《第 20 次中国互联网络发展状况调查统计报告》	3094	19.1
2008 年 1 月	《第 21 次中国互联网络发展状况调查统计报告》	4935	23.5
2008 年 7 月	《第 22 次中国互联网络发展状况调查统计报告》	10706	42.3
2009 年 1 月	《第 23 次中国互联网络发展状况调查统计报告》	16200	54.3

续表

调查时间	调查报告	博客用户数（万人）	博客使用率（%）
2009 年 7 月	《第 24 次中国互联网络发展状况调查统计报告》	18184	53.8
2010 年 1 月	《第 25 次中国互联网络发展状况调查统计报告》	22140	57.7
2010 年 7 月	《第 26 次中国互联网络发展状况调查统计报告》	23142	55.1
2011 年 1 月	《第 27 次中国互联网络发展状况调查统计报告》	29450	64.4
2011 年 7 月	《第 28 次中国互联网络发展状况调查统计报告》	31768	65.5
2012 年 1 月	《第 29 次中国互联网络发展状况调查统计报告》	31864	62.1
2012 年 7 月	《第 30 次中国互联网络发展状况调查统计报告》	35331	65.7
2013 年 1 月	《第 31 次中国互联网络发展状况调查统计报告》	37299	66.1
2013 年 7 月	《第 32 次中国互联网络发展状况调查统计报告》	40138	68.0
2014 年 1 月	《第 33 次中国互联网络发展状况调查统计报告》	43658	70.7
2014 年 7 月	《第 34 次中国互联网络发展状况调查统计报告》	44430	70.3

注：报告数据来源中国互联网络信息中心，网址：http://www.cnnic.net.cn

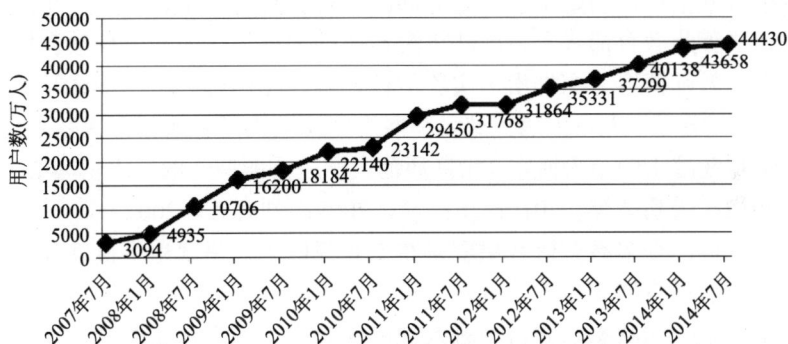

图 1-1　2007 年至 2014 年我国博客用户数发展趋势

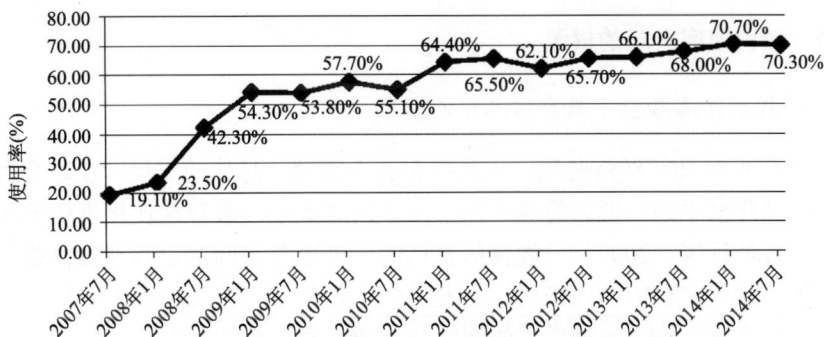

图 1-2　2007 年至 2014 年我国博客使用率发展趋势

3. 教育博客在我国的发展历史

伴随着博客在国内的兴起和繁荣，教育博客作为博客与教育相结合的产物，也日渐吸引了越来越多的教育工作者的关注和参与。早在 2003 年，已有一些国内教育工作者尝试把博客应用于教育领域，包括利用博客构建教学平台和学习社区、将博客作为学习者的知识管理工具等（陈伟超，2009）。2004年，国内最大的教育门户网站中国教育和科研计算机网推出了"中国教育人博客"（www.blog.edu.cn）平台；该平台的开通不仅推动了博客与教育的相结合，更促进了国内教育博客事业的迅速发展（刘辉等，2007）。

在此之后的十余年，国内教育博客经历了一个全方位、多元化的高速发展期（魏宁，2007）。除了大型专业性教育博客网站（如"中国教育博客网"、"中国基础教育博客网"、"教育频道博客网"等）的迅猛发展之外；很多大型网络运营商也都开通了专门的教育博客版块（如"新浪教育博客"、"搜狐教育博客"、"网易教育博客"等）；地方教育行政部门和院校也纷纷搭建了教育博客站点，构建了一批著名的区域性教育博客平台（如广州"天河部落"、"苏州教育博客"、浙江"海盐教师博客"等）和学校教育博客平台（如中大教师博客、深圳南山实验学校博客、华南师大附小博客等）；还有不少专家、学者个人自主购买域名和网络空间架构了私人教育博客平台（如东南大学韦钰院士的个人博客、北京师范大学庄秀丽博士的个人博客等）（黄柳青，2012；张莉靖等，2010；王晶晶，2008；刘辉等，2007）。

时至今日，众多教育博客星罗棋布于互联网上，呈现出生机勃勃的发展态势，标志着教育博客步入了普及应用阶段。教育博客已经从一种自发状态进入到了有组织的状态，并日渐融入到广大教育工作者和相关利益群体（如学生、家长、管理者等）的日常生活、学习和工作之中。

1.1.2 教育博客兴起的根源

1. 教育博客顺应了教育信息化的时代呼唤

21 世纪是知识经济时代，也是社会各个领域信息化的时代。在教育界，教育信息化水平的高低已经成为衡量一个国家或地区教育现代化进程的重要标志（魏丹丹等，2007）。教育信息化的一个重要方面就是实现教育载体的信息化，即运用最能体现当代社会发展的、兼具时代特色和未来趋势的教育载体。教育博客作为一种新兴的网络交流和信息发布的教育载体，其"零壁垒"、"崇自由"、"重开放"的独特魅力充分体现了当代社会信息化、网络化、自由化的发展趋势。正是在这个意义上，充分利用教育博客是实现教育信息化的迫切要求。教育博客作为时下网络科技发展的一种重要存在模式，必将为实现教育信息化所用（张胜等，2007）。

2. 教育博客弥补了传统媒介的功能性不足

近年来，教育界知识资源的交互逐渐呈现出多元性和交叉性的特点，不同学科领域的教育工作者迫切需要通过快速、有效的交流方式来解决知识共享的诉求。然而，传统的信息发布媒介（如研讨会、学术会议、期刊论文发表等），由于其程序化、复杂性和高壁垒等缺陷，往往难以满足广大教育工作者对知识交互及时性、便捷性和自由性的诉求。例如研讨会、学术会议通常会受周期、地点、空间容量等条件的约束；期刊论文发表通常只能发表有限数量的论文，且需经历相当长的发表周期，造成了知识交流的延时（王东等，2012b）。很显然，这些传统媒介的功能性不足会在无形中限制教育界知识资源交互的广度、宽度和深度，而教育博客的出现恰恰很好地弥补了这些传统媒介的功能性不足。首先，无论是从网页界面还是技术架构，教育博客都强有力地支撑了知识交流的便捷性和即时性，使得广大教育工作者可以免受时空、技术等资源的约束。其次，教育博客倡导"自由、开放、平等"的理念，其用户在知识交互的形式和内容等方面具有更多的自主性和个性化，故而广大教育工作者可以免受制度化、规范化、形式化的束缚。简而言之，教育博客以其"简单易用、及时发布、开放互动、平等自由"等优势，为广大教育工作者提供了一个理想的知识交互平台（Lu et al.，2007）。

3. 教育博客在教育界推广具有先天可行性

教育博客之所以能在教育界被普遍推广，一个很重要的前提是我国当前教育现代化建设的水平已经具备了推广教育博客所需的硬件基础、技术条件和人力素质。首先，在硬件基础方面，教育博客的运用必须依托于一定基础的计算机设施和互联网技术，而作为信息技术导入先行者的教育机构早已普及了相应的计算机设施和互联网技术，故而为教育博客的推广提供了良好的硬件准备和保障。其次，在技术条件方面，教育博客满足了"四零"条件（即零编辑，零技术，零成本，零形式），故而极大降低了广大教育工作者的准入门槛。再次，在人力素质方面，接受过良好教育的广大教育工作者不仅具备较好的网络操作知识和技能，而且是尝试网络新鲜事物的先驱，他们对教育博客的"天然兴趣"是教育博客得以推广的重要人力驱动因素（潘珩，2008）。由此可见，无论是硬件、技术还是人力，教育博客在教育界推广具有先天的可行性。

4. 教育博客为不同用户创造了多维价值

教育博客能为不同用户创造多维价值也是其日渐成为教育界"新宠"的另一个重要原因。教育博客的主要用户包括：教育工作者、学生和教育机构。

对于教育工作者而言，在教育博客的知识互动不仅能满足其表达自我、人际沟通等心理诉求；还有助于促进其对教育工作的自我反思和观念转变，进而有利于其教学水平的提升、学术成果的创造和业务能力的成长；并且教育工作者通过教育博客可以很容易找到志同道合者，进而结成一个学习/协作的共同体（陈美荣等，2010）。

对于学生而言，教育博客为其搭建了一个与老师和其他同学自由对话的沟通平台，使得一些师生之间或同学之间不便当面讨论的问题得以更好地沟通和解决。并且，教育博客克服了传统课堂教学易受时空限制的不足，将课堂延展到了课前或课后，有助于提高学生的自主学习热情和能力。另外，教育博客还使得不同校园、不同城市或者不同国家之间的学生进行协作学习成为了可能（李洁等，2007）。

对于教育机构而言，教育博客为教育机构推行远程教育或在线教育提供了良好的技术载体（Farmer et al.，2005）。教育博客能很好地满足教育机构对交流教育信息、共享教学资源、开展教学研讨、探究教育问题等一系列诉求（尹成等，2009）。与此同时，教育博客也是当代教育机构进行知识管理的利器（王周秀，2007）。通过在教育博客的知识存储、知识编辑、知识共享、知识整合等知识治理环节，不仅促进了教育机构知识资源的累积、增值和创新，也极大地提升了教育机构自身的核心竞争力和品牌影响力。

1.2 教育博客与知识共享

《中国博客宣言》认为：博客的出现，标志着互联网从传统的"信息共享"向"思想共享"和"知识共享"的转变，互联网开始真正凸显无穷的知识价值（李墨珺，2008）。而作为一种重要的专业型博客，教育博客与知识共享之间也天然存在着千丝万缕的联系，二者之间有着天生的结合点。

1.2.1 教育博客行为是一种知识共享行为

知识共享行为的概念是伴随着知识共享理论和实践而诞生的。虽然从不同的视角和层次来解读知识共享行为的内涵，其侧重点与着眼点有所不同，但一般而言，笼统的知识共享行为可被定义为"一种知识发送方和知识接收方的互动沟通过程"（Botkin，1999）。由此内涵可知，知识共享行为涉及两个主体，分别是作为知识发送方的"知识拥有者"和作为知识接收方的"知识需求者"；知识共享行为过程可分为两种形式，分别为：知识拥有者的"知识外化"和知识接收方的"知识内化"（Hendriks，1999）。

与知识共享行为的内涵不谋而言，教育博客行为也是一种用户与其他用户之间知识互动的过程。一方面，用户可以作为"知识拥有者"在教育博客平台撰写博文（即知识发送），并可以通过发送请求、添加好友、互相关注等方式，吸引其他用户对自己的博文进行关注、转载、评论，进而实现"知识外化"。另一方面，用户可以作为"知识需求者"，通过浏览其他用户的博文和评论获取知识（即知识接收），并对所获知识进行分析和选择，进而对知识进行重组和吸收，最终实现"知识内化"。

由此可见，教育博客行为在本质上是一种知识共享行为。教育博客的用户既可以是"知识拥有者"，也可以是"知识需求者"；用户在教育博客平台的一系列操作行为既可能是"知识外化"的过程，也可能是"知识内化"的过程；而伴随着用户的角色和行为的不断切换，知识共享随之产生，用户个体的"私人知识"最终转变为与平台内其他用户共享的"公有知识"。

1.2.2 教育博客的价值取决于知识共享的程度

知识共享是教育博客得以存在的基石（Jacobs，2000）。一个优质的教育博客平台之所以能持续发展，恰恰取决于其平台内知识共享的质量和数量（徐英萍等，2009；Lin et al.，2009；Lu et al.，2007）。以徐英萍等（2009）的研究为例，三位学者运用内容分析法对 2004 年 12 月至 2008 年 12 月被 CNKI 中国期刊全文数据库收入的 96 篇教育博客文献进行了统计分析，发现：良好的知识共享互动功能是教育博客蓬勃发展的核心，用户间的知识共享可以有效地提高教育博客的价值。

一个健康运营的教育博客平台往往注重激发其用户广泛地参与知识共享，因而该平台内会集聚众多富有价值的知识资源，而当一个教育博客平台集聚了海量的知识存量且每天有大量的新鲜知识得以共享时，才能吸引更多的现实和潜在用户的参与和关注，也方能更好地满足其用户的使用需求（Lin et al.，2009），进而为该教育博客平台创造更多品牌效应和客户体验价值（Lu et al.，2007）。反之，一个运营不佳的教育博客平台由于不注重激发用户间的知识共享，故而直接导致了平台内知识存量的匮乏和知识增量的迟缓，进而难以吸引现实用户的参与和潜在用户的关注。由此可见，教育博客的价值取决于该平台的知识资源是否可以吸引用户，而教育博客知识资源的存量和增量取决于该平台内用户间的知识共享程度。

1.2.3 教育博客是知识共享的理想平台

众所周知，知识共享会受到诸多因素的限制，例如时间、空间、沟通形式等，因此知识共享的发生必须依赖于特定的信息技术平台。一个畅通无阻的信息平台是成功实现知识共享的必要前提。而教育博客作为博客技术最具代表性的应用之一，由于具备了诸多知识共享所需要的技术优势，可以有效突破诸多因素对知识共享的制约，为知识共享打造一个理想的平台（王金鹏，2008）。

具体而言，教育博客在知识共享的技术优势主要体现在四个方面。首先，教育博客打破了空间的局限，成功地将分散在各地的用户连接在一起，为用户之间知识共享提供了良好的虚拟场所。其次，教育博客打破了时间的局限，其及时发布、及时评论、订阅等功能有效保障了用户之间知识共享的速度与效率（王飒等，2013）。再次，教育博客打破了沟通形式的局限，用户可以通过文字、图表、公式、视频、语音等多种形式化的符号来编辑结构化的知识，从而提升了用户之间知识共享的准确性和生动性（胡昌平等，2008）。更为重要的是，教育博客还打破了身份的局限，用户可以采取实名登录也可以采用匿名登录（王锦花，2008），这种适度保护隐私的交互方式既促进了用户之间知识共享的自由性、自主性和平等性，也为用户之间知识共享创造了良好的人际氛围。由此可见，由于教育博客可以跨越空间、时间、形式和身份等多重局限，极大地提升了用户间知识共享的可行性和成功率，故而日益成为广大用户在网络虚拟空间与他人共享知识的绝佳平台（Miura，2007）。

1.3 教育博客知识共享的实践与理论

1.3.1 教育博客知识共享的实践困境

虽然国内教育博客的发展仍呈上升态势，并且教育博客在推动知识共享方面有着诸多天然的优势,但教育博客平台内的知识共享实践并未如世人所预期的那样蓬勃、健康发展。相关调查显示,作为知识共享的主体,相当比例的教育博客用户仅扮演了"围观者"的角色;少数活跃的用户也只会在一些熟识的博客圈偶尔"串门";大多数的教育博客都是"养在深闺人未识"(郭琳,2009)。这就形成了典型的"90-9-1"现象,即 90%的用户不参与知识共享,9%的用户偶尔参与知识共享,仅有 1%的用户经常参与知识共享(Jakob,2011)。而这一尴尬现状与教育博客推崇的"自由、深度、持久的知识共享"的宗旨相去甚远。

1. 困境之一:教育博客知识共享缺乏持久度

在使用教育博客的初期,大多数用户往往充满好奇和期待,并表现出很高的知识共享热情;他们会经常更新和维护自己的教育博客并积极关注他人的教育博客,以扩大自身在教育博客圈的影响力(唐晓勇等,2007)。但随着时间的推移,他们对教育博客知识共享的新鲜感和热情逐渐下降,甚至产生了一定程度的麻木或倦怠,登录、使用和维护教育博客的频率直线下降,真正能把在教育博客进行知识共享变成工作、学习或生活的一部分或变成自身乐趣的用户为数甚少。所以大部分教育博客在创建不到半年内就被"遗弃"或处于长期"长草"的休眠状态(Arnold,2007);即便存活的教育博客,其用户也只是把知识共享视作日复一日的应付工作(例如每日链接几篇无关的文章撑撑门面,每日花很少的时间阅读他人的博文),这与教育博客知识共享的本意渐行渐远(周建新,2009)。由此可见,当前教育博客知识共享基本上还处于一种用户主体导向的自发状态。用户在教育博客的知识共享大都是凭借自己一时的喜好和兴趣(詹小路等,2010),是一种缺乏定性的率性而为,尚未形成行为习惯,这就直接导致了用户在教育博客的知识共享缺乏持久度。

2. 困境之二:教育博客知识共享缺乏深度

与一般叙事、记录性的博客有所不同,教育博客平台中被共享的知识应该具备专业性、反思性、原创性、教育性、学术性或权威性等特征,即具有一定深度和内涵的高价值知识。但是反观现实,我们却遗憾地发现,在众多的教育博客中,优秀且被受众广泛认可的、具有高知识含量的教育博客比重却极为微小。一些所谓的教育博客打着专业性的幌子,实质却是生活类博客,其平台内共享的内容多为生活、情感、娱乐方面的信息,可利用的知识价值极少，真正有助于用户专业成长的高阶知识更是寥若晨星；还有一些教育博客平台内共享的知识几乎没有原创性，千篇一律地引用、链接、转载，不仅使得用户之间无法进行深度的思想碰撞和知识互动，也使得这些教育博客平台自身日渐沦为平庸（裴香兰等，2013）。因此如何提高用户在教育博客平台知识共享的质量，使得教育博客平台中被共享的知识"既多又精"而非"滥竽充数"，是教育博客知识共享面临的另一个现实困境。

综上所述，虽然教育博客在推动知识共享方面有着先天的技术优势，但其技术的优越性并不必然带来知识共享的现实发生（Chen et al.，2010）。教育博客知识共享实践面临的现实困境直接导致了教育博客的存活率和发展趋势令人担忧（丁璐，2007）。提升教育博客知识共享的持久度和深度，实现教育博客的自我造血和良性循环，不仅需要实践上的勇于尝试，还需要理论上的深度探索。

1.3.2　教育博客知识共享的理论探索

相较于教育博客实践的盛行，有关教育博客知识共享的理论研究却尚处于探索阶段。纵观当前既有的研究成果，该领域的研究主要围绕"教育博客知识共享的界定"和"教育博客知识共享的影响因素"两个方面展开。

1. 教育博客知识共享的界定研究

早期的教育博客知识共享研究成果主要侧重于对教育博客知识共享的界定，研究内容涉及教育博客知识共享的内涵、特点、模式等。但由于教育博客本身尚属新鲜事物，故而这些研究成果尚未得出严谨的统一结论。

在内涵研究方面，谢佳琳等（2011）认为"博客中的知识交流是一种自发性的交流行为，是利用网络时代新生的信息传递技术与其他博主进行的信息互动"。陈卓群（2012）认为"基于博客的知识交流是由于用户对某种知识有着一定的需求，从而产生知识驱动，进而引发一系列的用户信息索取行为，如搜索、浏览和询问等"。李俐颖（2012）认为"博客知识共享是博主将自身所学到的知识通过发布、转载、讨论等方式与其他成员分享的过程"。

在特点研究方面，程娟（2008）对"博客知识共享"与"面对面知识共享"进行了对比研究，得出了二者在"知识获取、沟通效率、反馈、沟通特点、通道"等方面存在显著差异。王东等（2012b）、陈卓群（2012）等学者通过比较"博客知识共享"与"传统交流媒介知识共享"的异同性，提出了博客知识共享具有"及时性、多元性、自发性、无边界"等特点。

在模式研究方面，刘枫（2012）从隐性知识显性化的视角提出了博客知识共享的四阶段模型。谢佳琳等（2011）从用户在知识分享和知识索取之间进行角色转换的视角提出了博客知识共享的交互模型。周琳洁（2011）从跨层面视角构建了"个体博客—博客圈—博客圈外"的知识共享模型。

2. 教育博客知识共享的影响因素研究

教育博客知识共享实践过程中面临的现实困境引发了学术界对"哪些因素会促进或阻碍教育博客知识共享实践"的理论探索。为了提升用户在教育博客知识共享的参与度，国内外学者主要分别从信息技术视角、个体动机视角和社会影响视角对博客知识共享的影响因素展开了研究。

从信息技术视角出发的相关研究成果主要侧重于探究博客平台技术对用户博客知识共享行为的影响效用。例如，Hsu等（2008）、Hartshorne等（2009）、赵宇翔等（2010）学者发现博客平台技术的易用性和有用性是影响用户参与博客知识共享的主要因素。当用户感知博客平台技术越容易使用或博客技术能给自身带来越多帮助时，用户参与博客知识共享的热情就越高涨。

从个体动机视角出发的相关研究成果主要侧重于挖掘用户参与博客知识共享的各种心理诱因以及这些心理诱因对用户博客知识共享意愿的影响效用。例如，Miura（2007）、Liao等（2011）、甘春梅等（2012）、程娟（2008）等学者的研究成果发现：物质奖酬、互惠关系、个体声誉、利他主义等个体动机是用户参与博客知识共享的主要心理诱因，会显著影响用户在博客知识共享意愿的强弱。

从社会影响视角出发的相关研究成果主要侧重于解析哪些情景变量会对用户博客知识共享行为产生影响效用。例如，Lu等（2007）、Chai等（2010）、席彩丽（2011）等学者的研究成果发现：人际信任、社会规范、身份认同等情景变量会显著影响用户在博客平台内的知识共享行为。

3. 研究评述

虽然前人围绕"教育博客知识共享的界定"和"教育博客知识共享的影响因素"展开了一系列探索性研究，取得的研究成果极具参考价值，但由于该领域的研究尚处于起步阶段，还存在着不少难题有待进一步深入探索。

首先，在界定研究方面。前人的研究更多侧重于一般意义的博客知识共享而非专注于教育博客知识共享。教育博客知识共享固然具有一般意义的博客知识共享的共性，但也有其特殊性。全面、系统、客观的界定教育博客知识共享必须要突出教育博客的特色，深入挖掘教育博客知识共享独有的特点和表征。

其次，在影响因素方面。出于不同的研究需要，前人的研究往往是基于某一特定的研究视角，就某一类影响因素对博客知识共享的影响功效而展开的研究，故而取得的研究成果显得零散而缺乏系统性。但在知识管理的实践中，知识共享的发生是受到多类影响因素共同作用的结果，单一研究某一类的影响因素对教育博客知识共享的影响机理显然无法揭示教育博客知识共享发生的全貌。

再次，在发生机理方面。前人研究更多侧重于影响因素对教育博客知识共享的影响功效，而忽视了对教育博客知识共享行为本身发生机理的研究，尤其是从基础理论推演教育博客知识共享发生机理的文献并不多见。基础理论是构建理论模型与提出研究假设的基石与依据，在缺乏基础理论指导下得出的研究结论是否具有广泛的普适性还有待进一步检验。

最后，虽然前人从不同的视角出发得出了诸多教育博客知识共享的影响因素，但这些研究大多将教育博客知识共享置于一个文化真空的情境中，鲜有文献关注本土文化因素对教育博客知识共享的影响。杨国枢（1993b）提出的"本土契合性"（indigenous compatibility）观点认为：要想理解特定国家/地域中人们的行为，首先要理解他们所处的文化情境。推演至教育博客知识共享情境，用户的教育博客知识共享行为亦根植于特定的本土文化背景之中，因此要正确解读中国情境下的用户教育博客知识共享行为，中国本土文化是不容忽视的重要变量。另外，前人的研究成果大多"默认"用户具有完全的教育博客知识共享行为掌控权，而少有研究成果从行为保障视角出发探究用户自身的行为能力和外界给予的行为条件对用户教育博客知识共享行为的影响。

1.4 研究的目标、内容、技术路径与创新之处

1.4.1 研究目标

本书将在学习和梳理当前"教育博客"和"知识共享"研究领域既有成果的基础上，全面借鉴管理学、组织行为学、应用心理学、信息系统学等研究领域的经典基础理论，综合采用理论探索与实证研究相结合的研究方法，深入探究教育博客知识共享的内在机理与治理对策，旨在实现如下理论和应用目标：

（1）理论目标：在系统界定教育博客知识共享内涵、要素与特点的基础上，揭示教育博客知识共享的一般发生机制，探索多维视角下不同类别影响因素对教育博客知识共享的影响功效，以期推进和完善适用于教育博客情境的知识共享理论研究。

（2）应用目标：帮助教育博客服务运营商和相关利益第三方系统解读教育博客知识共享的本质、发生机制和影响机理，并为教育博客服务运营商和相关利益第三方推进用户在教育博客的知识共享实践提供有益的理论指导和决策支持。

1.4.2 研究内容

本书立足于"教育博客知识共享"这一研究主题，以用户在教育博客平台的知识共享行为作为研究对象，研究内容主要由如下五个方面组成。

1. 教育博客知识共享的界定（本书第二章）

本部分研究内容是本书的研究基础。在深入探究教育博客知识共享的内在机理与治理对策之前，首先必须对教育博客知识共享本身进行全方面的清晰界定。本部分研究内容的具体要点包括：①界定博客和教育博客的内涵、分类与功能；②界定教育博客知识共享的内涵、要素（如共享主体、共享客体、共享技术等）及要素特征；③分别从个体层面和跨层面介绍教育博客知识共享的模式；④分别将"教育博客知识共享"与"面对面知识共享"、"传统出版媒介知识共享"做对比分析，进而描绘教育博客知识共享独有的特点。

2. 教育博客知识共享的发生机制（本书第三章）

教育博客知识共享实践会面临诸多障碍，因此为了提升用户在教育博客知识共享实践的参与度，有必要对教育博客知识共享的影响因素及其影响功效进行系统探究。然而，当前大多数有关教育博客知识共享影响因素的实证研究，仅仅将影响因素变量作为理论构建的自变量探讨它们与教育博客知识共享之间的直接效应，而忽视了对教育博客知识共享的发生机制的系统研究。但是从基础研究的客观规律而言，只有先了解和掌握教育博客知识共享的一般发生机制，才能进一步探究不同类别的影响因素如何在该机制中对教育博客知识共享发挥影响效用。本部分研究内容在介绍管理学、组织行为学、应用心理学、信息系统学等研究领域的经典基础理论的基础上，通过多理论对比分析，提出一个统摄全书的教育博客知识共享发生机制的研究框架，具体要点包括：①对一般个体行为的发生机制进行理论溯源；②基于不同的基础理论推演教育博客知识共享行为的发生机制；③在吸纳不同基础理论思想精华的基础之上，甄别出影响教育博客知识共享行为的三类因素，分别为：主体认知类因素、社会影响类因素和行为保障类因素，继而基于三类影响因素和多个基础理论构建出一个用于揭示教育博客知识共享发生机制的综合性分析框架。

3. 主体认知驱动下的教育博客知识共享机理与对策（本书第四章）

教育博客知识共享行为是一种会受到用户主观意志控制的理性行为，而非一种无意识行为或条件反射行为，因此主体认知类因素是促使用户教育博客知识共享行为现实发生的决定性因素。本部分研究内容主要就主体认知类因素对教育博客知识共享的作用路径以及不同主体认知类因素的影响功效展开细致的逻辑分析与实证检验，继而提出相应的治理对策。具体要点包括：①对影响教育博客知识共享的主体认知类因素进行子类别细分，并对各细分类别的代表性因素（即典型构念）与用户教育博客知识共享实践之间的内隐逻辑关系进行阐述；②细致描绘不同主体认知类因素对教育博客知识共享的作用路径，并构建相应的理论模型和研究假设；③就各主体认知类因素对教育博客知识共享的影响效用展开实证检验；④提出主体认知类因素驱动下的教育博客知识共享治理对策。

4. 社会影响因素驱动下的教育博客知识共享机理与对策（本书第五章）

教育博客知识共享行为的发生总是嵌入于特定的社会情景之中。当用户处于不同的社会情景时，用户会对教育博客知识共享持有不同程度的态度、意愿或行为。因此，社会影响类因素是诱发教育博客知识共享的另一类重要因素。本部分研究内容主要就社会类影响类因素对教育博客知识共享的作用路径以及不同社会影响类因素的影响功效展开细致的逻辑分析与实证检验，继而提出相应的治理对策。具体要点包括：①对影响教育博客知识共享的社会影响类因素进行子类别细分，并对各细分类别的代表性因素（典型构念）与用户教育博客知识共享实践之间的内隐逻辑关系进行阐述；②细致描绘不同社会影响类因素对教育博客知识共享的作用路径，并构建相应的理论模型和研究假设；③就各社会影响类因素对教育博客知识共享的影响效用展开实证检验；④提出社会影响类因素驱动下的教育博客知识共享治理对策。

5. 行为保障因素驱动下的教育博客知识共享机理与对策（本书第六章）

如果说社会影响类因素表征了影响教育博客知识共享的软环境，那么行为保障类因素则更多代表了影响教育博客知识共享的硬环境和用户对自我行为能力的判断。用户对教育博客知识共享行为发生所需的各种资源的可得性判断以及用户对自身教育博客知识共享行为能力的判断均会直接影响教育博客知识共享的效率和效果；一旦用户感知缺乏必要资源的支撑或用户对自身教育博客知识共享行为能力丧失信心，教育博客知识共享实践无疑将沦为"空中楼阁"或"纸上谈兵"。因此，行为保障类因素是决定教育博客知识共享是否得以顺利实现的又一关键要素。本部分研究内容主要就行为保障类因素对教育博客知识共享的作用路径以及不同行为保障类因素的影响功效展开细致的逻辑分析与实证检验，继而提出相应的治理对策。具体要点包括：①对影响教育博客知识共享的行为保障类因素进行子类别细分，并对各细分类别的代表性因素（典型构念）与用户教育博客知识共享实践之间的内隐逻辑关系进行阐述；②细致描绘不同行为保障类因素对教育博客知识共享的作用路径，并构建相应的理论模型和研究假设；③就各行为保障类因素对教育博客知识共享的影响效用展开实证检验；④提出行为保障类因素驱动下的教育博客知识共享治理对策。

1.4.3 技术路径

本书总体遵循"现实问题与理论回顾→规范理论分析→实证检验→研究总结→治理对策"逐步推进的研究路线，对 1.4.2 节中提出的五项研究内容展开系统、科学的研究。各研究内容涉及的研究要点、研究方法以及不同研究内容之间的逻辑关系如图 1-3 所示。

在研究方法方面，本书采取了定性研究与定量研究相结合的研究设计，具体运用的研究方法包括：

（1）文献扎根。本书对国内外教育博客和知识共享研究领域的理论文献和数据资料进行了采集、梳理、归类、研读、及归纳总结。前人的研究成果为本书的理论模型构建、研究假设提出以及实证调研设计提供了充足的文献支撑。

（2）逻辑归因。本书借鉴多个学科（如管理学、组织行为学、应用心理学、信息系统学）中研究个体行为发生机制的基础理论，通过逻辑分析和归因解释，演绎教育博客知识共享的发生机制以及不同类别影响因素对教育博客知识共享的作用路径，并提出一系列相应的研究假设。

```
┌──────────────────────────────────┐        ┌──────────────────────────────────┐
│   教育博客知识共享的实践困境      │        │   教育博客知识共享的理论探索      │
└──────────────────────────────────┘        └──────────────────────────────────┘
```

┌─────────────────────┐   ┌──┐
│ STEP1 WHAT   │   │ 研究内容 1：教育博客知识共享的界定   │
│ 本质界定   │   │ ● 博客和教育博客的内涵、分类与功效   │
└─────────────────────┘   │ ● 教育博客知识共享的内涵、要素及特征   │
                               │ ● 教育博客知识共享的模式   │
                               │ ● 教育博客知识共享的特点   │
                               └──┘

┌──────────────────┐
│ 研究方法   │
│ ● 文献扎根   │
│ ● 逻辑归因   │
│ ● 问卷调查   │
│ ● 统计分析   │
└──────────────────┘

┌─────────────────────┐   ┌──┐
│ STEP2 HOW   │   │ 研究内容 2：教育博客知识共享的发生机制   │
│ 过程演绎   │   │ ● 一般个体行为发生机制的理论溯源   │
└─────────────────────┘   │ ● 教育博客知识共享的一般发生机制   │
                               └──┘

┌──────────────────────────┐ ┌──────────────────────────┐ ┌──────────────────────────┐
│ 研究内容 3：主体认知类因素│ │ 研究内容 4：社会影响类因素│ │ 研究内容 5：行为保障类因素│
│ 驱动下的教育博客知识共享 │ │ 驱动下的教育博客知识共享 │ │ 驱动下的教育博客知识共享 │
│ ● 影响教育博客知识共享的 │ │ ● 影响教育博客知识共享的 │ │ ● 影响教育博客知识共享的 │
│   主体认知类因素   │ │   社会影响类因素   │ │   行为保障类因素   │
│ ● 主体认知类因素对教育博 │ │ ● 社会影响类因素对教育博 │ │ ● 行为保障类因素对教育博 │
│   客知识共享的作用路径   │ │   客知识共享的作用路径   │ │   客知识共享的作用路径   │
│ ● 主体认知类因素对教育博客│ │ ● 社会影响类因素对教育博客│ │ ● 行为保障类因素对教育博客│
│   知识共享影响效用的实证检验│ │   知识共享影响效用的实证检验│ │   知识共享影响效用的实证检验│
│ ● 主体认知驱动下的教育博 │ │ ● 社会影响驱动下的教育博 │ │ ● 行为保障驱动下的教育博 │
│   客知识共享治理对策   │ │   客知识共享治理对策   │ │   客知识共享治理对策   │
└──────────────────────────┘ └──────────────────────────┘ └──────────────────────────┘

┌──┐
│ STEP3 EFFECTS &MANAGEMENT COUNTERMEASURE 影响效用和治理对策   │
└──┘

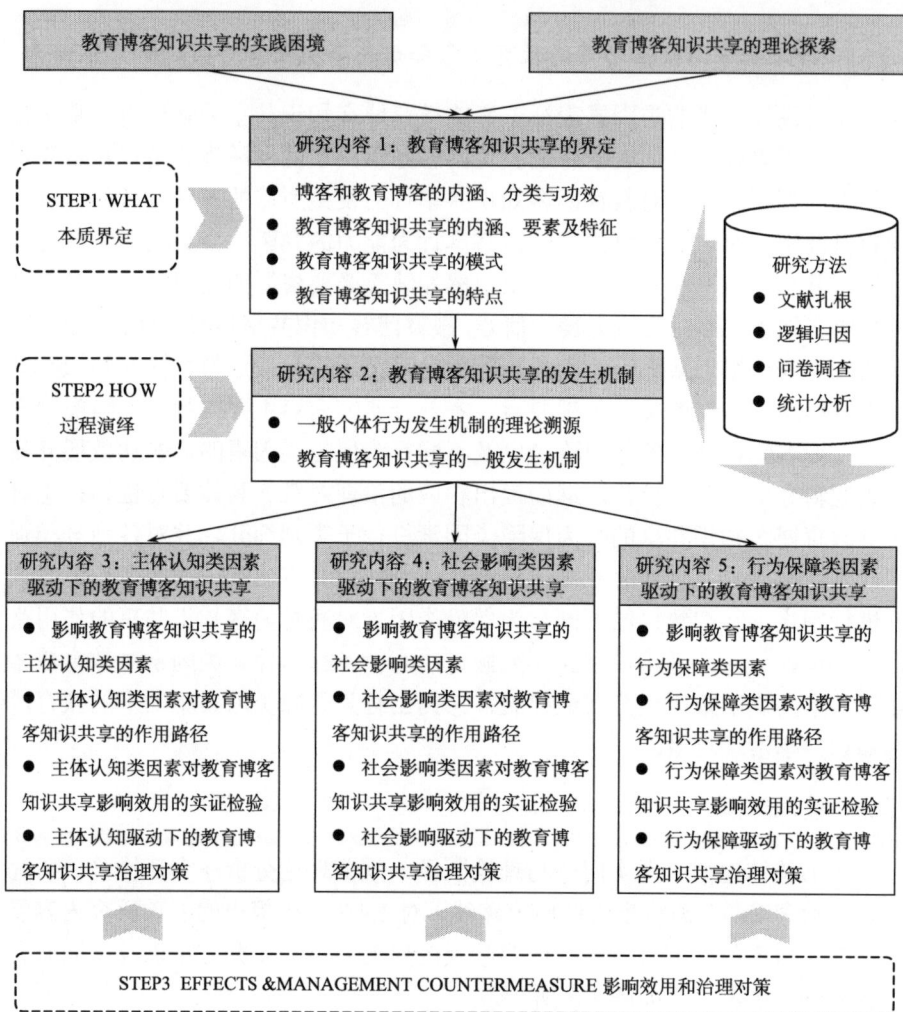

图 1-3　技术路径图

　　（3）问卷调查。本书采用问卷调查法对三类影响因素（即主体认知类因素、社会影响类因素和行为保障类因素）对教育博客知识共享的影响效用展开实证调研，调研对象涉及参与教育博客知识共享实践的主流用户，如：教学人员、科研人员、在校学生等。

　　（4）统计分析。本书采用多种数据统计方法对问卷调查采集的数据进行数理统计分析。运用的统计软件主要有 Excel、SPSS 和 AMOS 三种。统计分析的内容主要包括：描述性统计分析（用于样本统计背景描述）、数据质量分析（用于数据的信度检验和效度检验）和研究假设检验分析（如相关性分析、回归分析、结构方程模型等）。

1.4.4　研究特色与创新之处

1. 跨学科研究范式

本书综合运用管理学、组织行为学、应用心理学、信息系统学等研究领域的经典基础理论（如理性行为理论、社会认知理论、计划行为理论、技术接受模型等），这种跨学科理论工具的融合运用不仅有助于读者从广阔的视角客观解读教育博客知识共享的行为，并且有利于增进本书中理论模型、研究假设和研究结论的解释力度。

2. 多元化研究思路

本书尝试从多个研究视角出发，甄别教育博客知识共享的主体认知类因素、社会影响类因素和行为保障类因素，并探究不同类别的影响因素对教育博客知识共享的作用路径与影响效用。这一研究举措有不仅助于从整体视角（holistic perspective）出发，系统解释不同类别的影响因素对教育博客知识共享的差异化作用机理，且有助于科学探究不同类别的影响因素对教育博客知识共享的异质化影响功效。

3. 本土化研究视角

当前我国知识共享实践大多是在"追随"和"效仿"西方的成功经验。西方知识共享理论和实践虽有其成熟和值得借鉴的一面，但这些成功经验是在西方文化背景下生成，具有"文化相对性"（culture relativism），难以直接运用于我国知识共享实践。本书将中国本土文化作为社会影响类因素的一个重要分支，通过剖析中华本土文化对我国用户在教育博客知识共享的作用路径和影响效用，进而构建适用于中华文化情境的治理对策，以期弥补西方知识共享理论在我国适用性欠佳的缺陷。

第二章　教育博客知识共享的界定

在深入探究教育博客知识共享的内在机理与治理对策之前，首先必须对"什么是教育博客知识共享"这一基本议题进行全方面的清晰界定。为此，本章在回顾和借鉴前人研究成果的基础上，将对"博客和教育博客的内涵是什么"、"博客和教育博客有哪些分类与功效"、"教育博客知识共享的内涵是什么"、"教育博客知识共享包括哪些要素以及这些要素会呈现怎样的特征"、"教育博客知识共享的模式"、"相较于其他情景中的知识共享，教育博客知识共享又有哪些特点"等问题予以系统解答。

2.1　博客和教育博客的内涵、分类与功能

2.1.1　博客的内涵、分类与功能

1. 博客的内涵

作为英译词，博客起源于英文单词"Weblog"。"Weblog"是"web"和"log"的组合词，最早由美国人 Jorn Barger 于 1997 年创建，其中"web"是指互联网，"log"是指"航海日志"，二者合二为一，释为"网络日志"（Blood，2002）。1999 年，Peter Merholz 对"Webblog"一词进行了缩略凝练，创建了"blog"一词，该词在传入国内后，被我国著名的 IT 评论家王俊秀和方兴东译为当下最常用的术语"博客"（裴香兰等，2013）。"Blog"的使用者"Blogger"被译为博客用户或博主，提供"Blog"注册和托管空间服务的网站，被称为博客托管网站（BSP），简称博客网站（张萍，2007）。

迄今为止学术界尚未对"博客"一词的内涵达成统一的界定。国内外学者分别从博客的字面意义、技术功能、内容呈现方式以及知识管理（包含知识共享）等视角出发，对博客的内涵、本质及外延进行了定义。

从"博客"的字面意义"网络日志"对博客的内涵进行界定是一种较为普遍的方式。例如，Herring 等（2005）、华海英（2006）、王锦花（2008）等学者将博客定义为"网络上的一种流水记录形式"。Guadagno 等（2008）、Chai 等（2010）、郑映锋（2011）等学者将博客定义为"一种表达个人思想，

内容按照时间顺序排列，并且不断更新的个体网络出版方式"。

　　"博客"技术和功能的优越性，也引发了一些学者从技术功能视角对博客进行了定义。例如，博客中国创始人方兴东将博客定义为"是一种可以让任何一个普通用户实现零编辑、零技术、零成本、零形式个人表达的网络出版方式"（裴香兰等，2013）；姚丽芬等（2007）认为博客是"网民运用文字、图片、声音、视频、无线等媒介，以链接为工具，通过经常性的信息更新来尽情展示自我、分享感受、参与交流的一种个人网页"。

　　还有一些学者从"博客"的内容呈现方式视角对博客展开了界定。例如，李洁等（2007）把博客定义为"网页主体内容由不断更新的个人的众多帖子组成，它们按时间顺序倒序排列，也就是最新的放在最上面，最旧的放在最下面，内容可以是各种主题加各种外观布局和写作风格，但是文章内容必须以超链接作为重要的表达方式"。

　　值得一提的是，另有少数学者从知识管理（包含知识共享）的视角对博客进行了定义。例如，Blood（2002）认为"博客是一个基于信息技术支持的进行知识共享的网络空间，核心是用户之间的知识交流和互动"；姚璇等（2009）指出"博客的目的不是记录生活琐事，……而是建立在知识收集、加工、链接、交流、共享、创新基础之上，……也可以被视为是一种基于网络博客的知识管理思维"；米雁（2011）认为博客"是用 Asp 等编程语言和数据库技术开发的互动式信息交换软件平台，具有写录、发布、分享、积累、反思等功能，与知识管理的内涵不谋而合"。

　　融合上述学者们的观点，本书将博客定义为"一种可以让用户自由表达思想的网络出版方式，其内容呈现按时间顺序排列，其技术兼具'四零特征'（即零编辑，零技术，零成本，零形式），其功效核心在于用户之间的知识交流和互动"。

2. 博客的分类

　　从博客内容侧重的主题不同，博客的类型可以划分为三种，分别为：生活叙事类博客、时事新闻类博客和专业知识类博客（郑映锋，2011）。

　　（1）生活叙事类博客。这类博客主要记录用户的生活点滴，内容涉及：生活趣闻、娱乐爱好、心情随笔等。这类博客的内容具有生动性、随意性、纷繁性和趣味性等特征，其主要作用在于促进用户之间的生活分享和情感交流，具有典型的人际传播功效，故而在整个博客大军中占据了主流席位。

　　（2）时事新闻类博客。这类博客主要记录时事要闻，内容涉及：国际民生、社会建设、民生话题等。这类博客的内容表达形式多样，如消息、通讯、特写、调查报告、图片新闻等，且具有较强的时效性、客观性和可读性等特征，其主要作用在于传播国内外新近发生的、有价值的重要事实，故而往往能够受到普通网络用户的广泛关注。

（3）专业知识类博客。这类博客主要记录某一单独领域内的专业知识，内容涉及：科学技术、文化教育、法律财经等。这类博客的内容注重专业性、科学性和针对性，其主要作用在于促进用户的专业知识交流和专业能力成长。这类博客的用户多为从事相同工作岗位或相同行业领域的群体，故而其被关注度往往少于前两类博客。

从博客筹建方式的不同，博客的类型可以划分为两种，分别为：托管型博客和自建独立博客（裴香兰等，2013）。

（1）托管型博客。这类博客的用户不需要自己注册域名、租用空间和编制网页，所有技术性工作均由相关托管网站完成。由于这是一种建立博客最为便捷、经济的方式，进入门槛近乎为零，故而当前大部分博客用户倾向于使用这种方式来筹建自己的博客空间。

（2）自建独立博客。这类博客有自己的域名、空间和页面风格。虽然托管型博客建立简单、使用方便，但是其稳定性、速度和风格等属性往往不能满足少部分专业型用户的需要。对于这类用户，他们往往会选择自行注册域名、租用空间和编制网页，筹建具有个性化的独立博客网站，打造自己的专属博客空间。

3. 博客的功能

博客之所以被公认为是继 E-mail、BBS、QQ 之后的第四种主流网络交往方式，与其特有的功能息息相关。随着信息技术的不断发展，博客的功能早已跳脱了最初的"网络日志"的范畴，在信息/知识传播、信息/知识获取、人际互动、专业成长、知识管理等多个方面发挥着日益突出的功效。

（1）信息/知识发布。博客的出现真正意义上体现了大众话语权的平等性和自主性（王少峰，2010）。不同于其他的出版形式，博客的用户更多是普通民众（Chai et al.，2010；Holloway，2006）。草根阶级出生的普通民众不仅可以在博客平台记录自己的生活点滴、宣传自己的思想观点，更可以自由的传播他们认为有价值的信息和知识（Liao et al.，2011；Nardi et al.，2004）。因此，博客的信息/知识发布功能很好地满足了普通民众对"自我表达"的诉求。

　　（2）信息/知识获取。博客的另一重要功能是可以帮助用户获取所需要的信息或知识，进而帮助用户解决在生活、工作、学习上出现的难题（Lin et al.，2009；Hsu et al.，2007；Hof et al.，1997）。通过博客的检索技术，用户可以快速高效地找到所需要的信息/知识资源；通过博客的回复技术，用户可以与其他用户进行深度且往复的信息互换和知识交流（陈美荣等，2010）。更为重要的是，即便是再没有直接获得所需信息/知识资源的情况下，用户也可以在博客平台内找寻到可能帮助自己的其他用户，并进行其他形式的线上或线下的信息/知识获取（Sharratt et al.，2003）。因此，博客的信息/知识获取功能很好地满足了用户对"获取信息/知识帮助"的诉求。

　　（3）人际互动。博客不仅仅是一个知识交流的网络，同时也是一个人际交流的网络（唐蓉蓉，2009）。在博客平台，用户除了可以发布或获取信息/知识，还可以抒发自己的情感；通过与其他用户进行对话、交流、讨论等人际沟通活动，进而提升彼此之间的情感融合和社会认同（Chiang et al.，2013）。并且博客还有助于用户找寻到"志同道合"的关系人，形成独特的个人"博客圈"，搭建合作性的社会人际网络（胡昌平等，2008）。因此，博客的人际交流互动功能很好地满足了用户对情感交流和建立互惠人际关系的诉求。

　　（4）专业成长。博客以时间为序组织内容，记录用户的个体思想和成长经历，有助于用户通过回溯和反思，不断更新专业知识、完善专业结构、提升专业能力，进而促进用户的专业成长（杨欢耸，2010；Hartshorne et al.，2009）。另外，通过与同行在博客平台的交流互动，用户不仅可以方便地得到他人的指点和帮助，还可以发现自身的不足或自身与他人的差距，进而促使用户更为关注自身的成长与发展（丁璐，2007；Miura，2007）。因此，博客的专业成长功能很好地满足了用户对"终身学习"和"完善自我"的诉求。

　　（5）知识管理。除了上文提及的知识发布和知识获取功能，博客还兼具知识存储、知识梳理、知识整合等多重功效，因而被视为是一种个体进行知识管理的高效网络工具（曾尔雷，2006）。例如，用户可以按照个人的偏好、价值理念来组织自己的博客内容，并分类归档备份，使得博客成为个人在网络上的知识存储箱；再如，用户可以使用标签技术对知识进行二次组织，通过将具有相同标签/标识的知识进行聚合，完成对知识的梳理和集成（李勇，2005）。因此，博客的知识管理功能很好地满足了用户对"高效管理自身知识资源体系"的诉求。

2.1.2 教育博客的内涵、分类与功能

1. 教育博客的内涵

顾名思义，教育博客是一种运用于教育领域的专业性博客。当前学术界对教育博客的界定主要围绕其"教育特色"而展开。例如，姚丽芬等（2007）认为教育博客有广义和狭义之分，广义上的教育博客是指"一切和教育活动有关的博客"，狭义上的教育博客是指"师生利用博客这种网络应用形式以文字、多媒体等方式，开展教育活动，即将博客技术与教育的实际需要相结合，立足'教'与'学'的实际应用，是一种更加个性化的博客"；郭琳（2009）认为教育博客"是教育领域中具有互动性和实践性的教育工作者上传和发表有关教育主题内容的网络工具"；经晓明（2009）将教育博客定义为"是专门用于教育的博客，旨在为广大教师、学生、家长、教育人士提供交流与学习的平台"；杨小玲（2013）认为"教育博客是教育工作者利用博客技术，用文字、多媒体等方式，将自己日常的教学心得、教案设计、课堂实录、教学课件、对教育理念的理解和阐释以及日常的教育叙事或者生活感悟等上传到网站上公开发表的一种方式"；吴巧燕（2013）认为教育博客是"一种博客式的个人网站，是教师与学生利用互联网新兴的博客技术，以文字、多媒体等方式，将自己日常的教案设计、教学内容、课堂实录课件等上传发表到网络空间的行为过程。教育博客记录了教师与学生的个人成长轨迹，并能超越传统的时空局限让全社会可以共享知识和思想"。

依据本书 2.1.1 节对博客的定义，结合教育博客的教育特色，本书将教育博客定义为"一种可以让教育领域相关群体自由呈现与教育主题相关的知识资源的网络出版方式"。

相较于一般博客，教育博客的"教育特色"主要体现在三个方面：①教育博客的用户为教育领域的相关干系人，包括一线主要从事教育教学的教师、各级教育研究者、教育行政部门的领导、各级教育专家，还包括学生和家长以及其他从事与教育相关工作的人群（李聪等，2008）。②教育博客的内容具有鲜明的教育主题特色，且具备较强的专业性、学术性和实践性，包括：课堂教学设计、教学教案/课件、教学反思/心得、课程教学实录、教学互动研讨、教学研究成果、对教育理念的理解和阐释、日常教育叙事等（杨小玲，2013）。③教育博客的价值旨在促进教育资源共享和用户成长，其既可以作为教育知识资源承载、传播和交流的平台，也可以作为推动用户个人专业成

长及教育教学研究的工具（郭琳，2009）。

2. 教育博客的分类

依据组织形态不同，教育博客可以划分为两种类型，分别为：个人教育博客和教育博客群。个人教育博客是由个人创建的教育博客，常见的有：教师博客、教育管理者博客、教育专家博客、学生博客等（陶龙超，2009）。教育博客群是由志同道合的"博客"个体组成的群体性博客，常见的有：校园教育博客群（以学校为单位创建的博客，主要是在学校创建起来的网站上增添博客功能模块）和区域教育博客群（由区域教育行政部门牵头，在某一个区域内创建的群体博客）（史萍，2008）。表 2-1 展示了不同组织形态的教育博客类别、内容、功效和典型举例。

表 2-1　不同组织形态的教育博客

形态	类别	内容/功效	举例
个人博客	教师博客	内容多以教育叙事、教学问题的讨论、教学反思、生活随笔为主。	唐晓勇教育网志：http://61.144.246.3/txy/blog/blog.asp?name=txy922 阿汤教育网志：http://typ.blogdriver.com/typ/index.html 黄天星教育网志：http://boytiansing.blogchina.com
	教育管理者博客	内容多以对教学工作安排、教育宏观管理问题的思考、教学管理工作的反思为主。	龙之舞：http://www.jysx.cn/blog-p/blog.asp?name=龙之舞，孙艳工作室：http://218.4.85.243/blog.asp?name=sunyan，从林人：http://www.zjgedu.com.cn/newdjg/blog.asp?name=zhengjianzhong
	教育专家博客	内容多以课题研究、教育领域最前沿、最先进的思想和观念为主。	黎加厚教授：　http://www.jeast.net/jiahou 庄秀丽博士：http://Blog.online-edu.org/zxl 毛向辉先生：　http://www.isaacmao.com 朱永新教授：http://blog.eduol.cn/blog.asp?name=朱永新
博客群	校园教育博客群	组建校内的教师"学习共同体"和"师生互动平台"，以提升本校教学水平和教育管理水平为目的。	海江小学博客群：http://www.haijiang.org/blog/index.asp 深圳南山实验学校博客群：http://61.144.246.3/txy/blog/ 湖北咸宁高级中学博客群：http://www.xngz.cn/index_blog.html
	区域教育博客群	组建区域性的教师"学习共同体"，加快区域教育教学改革进程，以提升区域整体教育水平为目的。	苏州地区博客群：http://www.szeblog.cn/index.html 海南成长博客：http://blog.cersp.com

依据内容主题不同，教育博客有多种细化的分类形式。例如，按照内容侧重不同，教育博客可以分为：①通知公告、②教学设计、③学科资料、④教育叙事、⑤教材教法、⑥专题研讨、⑦师生互动等（黄小平，2006）；按照学科类别的不同，教育博客可以分为：①语文、②数学、③英语、④历史、⑤地理、⑥物理、⑦化学、⑧生物等学科类教育博客（史萍，2008）；按照学制等级的不同，教育博客可以分为：①学前、②小学、③中学、④高中、⑤大学等教育博客（史萍，2008）。表 2-2 展示了部分大型教育博客网站自行设置的教育博客分类体系。

表 2-2　部分大型教育博客网站的分类体系

博客网站	内容主题分类
苏州教育博客	按内容侧重分类：教育动态、电脑网络、教育管理、教育技术、课程整合、休闲时光、教育评论、艺术之窗、教育科研、课题研究、国外教育考试研究、心语杂感、班主任管理、课程改革、教育叙事、文科教研、理科教研、综合教研、德育天地、教育信息化、争鸣探索、专业发展、文学世界、百科知识、学生习作、专题博客、东西部同行、互动白板教学实验
浙江海盐教师博客	按内容侧重分类：教育管理、教学研究、教育叙事、教育随笔、教育科研、课程整合、文体艺术、信息技术、教师心声、争鸣探索、知识管理、在线学习、心理健康、主题构建、闲庭信步、书香醉人
	按学科分类：小学语文、小学数学、小学科学、小学英语、小学思社、小学综合实践、初中语文、初中数学、初中英语、初中生物、初中化学、初中地理、初中物理
广州天河部落	按内容侧重分类：教学反思、平台应用、教师论文、心得随想、课程整合、课题研究、教学日志节选、培训资源、问题讨论
	按学科分类：语文、数学、英语、生物、化学、地理、物理、政治、信息技术、科学
	学科资源分类：告终学科资源、初中学科资源、小学学科资源
山东淄博教育博客	按学科分类：语文、数学、英语、生物、化学、地理、物理、政治、信息、历史、艺体、心理、心理、综合

3. 教育博客的功能

教育博客的功能主要体现在不同用户将一般博客的通用功能（信息/知识传播、信息/知识获取、人际互动、专业成长、知识管理）在教育领域的深化运用和延展。

对于教育工作者而言，教育博客的功能主要包括五个方面。①教育信息/知识的传播。在教育博客，教育工作者可以自由、及时、高效的传播各种教育信息/知识资源，如：课堂教学设计、教学教案/课件、教学反思/心得、课程教学实录、教学互动研讨、教学研究成果、对教育理念的理解和阐释、日常教育叙事等。②教育信息/知识的获取。教育工作者既可以在其他教育工作者的教育博客快速获取自身所需的各种教育信息/知识资源，也可以通过教育博客平台找寻到可能帮助自己的其他教育工作者，并通过其他线上或线下的沟通渠道获取所需的相关教育信息/知识资源。③师生/同行人际互动。教育博客为课下师生交流营造了一个轻松、自由的空间。师生在教育博客畅所欲言，有效避免了面对面交流的尴尬或羞怯，使得一些不便于当面讨论的问题得以更好地沟通。教育博客还为教师群体思维互动搭建了很好的平台。教育博客的出现打破了长期以来教师们相对封闭的工作模式，通过远程"头脑风暴"和"智慧互连"，极大地促进了教育工作者与同行、专家之间的交流与协作。④个人专业成长。教育博客实践有助于提升广大教育工作者多方面的综合素质和能力，例如写作能力、反思能力、评价能力、合作能力、交流能力等，有效地促进了广大教育工作者的个人专业成长。⑤个人知识管理。教育博客具备日志发布、文章归档、查询检索等功能，并支持在线交流和多种形式的媒体格式输入（魏宁，2004），为教育工作者的个人知识管理提供了一个方便操作和管理的信息技术平台（米雁，2011）。

对于学生而言，教育博客的功能也主要包括五个方面。①学习信息/知识的发布。有了教育博客，学生可以将自己在学习过程中的所思、所想、所见、所得都记录在上面，让其他同学、老师、朋友，甚至父母来分享或交流（张学锋，2007）。②学习信息/知识的获取。学生可以轻松地跨时空获取教师在教育博客发布的教学计划、电子教案、教学课件、作业习题、课堂重点、知识总结、考试通告等学习资源，也可以阅读、学习和借鉴其他同学在教育博客分享的学习心得、经验和体会。③师生/同学人际互动。在教育博客平台，不仅师生之间可以开诚布公地开启深度教学对话，同学之间也可以就共同感兴趣的学习话题展开自由的交流和讨论，在对话、交流、讨论的过程中加强彼此之间的相互理解，进一步增进师生/同窗情谊（王锦花，2008）。④个人学业成长。运用教育博客辅助学习的新型教学模式，不仅可以调动学生的学习兴趣和热情，而且可以提升学生的自主学习、主动思考、自我反思、人际交往等能力，进而促进学生的学业进步（米雁，2011）。⑤个人知识管理。与教育工作者类似，学生也可以借助教育博客的各种信息化技术和功能，轻松、高效地实现个人知识管理。

对于教育管理者和教育机构而言，教育博客也有着诸多功效。①在线教育或远程教育的工具。将教育博客作为现代教育传播方式的新型手段，是对传统教育传播方式的一次突破（Chai 等，2010）。以教育博客为载体，不仅可以实现交流教育信息，共享教学资源，开展教学研讨，探究教育问题等教育活动（尹成等，2009），而且可以对优化教学管理、深化教学改革起到推波助澜的功效（裴香兰等，2013）。②知识管理的平台。用户在教育博客平台内共享知识是教育机构知识资源累积、增值和创新的重要来源（米雁，2011）。教育管理者借助教育博客可以有效挖掘储存在用户头脑中的隐性知识，通过将这些隐性知识显性化共享，可以有效避免知识资源流失、闲置、重复开发等问题，也可以促进知识资源的重构和"进阶知识"的诞生（强健等，2010）。

2.2 教育博客知识共享的内涵、要素及特征

2.2.1 教育博客知识共享的内涵

1. 知识共享的内涵

"共享知识，无论是显性还是隐性，都需要个体来完成"（Bartol et al.，2002），因此对知识共享的大部分定义是从个体的层面来展开的。从个体层面来诠释知识共享的内涵主要有两个视角，分别为：知识共享的过程视角和知识共享的效果视角。

（1）从知识共享的过程视角出发，学者们侧重描述个体知识扩散、传递和分享的过程机理，主要以知识本身作为研究对象，关注知识的转化活动和属性变化，或者强调共享主体间的交互过程。该视角下的知识共享界定又可细分为三个流派，分别为：个体与组织的互动，个体与个体的沟通，以及个体与个体的交易。第一个流派以 Nonaka 等（1995）为代表，他们认为：知识共享是默会与明晰知识在个体与组织之间的互动过程，默会知识与明晰知识通过"共同化、外化、结合、内化"四种过程产生互动，这种互动的过程使得成员间的知识得以被分享，并使得组织成员的私有知识最终转化为组织的公有知识。第二个流派以 Botkin（1999）等人为代表，他们认为知识共享是一种知识拥有者和知识需求者之间的联系与沟通的过程。知识共享涉及两个主体，即：知识的拥有方与知识的需求方。知识的拥有方以演讲、写作或其

他行为方式提供知识,而知识的获取方则必须觉察知识的各种表达,并以倾听、阅读或模仿等行为方式来获取、理解和认同这些知识,这一主体之间双向互动的沟通过程即为知识共享。该流派的学者们高度强调共享主体的沟通能力以及沟通情境的适宜性。第三个流派以 DavenPort 等(1998)为代表,他们将知识共享视为一种知识交易的过程,并提出"如其他商品或服务一样,知识市场也有买方和卖方,知识共享就是共享主体参与知识市场交易的具体过程"。在知识市场中,互惠、声誉、利他等非经济变量起着重要的支付机制作用;影响知识市场运行的主要因素包括:交易成本的高低、知识拥有者交易时承担的风险高低、知识的本地化特性等。

（2）从知识共享的效果视角出发,学者们根据知识共享期望达到的效果来界定知识共享的内涵,是一种功能主义的定义方式。这种定义方式,不仅强调知识发送方的知识外化,还强调知识接收方的知识内化,同时原有知识必须通过共享发酵产生出"进阶知识",实现知识的扩大效应。例如,Dixon(2000)从"令他人知晓"的观点出发,认为知识共享是个体将自己的知识贡献给他人,通过令他人知晓,从而与对方共同拥有知识。Senge(1997)从"发展他人行动力"的观点出发,将知识共享定义为"通过学习互动,协助他人发展有效行为的能力"。他强调,知识共享不仅仅是一方将知识传递给他人,还包含愿意帮助他人了解和学习知识的内涵,进而将自身的知识转化为他人的知识,最终发展他人新的行动能力。在继承 Senge 观点的基础上,Hendriks(1999)进一步提出"知识重构"的观点。他认为:知识共享不仅仅是知识发送方的知识外化,更重要的是知识接收方的知识内化。知识接收方在知晓、理解发送方的知识的基础上,必须将发送方的知识与自身的存量知识进行重构,进而产生新的"进阶知识"。

通过上述文献回顾不难发现:一般意义上的知识共享内涵是指"知识拥有者知识外化和知识接收者知识内化的连续且互动的行为过程,该过程旨在追求知识效用的最大化"。对该内涵的进一步解释是:①知识共享的主体包括两方,即作为知识发送方的知识拥有者和作为知识接收方的知识索取者。②知识共享的客体是真实的、有意义的且有价值的各种知识资源。③知识共享的过程是共享主体双方持续互动的沟通过程,该过程包括两个阶段,分别为:知识发送方的知识外化和知识接收方的知识内化。④知识共享的效果是实现知识效用最大化,具体体现在:其一,知识共享强调共享主体双方对知识的共同拥有,这就意味着并不剥夺知识发送方的知识使用权;其二,知识接收方在对知识的内化的过程中,会产生新的"进阶知识",进而实现知识的加乘效应；其三，个体层面知识共享的极致是群体层面的知识共有，即所有个体都会"知晓"知识。

2. 教育博客知识共享的内涵

由于教育博客本身尚属新鲜事物，国内仅有少数学者对教育博客知识共享的内涵进行了定义。例如，谢佳琳等（2011）认为"教育博客中的知识交流是一种自发性的交流行为，是利用网络时代新生的信息传递技术与其他博主进行的信息互动"。陈卓群（2012）指出"基于教育博客的知识交流是由于用户对某种知识有着一定的需求，从而产生知识驱动，继而引发一系列的用户信息索取行为，如搜索、浏览和询问等"。李俐颖（2012）将教育博客知识共享定义为"教育博客所形成的群体中的成员通过阅读、转载、讨论等方式，将自身所学到的知识与其他成员分享，让有需求此类知识的人了解学习自己的观点、看法，也在分享过程中，成员们进行思想的交流。同时，可能由于研究方向的不同或兴趣点的不一致而导致知识产生摩擦碰撞，形成知识的创新"。

虽然当前学术界尚未对教育博客知识共享的内涵做出明确的界定，但将一般意义的知识共享内涵引入教育博客的具体情景，本书将教育博客知识共享界定为：发生在教育博客平台中的知识拥有者与知识索取者间两两互动的知识交流过程；在此过程中知识拥有者主动通过教育博客平台的各种信息技术（如发表、转帖、讨论等）发布知识，知识索取者主动通过教育博客平台的各种信息技术（如搜索、浏览和询问等）接收知识，最终实现教育博客平台整体知识效用的最大化。

值得一提的是，相较于一般意义的知识共享，教育博客知识共享具有两大特色。首先，教育博客知识共享是一种受博主控制的自由意志行为，而非强制性受控行为。一般意义的知识共享更多是一种由组织主导的、正式的、有明确的知识目标和有清晰的流动方向的知识互动（Jarvenpaa et al.，2000），而教育博客知识共享则更多是一种由个体主导的、非正式（偶发性）的、水平式（非组织主导）和自由式（无固定目标与对象）的知识互动。其次，相较于一般意义的知识共享的背景要素宽泛性，教育博客知识共享过程中所涉及的各种要素（如主体、客体等）均具有鲜明的教育特色。

2.2.2　教育博客知识共享的主体及特征

教育博客知识共享的主体是教育博客的博主（blogger），即那些拥有自己的教育博客网页，且习惯于定期或不定期使用、维护及更新的用户（Liao et al.，2011）。相较于传统媒介知识共享的主体，教育博客知识共享的主体具备如下五个方面的特征。

1. 相似性

教育博客知识共享的主体多为教育领域的专业人士或学习者（陈伟超，2009），如一线教师、教育研究者、教育专家、教育行政管理人员、学生等；他们往往接受过良好的教育（Guadagno et al.，2008），具有相似的知识结构、较强的自主学习欲望（刘枫，2012）、明确的交流协作动机、一定的计算机和互联网操作水平（陈伟超，2009）。这种相似的背景特征使得教育博客知识共享的主体具备了共性的语义结构，也使得不同主体之间的知识共享更易实现。

2. 动态性

教育博客知识共享的主体的角色不是一成不变的，而是在"知识发布者"和"知识索取者"之间不断地"动态切换"的。作为知识索取者，主体可以在教育博客对知识进行索取、检索、过滤和加工，并最终转变为个人的知识；而当主体对所获取的知识通过个人知识结构进行调整和重构后，并将新的知识发布到教育博客与他人进行共享时，其角色就转换成为了知识发布者（王学东等，2013；陈卓群，2012）。

3. 虚拟性

教育博客平台是通过互联网和计算机构建的（王东等，2012a），用户可以不使用自己的真实姓名，因而知识共享的主体具有了虚拟性的特性（刘枫，2012）。共享主体的虚拟性使得主体之间需要花费更长的时间和更多的精力来建立相互之间的信任，并最终实现对各自身份的认同；加之在教育博客平台主体之间无须进行面对面的交流，会产生由距离感所导致的陌生感，致使主体之间的情感强度和信任程度不够稳定。

4. 平等性

教育博客赋予了每个主体平等的话语权，使得知识传播的结构更加扁平化（李勇，2005）。在教育博客，知识共享的主体无须考虑"种族肤色、宗教信仰、社会地位、学术流派"等现实身份因素的制约，可以尽情、自由、真实地表达自我观点、彰显自我个性（李明，2011）。这种主体的平等性不仅促进了知识在不同主体之间的分享和流动，而且有效地避免了主体的从众心理与趋同行为（刘枫，2012）。

5. 流动性

由于缺乏明确的规范制度和正规的组织机构，教育博客对主体的约束性较小，主体可以自由选择参与或退出教育博客，故而具有较强的流动性（刘枫，2012）。加之主体的知识共享行为是自发产生的，知识共享关系是非正式的，知识共享频率具有较大的偶发性和随意性，直接影响了平台内知识共享的连续性。

2.2.3　教育博客知识共享的客体及特征

教育博客知识共享的客体是指主体在教育博客平台内分享的各种知识资源。

在知识管理研究领域，诸多学者尝试对知识的本质进行了界定。例如，Nonaka 等（1995）提出"知识是个体将信念证明为真实的动态过程"；Davenport 等（1998）将知识界定为"经验、价值观、情境性信息和专业洞察力的混合体，它为评价和合并经验与新信息提供框架"。Leonard 等（1998）认为"知识是具有相关性且可采取行动的信息，至少部分地以经验为基础"。提炼上述学者们的观点，本书将知识定义为：知识是有意义的信息，是有价值的智慧结晶，以被证实真实的信念的形式存在，能有效地提升个体行动能力（capacity of action）；并且新知识的产生是基于已有知识与新信息的融合。

从"知识的可呈现程度"的视角出发，诸多学者认为知识可以被划分为显性知识和隐性知识两种类型（Levett et al.，2000；Polanyi，1996；Nonaka et al.，1995）。显性知识是指可以编码化和度量的知识，具有容易被分解和储存、可以通过正式系统化的语言被清晰表达、也容易被他人所理解等特征。隐性知识是深植于个人的经验、判断、联想、创意和潜意识的知识，具有高度个人化、难以正式系统化的表达、难以被他人所理解等特征。依据显/隐性二分法，教育博客平台内分享的知识也可以划分为显性知识和隐性知识两种类型。显性知识多为理论性知识，例如教学教案、教学课件、教学理论、教学规律、教育制度等；隐性知识多为实践性知识，例如教育信念、教学经验、思维方式、心智模式、心得体会、工作经验、价值取向、灵感直觉等。

相较于传统媒介知识共享的客体，教育博客知识共享的客体主要具备如下六个方面的特征。

1. 个性化

教育博客为用户知识共享提供了极致的个人空间（李勇，2005）。用户在教育博客共享的知识具有鲜明的个性化特征，主要是用户从个人角度出发，记录个人经历、个人思想、个体感悟，甚至个人的爱好和兴趣。因此，这些被共享的知识资源不仅仅是对用户个人成长过程的记录，更是用户"个人大脑"（即个体知识体系）的真实写照（刘枫，2012）；既促进了用户个人自我意识的觉醒，体现了用户个人的社会存在，又彰显了用户个人的知识价值（Furukawa et al.，2006）。

2. 自由性

传统渠道的知识共享往往对客体的内容细节和表达形式有着诸多限制，例如逻辑严谨，语言学术、行文规范等。而教育博客的知识共享则打破了"行政色彩"（孔庆杰等，2007），具有"言论自由、文体自由"的特点。言论自由意味着被共享的知识完全由共享主体的喜好或愿望决定，共享主体可以自由地表达自己的观点和思想；文体自由意味着共享主体可以不拘泥于传统的写作形式，可以自由地运用文风和词汇（如朴素自然、睿智理性、言辞犀利、儒雅温和、幽默风趣、活泼亲切等），尽量将知识表述得清晰、浅显和易懂（陈卓群，2012）。

3. 丰富性

教育博客知识共享客体的丰富性主要体现在知识内容的丰富性、知识呈现的丰富性、知识组织的丰富性三个方面。首先，在知识内容的丰富性方面。作为一个自由开放的网络平台，教育博客不仅鼓励共享主体解放思维分享多样化、丰富化的知识，而且倡导多个共享主体之间形成群体规模化的思想碰撞，因此各种文化背景下的教育思想和理念、千差万别的观点派别、丰富多彩的创新言论可以在同一空间内各展风采（刘枫，2012）。其次，在知识呈现的丰富性方面。教育博客的知识呈现不仅仅局限于文字形式，还可以通过图像、视频、音频、动画、视频等多种媒体形式呈现（周琳洁，2011），使得知识表述更加生动、饱满，也更容易让其他受众理解、消化和接受（裴香兰等，2013）。另外，在知识组织的丰富性方面，被共享的知识可以通过文档归类、主题分类、时间排列、非线性链接、动态更新等多种方式来进行组织和整理。多样化的知识组织方式不仅能展示知识之间的联结关系，也使得知识的采集、积累、查询和运用更为便捷（李明，2011）。

4. 可控性

教育博客知识共享客体的可控性不仅体现在共享主体可以自由控制自身共享知识的内容，而且还体现在共享主体可以对其他主体的知识反馈内容及行为进行控制。例如，共享主体借助或利用教育博客相关技术可以控制"发表评论用户的权限、帖子是否允许发表评论、评论是否需要审阅、防止'灌水'回复"等。知识内容的可控性有效地削减了教育博客知识共享过程中有可能产生的噪音（如垃圾广告等），解决了知识交流缺乏行为约束、内容易偏离主题等问题。

5. 专业性

教育博客区别于其他博客的显著特性之一是被共享的知识带有鲜明的专业特色。教育博客知识共享的客体主要是与教育领域相关的各种知识资源，主要是围绕各种教育主题而展开的（如教学、教研、实践、学习等），带有明显的行业特征烙印，具备较强的专业学术价值，具有为教育和学习服务的专业化功能（王学东等，2013；刘辉等，2007；刘健，2006）。

6. 科学性

教育博客平台内的主要知识贡献者是与教育领域相关的专业人士，如教育专家、学者、一线教师等。作为专业的教育人士，这些知识共享主体在公布知识时，不仅追求知识在广度、深度上的延展性与独到性，更重要的是力求和确保所涉及的理论、概念、原则、规律等知识内容的准确性、正确性和严谨性（陈卓群，2012）。因此，相较于其他一般博客，教育博客平台内被共享的知识具有更强的科学性。

2.2.4　教育博客知识共享的技术及特征

教育博客知识共享的技术是指教育博客平台为主体间知识共享行为提供的各种强大的信息技术支撑与保障。除了为世人熟知的常规网络日志发布功能，教育博客知识共享的信息技术还包括：Referrer 超级链接、Trackback 引用通告、Tag 标签、RSS 订阅、评论和留言等（刘枫，2012；华海英，2006；马利霞，2004），各种技术的功能简介如表 2-3 所示。

表 2-3　教育博客知识共享技术的功能简介

名称	功能简介
Referrer 超级链接	教育博客中的 Referrer 链接是知识共享的一种重要表达方式，其功能类似于传统文章中的参考文献，目的是增加博文知识点的外延。运用教育博客中的 Referrer 链接对相关知识进行转载，不仅可以拓展博文本身的知识含量，而且可以给其他用户更加广阔的知识阅读空间
Trackback 引用通告	教育博客中的 Trackback 引用通告是一种串连引用方（知识获取方）和被引用方（知识发送方）的通知方式。网络世界文章互相引用的情况很多，但是被引用的一方（知识发送方）却常常不知道"谁引用了我的文章"。运用教育博客中的 Tackback 引用通告，被引用的一方（知识发送方）就可以清晰查阅哪些人引用了自己的博文以及这些引用人（知识获取方）对自己博文知识的评论和感想
Tag 标签	教育博客中的 Tag 标签是一种模糊化、智能化的知识分类方式，用以识别、描述和揭示博文中的知识内容，以便于知识的检索和归类，类似于传统文章中的关键词。运用教育博客中的 Tag 标签，用户不仅可以高效整合散落在博客空间的知识碎片，而且可以便捷获取自己所需的知识或是找到与自己志同道合的其他用户
RSS 订阅	教育博客中的 RSS 订阅是一种将分散知识聚合的工具，可以动态地将某一主题的知识资源收集起来并呈现给用户。运用教育博客中的 RSS 订阅，用户只要在本地定义所要阅读的知识内容和来源，新知识就会在第一时间不断地被推送到用户面前，无须用户在多个网站间进行冲浪，造成无谓地时间和精力的浪费，不仅提升了用户知识摄取的效率，且避免了知识传递的盲目性和偶然性
评论与留言	教育博客中的评论和留言功能是知识共享主体双方进行深层次的知识交流的工具。当知识获取方在教育博客阅读了知识发送方分享的知识资源后，可以运用评论和留言功能留下自己的点评、感想、观点和疑问，知识发送方也可以通过评论和留言功能阅读知识获取方留下的信息，并与知识获取方展开深度对话和讨论

　　相较于传统媒介知识共享的技术，教育博客知识共享的技术主要具备如下五个方面的特征。

1. 易用性

　　"技术门槛低、简单易用"是教育博客知识共享技术的优势之一（李明，2011；Liao et al.，2011）。很显然，知识共享技术操控的难易程度会直接影响共享主体的知识共享意愿和行为。在教育博客平台，知识共享主体不需要懂得图形处理、网页制作、网页发布等相关复杂的技术（南国农等，2005），通过自行探索、帮助指引或少许示范就可以轻松地掌握各种教育博客技术的使用方法（王周秀，2007），减轻了知识共享主体因为忧虑"不会用"而产生"不敢用"的心理负担（Lang，2005）。

2. 低成本

低成本也是教育博客知识共享技术的优势所在。在知识共享的过程中，共享主体双方均需要花费一定的成本，例如时间、精力、金钱等，故而知识共享的成本会直接影响共享主体的行为动机，成本过高甚至会阻碍知识共享的发生。教育博客知识共享的技术则具有低成本的显著优势。首先，教育博客知识共享的所有技术都是免费向公众开放的，共享主体只需拥有电脑和支付少量的上网费用，就可以无偿享用这些技术（王周秀，2007）。其次，教育博客知识共享的诸多信息技术有效地提升了知识共享的效率，极大节约了共享主体在知识共享过程中的时间和精力支出。

3. 及时性

教育博客知识共享技术具备鲜明的即时性特征。"即时发布、即时更新、即时回复、即时管理"等技术功能既使得知识发送方可以在第一时间发布知识，也使得知识索取方可以在第一时间获取知识（裴香兰等，2013）。这种"零周期"的知识实时传递，不仅有助于提升知识共享主体之间知识互动的速率和效果，而且切实增强了教育博客平台内知识内容的时效性、新颖性和前瞻性（李明，2011；陈义兵，2007）。

4. 强交互

教育博客知识共享技术的强交互特征是其受到广大用户青睐的重要原因之一（裴香兰等，2013；陈卓群，2012；李明，2011；李欣荣，2010）。这种"强交互"的特征主要体现在两个方面。首先，交互形式的多样性。不同的共享主体可以通过"互相提问、互相答疑、互相评论"等多种形式来实现彼此之间的知识互动。其次，交互时机的自由性。在教育博客，共享主体之间的知识交互既可以是同步的（即同一时间的交互），也可以是异步的（即有时间间隔的交互）。无论是交互形式的多样性，还是交互时机的自由性，均有效促进了知识共享主体的广泛联系和深度互动。

5. 无边界

教育博客知识共享技术为共享主体打造了一个"无边界"的知识共享空间。首先，教育博客知识共享技术打破了时间和空间的边界（王东等，2012b；

李欣荣，2010）。在教育博客平台，来自全球的共享主体可以自由地选择任何时间参与知识共享，有效克服了知识共享在时间滞后和地理距离等方面的障碍，使得更多的共享主体有知识交流和思想碰撞的机会（刘枫，2012）。其次，教育博客知识共享技术打破了共享主体数量和角色的边界。教育博客知识共享技术不仅支持点对点（个体对个体）的知识交互，还支持点对面（个体对群体）、面对面（群体对群体）的知识交互（华海英，2006）；不仅支持知识发送方与知识获取方之间的知识交互，而且还支持不同知识获取方之间的知识交互和不同知识发送方之间的知识交互（Hartshorne et al.，2009）。

2.3　教育博客知识共享模式

2.3.1　个体层面的教育博客知识共享模式

个体层面的教育博客知识共享模式旨在描述一对共享主体（即知识发送方和知识索取方）之间的知识流动，该过程是一个从"知识发布→知识接收→知识内化→知识再发布"的回路，期间伴随着用户（共享主体）的角色切换和知识（共享客体）属性的显/隐性切换。

如图 2-1 所示，教育博客知识共享模式的单次循环可以简单划分为四个阶段，各阶段内不同共享主体的知识诉求驱动了其不同的知识行为。

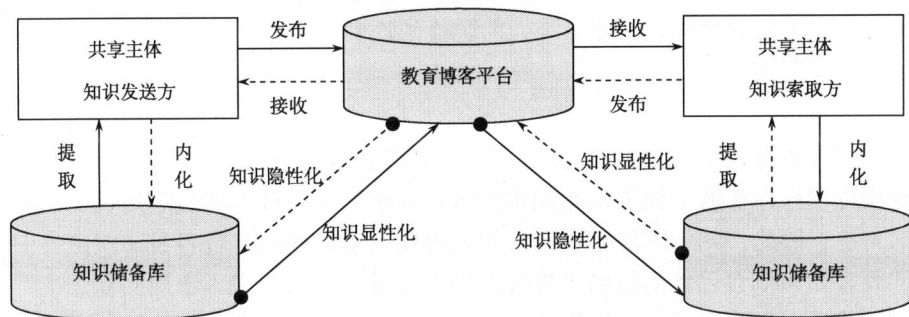

图 2-1　个体层面的教育博客知识共享

1. 知识发送方的知识发布

知识发送方的知识储备通常来源于其日常点滴的知识积累，如工作/生活的思考、同行交流、网络数据库检索等。在正式发布知识之前，知识发送方将先对自身的知识储备进行甄选和过滤，然后借助自我思考和规范的语义结构对自身的知识进行描述，并最终选择适当的呈现形式（如文本、图像、视频、音频等）将知识发布于自己的教育博客主页（王学东等，2013）。该过程实现了知识发送方将个人的隐性知识转变为个人的显性知识。值得一提的是，为了扩大知识的共享范围，知识发送方还可以通过"发送邀请、添加好友、友情链接"等方式吸引他人对自身发布的知识进行关注（刘枫，2012）。

2. 知识索取方的知识接收

知识索取方可以通过"搜索、浏览、询问、友情链接"等知识搜寻行为，获取知识发送方在教育博客主页发布的知识（谢佳琳等，2011）。在获取他人的知识之后，知识索取方首先会对获取的知识进行分析和选择；经过分析选择之后，知识索取方将对自身有用的知识进行学习、理解和消化。该过程实现了知识索取方将他人的显性知识转变为个人的显性知识。

3. 知识索取方的知识内化

在实现了将他人的显性知识转变为个人的显性知识之后，知识索取方会进一步结合自身的知识储备对已经接收和习得的显性知识进行重组和创新（周琳洁，2011），进而产生新的"进阶知识"（如新思想、新观点），并最终将新的"进阶知识"融合到自身的知识储备之中。该过程实现了知识索取方将个人的显性知识转变为个人的隐性知识。

4. 知识索取方的知识再发布

作为知识共享的受益者，知识索取方不会仅仅停留于对他人知识的消费，他们也同样存在着对他人发布知识的内在需求，也同样渴望扮演知识生产者的角色。因此，知识索取方在完成知识内化之后，往往会将自身知识储备中的既有知识或自己新创造的"进阶知识"通过"发表博文、添加回复评论"等方式发布于博客平台（周琳洁，2011），与知识发送方或其他知识索取方共享个人的知识。该过程再次实现了将个人的隐性知识转变为个人的显性知识。

2.3.2 跨层面的教育博客知识共享模式

跨层面的教育博客知识共享模式旨在描述不同层面的共享主体之间的知识流动。

在教育博客，每个知识共享主体都有着自己的兴趣偏好和知识诉求点，将多个独立的知识共享主体组群为"博客圈"是教育博客的一大特色。教育博客可以帮助独立的知识共享主体找寻到那些与自己有着相同的兴趣偏好和知识诉求点的其他知识共享主体，形成范围广且相对稳定的群体，进而演化为一个个独特的"博客圈"（陈卓群，2012）。而这些"博客圈"实则是一个个知识量更大、范围更广的知识集成系统。

"博客圈"的形成使得教育博客知识共享不仅可以发生在个体与个体之间，还有可能发生在个体与群体、群体与群体之间；知识共享的边界不仅可以是"博客圈"内，也可以是"博客圈"与"博客圈"之间。

如图 2-2 所示，在同一"博客圈"内，知识共享主体由于有着某种相同的兴趣爱好和相容性较强的知识结构，彼此之间会发生高频率的"个体与个体"或"个体与群体"的圈内知识流动（马利霞，2004）。与此同时，在不同的"博客圈"之间，由于彼此圈子的知识存在异质性，因此在某一知识领域具备高势能的博客圈也会与低势能的博客圈发生跨界知识流动（周琳洁，2011），具体可表现为"圈内个体和圈外个体"的跨界知识流动、"圈内个体和圈外群体"的跨界知识流动、"圈内群体和圈外群体"的跨界知识流动三种形式。

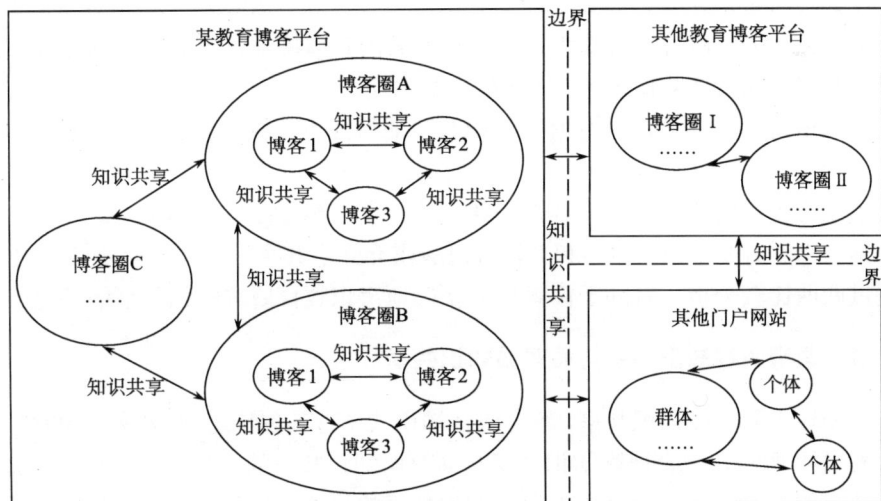

图 2-2　跨层面的教育博客知识共享

另外，得益于教育博客知识共享技术的开放性和外向性，教育博客平台内的个体或群体还可以与平台外（如其他教育博客网站、其他门户网站）的个体或群体实现跨平台的知识流动。

2.4　教育博客知识共享的特点

为了探究"教育博客知识共享实践何以兴起和盛行"的缘由，诸多学者对教育博客知识共享的特点进行了分析和总结。例如，李欣荣（2010）认为教育博客知识共享具有"及时性、交互性和效率性"的特点；裴香兰等（2013）发现教育博客知识共享的主要特点是"及时性、多元性、自由性"；陈义兵（2007）认为"零技术、个性化、协作性、交互性"是教育博客知识共享的显著特点；王周秀（2007）指出"个性化、开放化、实时化、全球化"等特点是教育博客备受用户青睐的原因。陈卓群（2012）发现"个性化、交互性、开放性"等特点使得教育博客日渐成为许多教育专家和学者进行组织、传播和发布知识的网络工具。

由上述研究成果可知，当前学者们在总结教育博客知识共享的特点时，主要还是从教育博客知识共享的三大要素（即主体、客体和技术）的特征出发，其中"个性化"、"交互性"、"及时性"、"开放性"是被提及的高频率特征。关于教育博客知识共享三大要素的具体特征，本书已分别在 2.2.2 节、2.2.3 节和 2.2.4 节进行了详细剖析和阐述。

但值得一提的是，教育博客知识共享的特点不仅仅体现在其要素的特征上，还体现在教育博客知识共享与其他情景中的知识共享的区分性上。因此，为了进一步翔实描述教育博客知识共享的特点，本书将"教育博客知识共享"分别与"面对面知识共享"和"传统出版媒介知识共享"进行了异质性对比，通过两两比较分析，有助于读者更为精确地辨识教育博客知识共享的特色。

2.4.1　教育博客知识共享与面对面知识共享

相较于面对面知识共享，教育博客知识共享有其独特之处（程娟，2008）。如表 2-4 所示，教育博客知识共享与面对面知识共享的差异主要体现在"知识共享的来源、知识共享的去向、知识共享的追溯、知识共享的核实、知识共享的时机"五个方面。

表 2-4　面对面知识共享与博客知识共享的比较

比较项目	面对面知识共享	教育博客知识共享
知识共享的来源	点对点获取知识，知识来源渠道少	点对点/点对面/面对面获取知识，多渠道的知识来源
知识共享的去向	明确的熟识对象	盲目的陌生对象
知识共享的追溯	口头性，少有记录，难以追溯	书面性，正式记录，便捷追溯
知识共享的核实	及时反馈、核实，准确性高	难以及时反馈，核实成本高
知识共享的时机	同步交互，时机受限	同步交互和异步交互相结合，时机自由、可控

1. 知识共享的来源

面对面知识共享多为"一对一"的知识交流，被共享的知识多为发送方的个人知识，所以知识共享的来源较为单一。但是，教育博客知识共享不仅是"一对一"的知识交流，还可以是"一对多"甚至是"多对多"的知识交流，并且教育博客的"超级链接、引用通告、RSS 订阅"等功能使得共享主体可以通过多渠道获取知识，从而扩大了知识共享的来源。

2. 知识共享的去向

面对面知识共享多发生于相互熟识的个体之间，知识发送方不仅清晰地知道知识接收方是谁，而且对知识接收方的知识需求、知识接收能力和习惯也有相对清晰的了解。因此知识发送方可以选择知识接收方所需的知识、采用知识接收方易理解的知识表达形式来进行知识分享。但是，教育博客知识共享多发生于相互陌生的主体之间，知识发送方既不清楚知识接收方是谁，而且对知识接收方的知识需求、知识接收能力和习惯也不是很了解。因此，知识发送方只能单方面的借助教育博客各项技术将自己所拥有的知识发布出来，此时知识共享的去向具有较高程度的盲目性（陈卓群，2012）。

3. 知识共享的追溯

在面对面知识共享的过程中，知识接收方不仅获取了知识发送方分享的知识，而且会对知识发送方的知识进行重构和内化，产生新的"进阶知识"。但无论是知识发送方的知识，还是知识接收方创建的"进阶知识"很少能通过记录的方式保存下来，因而无法与其他主体共享，进而造成大量知识的流失和浪费。但是在教育博客知识共享的过程中，知识接收方与知识发送方之间的任何一次知识互动都有记录的痕迹，例如"知识发送方发表的博文"、"知识发送方进行的评论与回复"等。因此，无论是知识发送方、知识接收方还是其他主体，都可以在任何时间便捷地追踪、查阅、搜索到这些知识，很好地展现了知识共享的追溯性。

4. 知识共享的核实

在面对面知识共享的过程中，共享主体之间除了有言语上的交流，还可以通过语气、表情、动作等信息给对方以暗示；这样知识发送方就可以依据知识接收方的语言反馈和肢体反应，及时地调整共享的知识内容，精准地表述知识的内涵，进而减少了知识共享过程中产生的噪声（张莉等，2005），提升了知识共享的准确性。在教育博客知识共享的过程中，共享主体虽然能借助"文本、图片、音频、视频"等技术来提升知识的可呈现性，但是难以做到像面对面知识共享那样即时感受或接收到彼此的语言反馈和肢体反应。为了核实知识接收方是否准确接收到知识，知识发送方就需要花费比面对面交流更多的时间和精力，这在一定程度上影响了知识共享的效率。

5. 知识共享的时机

面对面知识共享必须是共享主体之间的同步交互，需要知识发送方和知识接收方同时出现在沟通现场才能得以实现，因此知识共享的时机受到了极大的限制和挑战。而在教育博客，共享主体之间的知识交互既可以是同步的（即同一时间的交互），也可以是异步的（即有时间间隔的交互），因此知识共享的时机具有较强的自主性和可选择性，有利于知识共享主体之间的广泛联系和持久互动（李明，2011）。

2.4.2 教育博客知识共享与传统出版媒介知识共享

对于教育界人士，传统出版媒介的知识交流渠道主要包括：科技期刊的学术论文、出版社出版的专著、某一学科领域阶段性举行的学术会议及会议论文集等。整体上，传统出版媒介知识共享的过程可以被描述为：作者（知识发送方）创作知识作品，出版社根据市场的需求等因素对这些知识作品进行选择性印刷出版，然后通过书店或网上书城得以在市场上传播和流通，图书馆等信息机构会对知识作品进行选择性收藏，读者（知识发送方）可以从书店或网上书城进行购买或者到图书馆等信息机构进行借阅（谢佳琳等，2011）。虽然传统出版媒介在促进知识交流与共享中依然发挥着重要的作用，但随着现代科研信息环境日趋瞬息万变，教育界人士仍然面临"难以及时了解他人正在做什么"，"如何迅速找到合作伙伴"等困难（甘春梅等，2012）。而教育博客的兴起与发展则为教育界人士间的知识共享提供了更为便捷、高效、理想的平台。

相较于传统出版媒介知识共享，教育博客知识共享的优越性主要体现在其突破了传统出版媒介知识共享过程中的诸多限制，具体包括：所需资源的限制、知识容量的限制、共享方向、广度、深度的限制。

1. 突破所需资源的限制

在传统出版媒介知识共享的过程中，共享主体会受到来自传统出版媒介的诸多限制，例如时间、空间、成本、身份等（王东等，2012b；谢佳琳等，2011）。首先，作者（知识发送方）在传统出版媒介的知识发布过程相对复杂和繁琐，需要经历相当长的发表周期，造成了知识共享的时空延滞性。其次，读者（知识接收方）是通过到书店购买作品或者通过图书馆借阅作品来获得知识，即读者获得知识需要付出相对较高的时间和金钱成本。再次，传统出版媒介对作者（知识发送方）的身份背景具有相对较高的要求，往往只有教育界的专家学者才可以通过传统出版媒介与读者（知识接收方）共享自己的知识，而许多教育界的新生力量或非专业人士则不具备这种身份资质。

教育博客知识共享打破了传统出版媒介知识共享在时间、空间、成本、身份等资源上诸多限制（王东等，2012b；谢佳琳等，2011）。首先，教育博客知识共享不受时空的制约。教育博客具有即时性、便捷性等特点，知识发送方和知识接收方可以随时、随地、自由地在教育博客发布知识或获取知识。其次，教育博客知识共享不受过多费用的制约。教育博客大都是向公众免费开放的，无论是知识发布或是知识获取，共享主体均不需要向教育博客平台支付任何费用。再次，教育博客知识共享的主体没有过多的身份约束，从新生力量到专家学者均享有平等的与其他用户共享知识的权限。

2. 突破知识容量的限制

传统出版媒介知识共享的容量往往是有限的，这种知识容量的限制不仅仅体现在知识绝对数量的受限性，还体现在知识层次的受限性。例如，科技期刊每一期只能发表有限数量的论文，大量具备发表水准或较强研究性的论文不得不被放弃；并且受科技期刊版面的限制，大多数被发表的论文均有字数篇幅的限制（王东等，2012b）。再如，传统出版媒介对知识有严格的审查制度和核查系统，要经过纵向性的多层次的编辑审核才能公布于世（史新艳等，2009）。因此，经传统出版媒介发布的知识往往具有很高的层次，不仅在内涵上要有丰富的学术价值，在表述上也要符合严谨的学术规范，这就使得许多观点零散、文风自由、非主流的知识被排除在外。

教育博客"言论自由"的特点很好的打破了传统出版媒介在知识共享上的容量限制。首先，教育博客知识共享没有知识发表数量的约束。经教育博客发布的知识（博文），其绝对数量可多可少，具体含量的多少完全由共享主体自主控制。其次，教育博客知识共享无须经历严格的审查制度和核查系统，知识的层次可深可浅；内涵上既可以具备较高的学术价值，也可以是即兴的所思所想；表述上既可以符合严谨的学术规范，也可以是非专业的口语化表述（陈卓群，2012）。

3. 突破共享方向、广度、深度的限制

从传统出版媒介知识共享的过程可知，知识从知识发送方传递到知识接收方，要经过编辑评审、出版社出版发行、书店出售或图书馆等文献收藏机构的收藏等若干中间环节，整个过程是一个"单向封闭"的流通模式。这种"单向封闭"的流通模式一方面使得知识接收方的群体受限，另一份也使得知识接收方难以与知识发送方进行实时的交流和深度的对话，进而在很大程度上制约了共享主体间的互动性（陈卓群，2012）。

教育博客知识共享的过程则是一个"双向开放"的知识传递模式，共享主体间的知识流动没有过多的中间环节。其"双向"性体现在：伴随着共享主体角色的切换，知识既可以从发送方流向接收方（如通过发布博文、回复读者评论等），也可以从接收方逆流至发送方（如读者评论）。其"开放"性体现在：知识共享既可以发生在发送方与接收方之间，也可以发生在不同接收方之间（如读者对于其他读者回复的评论）；知识交流不仅可以是"一对一"的，也可以是"一对多"、甚至是"多对多"的。而正是这种"双向开放"的知识传递模式有效地拓展了教育博客知识共享的方向、广度和深度。

2.5 本 章 小 结

本章主要对"什么是教育博客知识共享"这一基本议题进行了全方面立

体化的界定。

　　首先，本章在回顾前人研究的基础上，分别对"博客"和"教育博客"进行了界定，具体内容包括：定义了博客和教育博客的内涵，细化了博客和教育博客分类，介绍了博客的一般功能和教育博客的特殊功能。

　　其次，本章在借鉴一般知识共享定义的基础上，对"教育博客知识共享"的内涵进行了定义，并对"教育博客知识共享"涉及的三大要素（即知识共享主体、知识共享客体和知识共享技术）及其特征进行了详细的阐述。

　　再次，本章分别对个体层面的教育博客知识共享模式和跨层面的教育博客知识共享模式进行了剖析，细致地描绘了个体层面共享主体之间的知识流动过程和跨层面共享主体之间的知识流动过程。

　　最后，本章为了凸显教育博客知识共享的特点，分别对教育博客知识共享与面对面知识共享的异同性以及教育博客知识共享与传统出版媒介知识共享进行了多维度的对比分析，并总结归纳出了教育博客知识共享与二者的异同性。

第三章　教育博客知识共享的发生机制

为了解答"教育博客知识共享为什么会发生",首先有必要从理论根源了解、推演和掌握教育博客知识共享行为的一般发生机制。学科的发展与学术的创新需要借鉴相关学科领域内的成熟基础理论,成熟基础理论是构建理论模型与提出研究假设的基石和依据。为此,本先将对一般个体行为发生机制的理论溯源进行回顾,在介绍管理学、组织行为学、应用心理学、信息系统学等研究领域的经典基础理论的基础上,通过多理论对比分析,提出一个统摄全书的关于教育博客知识共享发生机制的研究框架。

3.1　一般个体行为发生机制的理论溯源

3.1.1　理性行为理论

1. 理论背景

"理性行为理论"(theory of reasoned action,简称 TRA)又译作"理性行动理论"源于社会心理学,被认为是研究个体认知行为最基础、最具有影响力的基础理论之一。该理论是由美国学者菲什拜因(Fishbein)和阿耶兹(Ajzen)于 1975 年提出,主要用于分析个体的行为意愿和现实行为的发生机制。该理论关注基于信息认知的态度和主观规范,并充分揭示了个体动机和外界信息对个体行为的影响过程。

2. 理论前提

TRA 的基本假设前提主要有三点:①个体是理性的,个体在做出某一行为前会综合各种信息来考虑自身行为的意义和后果;②个体是否采纳某种行为是可以被自身所控制和决定的;③个体倾向于按照能够使自己获得有利的结果并且也能够符合他人期望的方式来发生行为(Fishbein et al.,1975)。

由上述假设前提不难发现:TRA 适用于预测完全受个体意志控制的行为,如果将其应用于非个体意志控制的行为,其预测作用就会降低。然而在现实组织情境中,个体的诸多行为会受到管理干预以及外部环境的制约,因而个体并非绝对具有控制自身行为的能力或条件。另外，个体的很多行为是个体自发的无意识行为或条件反射行为，而并非经过个体深思熟虑之后的理性行为，在这种情况下，该理论的适用性也受到限制。

3. 核心构念

（1）行为（behavior）是个体在一定的时间内（time）、在某个环境中（context）采取的有指向性（target）的行动（action）。

（2）行为意愿（behavior intention）是个体对从事某一特定行为的决策量度。Ajzen 等（1980）认为行为意愿是个体想要采取某一特定行为的行动倾向，也就是指在行为选择的过程中个体对是否要采取此行为的表达程度。因此行为意愿是任何行为现实发生的必经过程，是行为显现前的决策量度。个体行为意愿越强，代表其越有可能从事该行为。

（3）态度（attitude towards behavior）是个体对从事某一特定行为所持有的正面或负面的情感，它是由对行为结果的主要信念以及对这种结果的重视程度的估计所得出的。根据期望—价值理论，Fishbein 等（1975）认为态度是个体对从事某一特定行为所反映出来的一种持续性的喜欢或不喜欢的预设立场，也可说是个体对从事某一特定行为的正向或负向的评价。

（4）主观规范（subjective norm）是个体在采取某一特定行为之前所感受到的来自外界的社会压力，也可被描述为个体知觉重要的他人或群体（salient individuals or groups）认为他应不应实行某一特定行为的压力认知。

4. 理论模型

TRA 认为个体对待某一特定行为的态度和主观规范均会显著影响个体行为意愿的强弱，而个体的行为意愿会最终决定个体是否实施该特定行为。该理论可用如下公式和图 3-1 中模型来形象描述：

$$B \sim BI = W_1(AB) + W_2(SN)$$

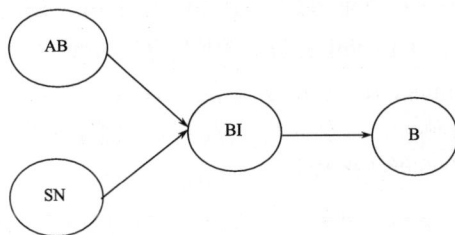

图 3-1 TRA 理论模型

式中，B（behavior）是个体意志控制下的现实行为；BI（behavioral intention）是个体的行为意愿；AB（attitude towards behavior）是个体对行为的态度；SN（subjective norm）是个体的主观规范；W_1 和 W_2 分别是 AB 和 SN 是标准化系数（权重）（Ajzen et al.,1980；Fishbein et al.，1975）。

上述公式和模型形象地阐述了：个体的行为在某种程度上可以由个体的行为意愿合理推断，而个体的行为意愿将受到个体对行为的态度和主观规范的共同影响。行为意愿是个体态度和主观规范对行为产生影响的中介变量。

5. 理论拓展

TRA 作为预测个体理性行为的权威理论，自诞生起就广受学术界的关注，诸多学者在 Fishbein 和 Ajzen（1975）的研究基础上，对 TRA 做了进一步拓展和完善。

（1）对原模型的细化。一些学者认为在 TRA 模型中添加其他构念，会降低该理论模型的精练性，因此一个较为保守的拓展研究是从原模型已有构念出发，对已有构念作进一步深入细化。

态度（attitude towards behavior）的细化：从现有研究来看，对行为态度的细化可以说是 TRA 扩张研究的主要焦点。许多学者认为原 TRA 的行为态度过分强调了个体对行为结果的理性认知判断，而忽略了个体情感的作用。为了弥补这一不足，French 等（2005）首次对行为态度进行了划分，将行为态度细分为情感和认知两个成分。行为态度中情感成分（emotion）是行为所引发的情感，是关于执行行为的情绪，它与行为态度中的认知成分相对应。行为态度的认知成分更多是从理性认知的角度评估行为是否有利。French 发现细分行为态度后的 TRA 模型比原 TRA 模型的预测能力更强。此外还有一些研究探索了行为态度的认知和情感成分在预测不同种类行为时的相对能力，并发现从总体上看，态度的情感成分比认知成分的预测性更好。

主观规范（subjective norm）的细化：随着对 TRA 的进一步发展和完善，很多研究者发现主观规范也可以进一步细化。例如，Cialdini 与他的研究团队区分了两种主观规范（Cialdini et al.，1991；Cialdini et al.，1990）。第一种称为指令性规范（injunctive norms），这一规范主要关注个体对他人赞成或不赞成行为的感知（例如，什么是应该做的），测量上采用原 TRA 对主观规范的测量；另一种称为描述性规范（descriptive norms），这一规范主要关注个体对其他人行为的感知（例如，其他人在特定情形下在做什么）。Cialdini 等（1991，1990）的研究结果表明描述性规范是一个独立的构念，其与指令性规范一样，会对个体的行为意愿产生影响。

（2）对原模型的构念添加。TRA 认为各个可能影响个体行为意愿的变量只能通过个体的态度和主观规范对个体行为意愿产生间接影响。然而一些研究发现：某些变量并不经过态度或主观规范，而是直接对个体的行为意愿或行为产生影响。这些研究成果引发了学者们对 TRA 原模型添加变量的思考。其中过去行为的影响（residual effects）是一个备受关注的研究构念。一些学者认为"过去行为"能够反映个体行为的惯性，因此他们在运用 TRA 时，将过去行为加入到了原 TRA 模型中，并发现：不仅过去行为对行为意愿的作用是直接的，而且对行为本身的作用也是直接的。Ajzen（2000）也对个体的过去行为对其后继行为的余效影响（residual effects）进行了研究，并得出"余效影响虽然确实存在，但不能够由此得出习惯化行为（habituation）"的研究结论。一些其他学者的研究支持了 Ajzen（2000）的观点，他们认为：当行为意愿与具体行为和谐一致的时候，余效影响是微弱的。

3.1.2　计划行为理论

1. 理论背景

虽然 TRA 被视为研究个体认知行为的基础理论工具之一，但长期以来一直有学者批评 TRA 对某些行为并没有足够的解释力（Rand et al.，1990）。究其原因在于 TRA 仅适用于完全受个体意志控制的行为，如果将其应用于非意志控制的行为，其预测效果就会削弱。为了能将 TRA 运用到不受意志控制的行为或较为复杂的行为，Ajzen（1991）对 TRA 进行了扩展，在原 TRA 模型中引入了一个新的构念——感知的行为控制（perceived behavior control，简称 PBC），并继而提出了"计划行为理论"（theory of planned behavior，简称 TPB）。

2. 理论前提

在沿袭 TRA 理论假设前提的基础上，TPB 进一步提出了如下三点假设前提：

（1）在实际控制条件充分的情况下，个体的行为意愿直接决定行为；

（2）非个人意志完全控制的行为不仅受行为意向的影响，还受执行行为的个人能力、机会以及资源等实际控制条件的制约；

（3）准确的感知行为控制反映了实际控制条件的状况，因此它可以作为实际控制条件的替代性测量指标，直接预测行为发生的可能性，预测的准确性依赖于感知行为控制的真实程度。

3. 核心构念

TPB 包含了 TRA 的所有核心构念，如：行为、行为意愿、态度和主观规范。与 TRA 不同的是，TPB 还有另一核心构念，即"感知的行为控制"。

"感知的行为控制"是个体对自身采取某一特定行为的可控程度的感知或预判。一般而言，当个体认为自己从事某一特定行为所掌握的资源与机会越多时，或个体感知自身的行为能力越强时，个体会认为自己从事该特定行为面临的阻碍或风险就愈少，此时个体感知的行为可控性就越强。

4. 理论模型

TPB 认为，个体的行为意愿是由个体对行为的态度、主观规范以及感知的行为控制三者所共同决定的，而个体的行为又可以由行为意愿和感知的行为控制进行预测。尤其是当某些特定行为不完全由个体的主观意志所控制时，感知的行为控制对预测"意图→行为"关系起着举足轻重的改善作用（Compeau et al.，1995b）。该理论可用如下公式和图 3-2 中模型来形象描述：

$$B = W_1(BI) + W_2(PBC)$$

$$BI = W_3(AB) + W_4(SN) + W_5(PBC)$$

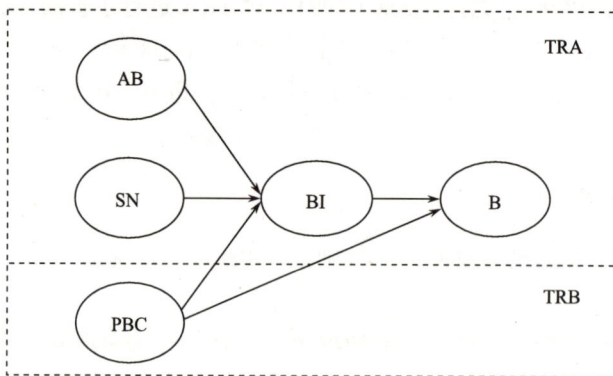

图 3-2　TPB 理论模型

式中，B（behavior）是个体意志控制下的公开行为；BI（behavioral intention）是个体的行为意愿；AB（attitude towards behavior）是个体对行为的态度；SN（subjective norm）是个体的主观规范；PBC（perceived behavioral control）是感知的行为控制。W_1、W_2、W_3、W_4、W_5 别是对应变量的标准化系数（权重）。

上述公式和模型形象地展示了 TPB 是对 TRA 的延伸和完善。在添加了感知的行为控制之后，TPB 很好地解释了"为何有意愿却无行为"以及"有态度和主观规范却意愿低"等问题。

5. 理论拓展

在最初的 TPB 中，感知的行为控制是一个一维构念。然而这种一维的界定，使得学者们在研究感知的行为控制如何影响行为意愿及行为的结论难以达成统一。例如，在一些研究中，感知的行为控制被作为内生因素，仅能影响行为意愿（White et al., 1994）；而在另一些研究中，感知的行为控制被作为外生因素，可直接促进行为或在行为与意愿之间起到调节作用（Terry et al., 1995）。基于此，Ajzen（2000）从内外生视角将感知的行为控制进行了二维细分，将原有单一维度的感知的行为控制划分为两个构念，分别为个体自我能力的控制认知（control belief）和行为情境的便利性认知（perceived facilitation）。无独有偶，Conner 等（1998）的研究亦将感知的行为控制划分为两个构念，分别为内部控制（internal control）和外部控制（external control）。内部控制被描述为"个体对某一特定行为能力的自信程度"，外部控制被描述为"个体对推进或阻碍某一特定行为的各种情境影响因素的感知（这些情境影响因素往往无法被个体的主观意志所改变或操控）"。对比 Ajzen（2000）和 Conner 等（1998）的研究不难发现，在内涵上个体自我能力的控制认知（control belief）与内部控制（internal control）不谋而合，行为情境的便利性认知（perceived facilitation）与外部控制（external control）相匹配。在学者们对感知的行为控制细分的基础上，修订的计划行为理论（revised theory of planned behavior，简称 RTPB）应运而生，该理论模型如图 3-3 所示。

由图 3-3 可知，个体感知的内部控制和感知的外部控制均会分别直接影响个体的行为意愿和行为。

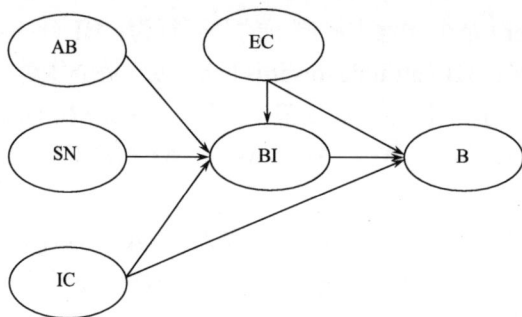

图 3-3　RTPB 理论模型

IC（internal control）是感知的内部控制；EC（external control）是感知的外部控制；

B、BI、AB、SN 的解释同 TPB

3.1.3　社会影响理论

1. 理论背景

外界的社会影响会干预个体的行为是人们日常工作生活中的一种普遍社会心理现象。为了能从有机辩证的角度阐述外界社会影响会如何在特定方向上引起个体的思想、态度和行为的改变，Kelman 在 20 世纪 60 年代末提出了"社会影响理论"（social influence theory，简称 SIT），该理论清晰地揭示了不同的社会影响因素将通过不同的转化机制（或转化路径）来促使个体行为的发生。

2. 理论前提

SIT 的创始人 Kelman（1958）认为：在不同社会影响因素的作用下，个体产生（或转变）某一行为态度的机制是不同的，而不同的产生（或转变）行为态度的机制进一步决定了个体持有某一特定行为态度的本质和后继持续发生该行为的概率也是不同的。例如，在某些社会影响因素的作用下，个体会对某一特定行为表现出表面上的"公众附和"（public conformity），但这种肤浅的行为态度转变纯粹是表面化的，个体的信念、价值观并未发生改变，因此这种态度转变可能会在短时间内就消失。但在另一些社会影响因素的作用下，个体会发自内心的接受某一行为，这种态度改变是由内及外的，并且根植于个体的规范、信念和价值观，是一种个体真心接纳的持久改变。

基于此，Kelman（1958）提出了 SIT 的一个重要前提假设：由于个体面临的社会影响因素不同，诱导个体改变态度（或接受新行为准则）的机制也不同，进而使得个体态度转变的程度和本质不同，并最终导致了个体后续行为绩效的不同。由此可见，只有在了解"诱发个体行为态度转变的社会影响因素是何种类型"以及"不同类型的社会影响因素会通过哪些不同的转化机制（或转化路径）来转变个体行为态度"之后，我们才能对个体态度改变的程度、持久性以及态度如何引导行为进行更为精准的预测。

3. 核心构念和理论模型

基于 SIT（如图 3-4 所示），社会影响因素对个体行为态度的转变主要依赖于三种机制，分别为：顺从（compliance）、认同（identification）和内化（internalization）（Kelman，1958）。

顺从（compliance）是指个体为了从他人或组织获得友好的对待而接受外界代理人给予其的社会影响。此时，个体采纳外界期望的行为并非是他相信行为本身的意义或内容，而是因为他希望从外界获得回报、赞赏或避免惩罚、羞愧。因此，可以说个体之所以会"顺从"，是迫于社会影响的"压力"，是一种不得已而为之（have to）的参与，而非内心自愿的表达。例如，一些个体可能会倾力于表达某个组织内部达成共识的"正确"意见，以避免被组织解雇。再如，一些个体会在与自己密切相关人群接触的场合，"逼迫"自己去做出他人期望的行为，目的在于从他人获得"自己意料之中"的善意友好的回应。当个体是通过顺从这种机制而改变自己的行为态度时，那么他会愿意做出其他代理人希望他做的事情（或者他假想的其他代理人希望他做的事情）。他会认为，这么做可以从其他代理人那里获得自己想要的回报。问题的关键在于，他并非是出于行为本身的内容或意义而愿意采纳该行为，恰恰相反，他仅仅将履行行为视为是一种获得外界回报或避免惩罚的工具或手段。从本质上讲，个体学习的仅仅是在什么场合表现出外界代理人希望的言行，而与个体本身的价值、信仰无关。所以如果社会影响因素是通过"顺从"机制来转变个体的行为态度，那么只有个体的言行是在外界代理人监控的情况下，个体的态度才会真正转变为个体的行为意愿或行为。

认同（identification）是指个体为了建立或维护自己与他人或组织令人满意的关系而接受外界代理人给予其的社会影响。通过"认同"机制，个体会尽可能说"其他代理人所说的"，做"其他代理人所做的"，相信"其他代理人所相信的"，目的是为了把自己"包装"得和其他代理人一样，以获得或维系与其他代理人的良好关系。从本质上讲，此时个体采纳外界期望的行为准则仅是为了获得自身"想要的关系"（desired relationship），或者个体仅仅将履行行为视为是获得或维系所需关系的途径。认同和顺从两者有一定的相似之处，那就是：个体接受"诱导行为"均非出于行为本身的内容或行为给自己带来的内在满足。但认同和顺从的内在机理存在本质不同。如果外界是通过认同改变了个体的行为态度，此时个体是发自内心相信其接受的诱导行为是正确的。因此，无论是在公开或私下场合，个体会都愿意履行该行为。换而言之，该行为并非一定要在外界代理人监控之下才会发生。个体关心的并非是行为之后获得物质回报或避免惩罚，而是自己的"角色表现"（role performance）是否满足关系人群的期望。值得一提的是，虽然通过"认同"机制个体会认为自己从外界采纳的行为准则是正确的，但是个体并不会将其融入自身原有的价值体系；相反，个体会将这些"行为准则"独立起来（isolated from the rest of his values），作为特殊的一部分与自己原有的价值体系并存。

内化（Internalization）是指个体认为外界代理人倡导的行为准则与自己已有的价值系统相吻合而自愿接受外界代理人给予其的社会影响。此时个体愿意接受行为准则是因为他发现这种行为有利于自身价值的最大化或者有利于解决当前的问题（例如，该行为有助于解决自身的现实问题或与自己的需求相投）。一个典型的内化例子来自医护治疗。病人会接受医生对康复治疗的建议，是因为病人往往觉得医生是权威，医生的建议对自己的康复有益。通过内化机制而被个体接受的行为准则将被个体纳入既有的价值体系中，并最终成为个体自己价值系统的一部分（part of an internal system）。内化的机理与顺从和认同的机理有着明显的区分性。顺从作用下的个体行为态度转变依赖于"外界代理人的监督"，认同作用下的个体行为态度转变受到"与外界代理人关系"的牵绊，而内化作用下的个体行为态度转变则独立于外界代理人的影响。换而言之，内化作用下的诱导行为不需要"外界代理人的监督"，也不受"与外界代理人关系"的牵绊，而是与个体既有的基本价值体系相关。值得一提的是，当个体通过内化机制将新的行为准则嵌入到自身已有价值体

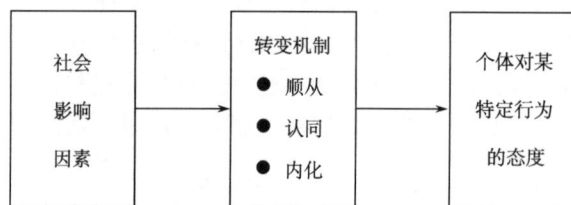

图 3-4　SIT 的理论框架

系的过程中，新的行为准则会与个体已有的价值体系发生互动。具体而言，新的行为准则可能会改变个体已有的信念，或者反过来，新的行为准则可能会被个体已有的信念改变。而正是这种新老价值观交互的作用过程，使得每个通过内化而接受新行为准则的个体对行为的理解和执行各不相同。

顺从（compliance）、认同（identification）和内化（internalization）三者之间的具体区别如表 3-1 所示。

表 3-1　顺从、认同和内化的特质对比

对比维度	顺从	认同	内化
行为动机	获得奖励或避免惩罚	获得或维系情感	与自身价值体系是否相符，有助于自身价值优化
外界代理人特征	具有奖惩权	有吸引力	可信
态度转变的程度	个体将诱导行为视为工具或手段，而不会将其视为自己的真实信仰	个体将诱导行为作为新的内容与原有的价值系统"相加"，作为"独立"部分与原有的价值系统并存	当个体将新的诱导行为与原有的价值系统"相融"，并最终将其嵌入自身已有的价值体系之中
诱导行为发生的情境	个体行为受到时时监测	个体与组织或外界代理人关系亲密	只要客观条件允许就会自发产生，与行为是否受到监视或与代理人关系是否亲密无关

注：资料来源于凯尔曼（Kelman，1958）的研究

需要注意的是，Kelman（1958）认为：虽然社会影响因素转变个体行为态度的三种机制在本质、原理和功效上各不相同，但三者并非彼此排斥；在组织实践的现实运作中，管理者可以将三种机制兼而用之。

4. 理论拓展

由于 Kelman（1958）在创建 SIT 的过程中，没有对不同类别的社会影响因素进行清楚地鉴别和区分，因此学者们在实际运用 SIT 解释个体行为发生机制时，往往无法解释某一具体的社会影响因素到底会通过何种转变机制来作用于个体的行为态度。继 Kelman（1958）之后，Venkatesh 和 Davis（2000）对 SIT 做了进一步修订，提出了修订的社会影响理论（modified social influence theory，简称 MSIT）。Venkates 和 Davis（2000）认为，诱发顺从、认同、

内化的社会影响因素存在本质的不同。具体而言：顺从适用于控制型（mandatory）的社会影响因素，顺从并不能改变个体的行为态度，但会直接改变个体的行为意愿。在控制型社会影响因素的作用下，个体迫于外界代理人的压力会愿意从事某种行为，但此时个体并非真心支持或赞同该行为（即个体对待该行为的态度并未发生转变）。而认同和内化适用于自愿型（voluntary）的社会影响因素，二者均会直接转变个体的行为态度，并通过态度的中介作用积极影响个体的行为意愿。

并且，Venkatesh 和 Davis（2000）进一步融合了 TRA 的部分观点，认为顺、认同和内化是 TRA 理论模型中主观规范的细化分类。在 TRA 中，主观规范和个体的行为态度是两个独立的变量，会分别直接影响个体的行为意愿。但在 MSIT 中，由于不同类别的主观规范（顺从、认同和内化）的运作机理不同，主观规范不仅可以直接促进行为意愿的产生，还可以通过改变个体的行为态度从而间接影响行为意愿。具体而言，主观规范对行为意愿产生直接影响的基本原理是：控制型社会影响因素通过顺从机制会直接影响个体的行为意愿，但并不会改变个体的行为态度，此时个体行为的现实发生依赖于外界代理人的监控。主观规范对行为意愿产生间接影响的基本原理是：自愿型社会影响因素通过认同机制或内化机制会直接转变个体的行为态度，进而间接影响个体的行为意愿，此时无论是在公开或私下场合，个体都会发自内心相信其接受的行为准则是正确的，并且都会愿意积极地履行该行为。

由此可见，在 SIT 基础上修订而成的 MSIT（如图 3-5 所示），不仅更为清晰地解释了不同类型社会影响因素（控制型和自愿型）会分别通过不同类别的主观规范（顺从、认同和内化）影响个体的行为态度或意愿，并且还有助于人们深刻洞察个体的行为态度和行为意愿转变的本质和程度，进而为有效预测个体的后续行为提供了依据。

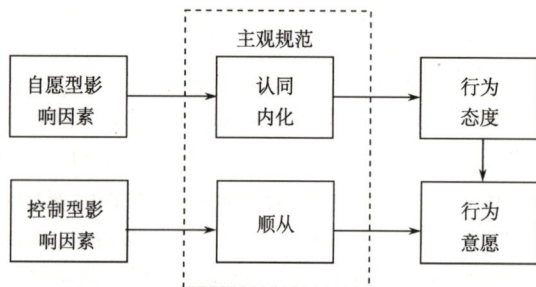

图 3-5　MSIT 的理论框架

3.1.4　社会认知理论

1. 理论背景

"社会认知理论"（social cognition theory，简称 SCT）是社会心理学研究领域的基础理论之一。该理论是由美国社会心理学家 Bandura 于 20 世纪 70 年代末创建，并于 20 世纪 90 年代得到迅猛发展。SCT 最初被用于解释个体社会学习的过程，主要关注人的信念、记忆、期望、动机以及自我强化等个体认知因素（Bandura，1986；1982），后被其他学科领域的研究学者用于解释不同具体情境下的个体一般行为（Lin et al.，2009； Hsu et al.，2007；Chiu et al.，2006；Compeau et al.，1995b），并验证了该理论在揭示个体一般行为规律的权威性与普适性。

2. 理论前提

SCT 的基本假设前提是：个体并不是被动地面对自然/社会环境中的种种事物，相反，他们把自己的知觉、思想和信念组织成简单的、有意义的概念形式。不管外界情境中的事物显得多么随意和杂乱，个体都会把某种概念应用于它，把某种意义赋予它。而个体对外界情境中事物的组织、知觉和解释会影响个体在所处情境中的行为方式。

3. 理论模型

"个体行为究竟是由外部力量决定的还是由内部力量决定的"是学者们长期以来争论的话题。事实上，学术界一直存在两种决定论，即：个人决定论和环境决定论。个人决定论强调个体的内部心理因素对行为的调节和控制，环境决定论则强调外部环境因素对行为的调节和控制。Bandura（1997；1986；1982）在批判前人理论研究的基础上提出了 SCT，旨在探讨个体主体因素、环境因素和个体行为之间的动态和相互决定关系（如图 3-6 所示）。

依据 SCT，个体主体因素、环境因素和个体行为三者可以被看成是相互独立、同时又相互作用、从而交互决定的理论实体（Bandura，1997）。其中，个体主体因素是指包括行为主体的生理反应能力、认知能力等身心机能。所谓交互决定是指个体主体因素、环境因素和个体行为三者之间互为因果，每两者之间都具有双向的互动和决定关系。具体而言，一方面，个体主体因素（如信念、动机等）往往强有力地支配并引导着个体的行为，而个体的行为及其结果反过来会影响甚至决定个体思维的内容与形式以及个体的情绪反应。另一方面，个体主体因素在受到环境因素影响的同时，又可以通过自己的主体特征（如性格、社会角色等）引起或激活不同的环境反应。再者，个体行为可以直接改变环境，同时环境因素又会直接或间接（通过个体主体因素的中介作用）影响个体行为。

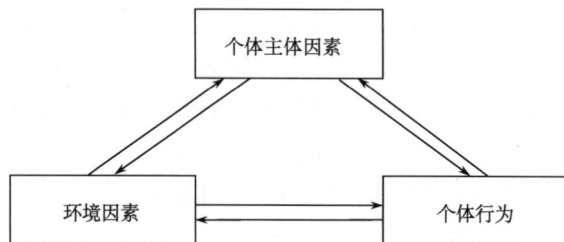

图 3-6　SCT 的理论框架

4. 理论运用和延展

SCT 为解读和预测个体一般行为规律提供了较好的理论框架。在过去数十年中，学术界在借鉴和运用 SCT 探究各种个体行为的发生机制时，更多侧重分析个体主体因素、社会因素对个体行为的影响机理，而非三者的两两交互作用。

由于个体主体因素和社会因素涵盖的范畴过于笼统、广泛，因此出于研究的需要，知识管理研究领域的学者们分别将个体主体因素简化界定为个体认知（personal cognitive）类因素（Bock et al.，2005；Kankanhalli et al.，2005；Bartol et al.，2002；Bock et al.，2002），将社会因素简化界定为社会影响（social influence）类因素（Wasko et al.，2005；Bock et al.，2005）。其中个体认知类因素的代表变量主要有两个，分别为行为结果的预期（outcome expectations）和个体的自我效能（self-efficacy）；行为结果的预期被定义为"个体对某一特定行为执行后产生的各种可能性结果的判断"，自我效能被定义为"个体对执行某一特定行为的自我能力的判断"（Bandura，1997）。社会影响类因素的代表变量主要是人际信任（trust），被定义为"一方相信并乐意依赖另一方（McKnight et al.，1998），自愿承担由另一方行为所带来的风险（Tang et al.，2008）"。

依据 SCT，个体认知类因素、社会影响类因素与个体行为之间存在因果关系，个体认知、社会影响会共同影响乃至决定个体行为的发生（Bandura，1997；1986）。将个体认知类因素的代表变量（行为结果的预期和个体的自我效能）、社会影响类因素的代表变量（人际信任）引入此逻辑，不难推测，当个体对某一行为的结果充满期待、或个体对该行为的执行能力充满自信、或对该行为涉及的其他个体充满信任时，该行为就越有可能发生；反之，如果个体对该行为的结果预期不佳、或个体对该行为的执行能力不自信、或对该行为涉及的其他个体不信任，那么该行为发生的概率就会削减（Bandura，1997；1986）（如图 3-7 所示）。

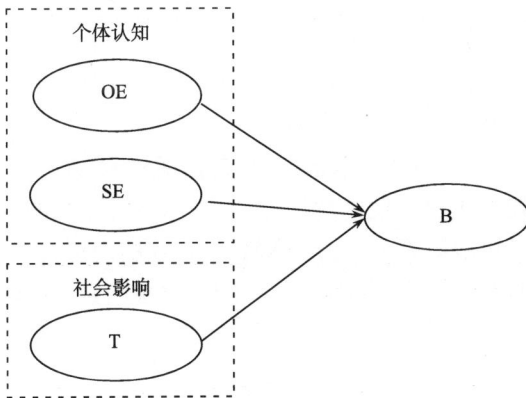

图 3-7　SCT 的理论运用模型

B（behavior）是个体意志控制下的公开行为；OE（outcome expectations）是个体对行为结果的预期；SE（self-efficacy）是个体的自我效能；T（trust）是人际信任

3.1.5　技术接受模型

1. 理论背景

"技术接受模型"（technology acceptance model，简称 TAM）是由美国密歇根大学商学院的 Davis 教授运用理性行为理论（TRA）研究用户对信息系统接受时所提出的一个理论模型（Davis，1993；Davis，1989；Davis et al.，1989）。Davis 教授提出 TAM 最初的目的是为了对计算机广泛被接受的决定性因素做一个解释说明，后被广为运用于解释个体使用新技术的基础理论之一（Taylor et al.，1995b）。

2. 核心构念

（1）使用行为（behavior）是指在个体在某个环境中（context）使用某项新技术/新系统的现实行为。

（2）使用的行为意愿（behavior intention）是指个体愿意使用某项新技术/新系统的倾向程度。

（3）使用的态度（attitude towards behavior）是指个体对使用某项新技术/新系统所持有的正面或负面的情感，或积极的或消极的感受。

（4）感知的有用性（perceived usefulness）是指个体认为使用某项新技术/新系统对他工作业绩提高的程度。

（5）感知的易用性（perceived ease of use）是指个体认为使用某项新技术/新系统的容易程度。

（6）外部变量（external variables）包括新技术/新系统的设计特征、用户特征（包括感知形式和其他个性特征）、任务特征、开发或执行过程的本质、政策影响、组织结构等等，为 TAM 中存在的内部信念、态度、意向和不同的个体之间的差异、环境约束、可控制的干扰因素之间建立起一种联系。

3. 理论模型

TAM 理论模型中的两个核心前置变量——感知的有用性和感知的易用性，会显著影响个体对待新技术/新系统的使用态度，进而影响个体对新技术/新系统的使用意愿和行为。具体而言，TAM 认为：个体使用某项新技术/新系统的现实行为主要是由个体的使用行为意愿所决定；个体的使用行为意愿则由个体对待新技术/新系统的使用态度和感知的有用性共同决定；个体对待新技术/新系统的使用态度会受到感知的易用性和感知的有用性的共同影响；感知的有用性又会受到感知的易用性和外部变量的共同影响；感知易用性则是由外部变量所决定。该理论可用如下公式和图 3-8 中模型来形象描述：

$$B \sim BI = W_1(AB) + W_2(PU)$$
$$AB = W_3(PU) + W_4(PE)$$
$$PU = W_5(PE) + W_6(EV)$$
$$PE = W_7(EV)$$

式中，B（behavior）是个体的现实行为；BI（Behavioral intention）是个体的行为意愿；AB（attitude towards behavior）是个体对行为的态度；PU （perceived usefulness）是感知的有用性；PE（perceived ease of use）是感知的易用性；EV（external variables）是外部变量；W_1、W_2、W_3、W_4、W_5、W_6、W_7分别是对应变量的标准化系数（权重）。

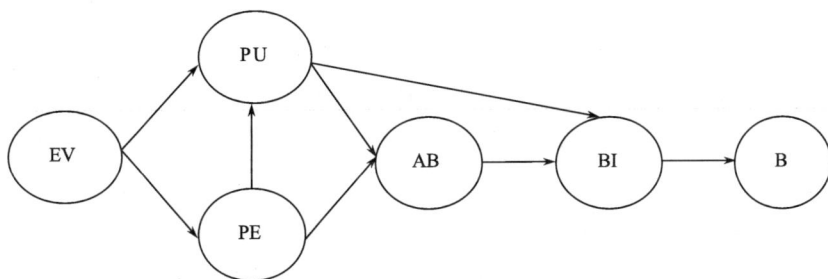

图 3-8 TAM 的理论模型

由上述 TAM 的公式和模型可知，TAM 可以说是 TAR 的一个实际运用特例，其用较少的变量精准揭示了个体为何会使用某项新技术/新系统的原因（Taylor et al.，1995b；Mathieson，1991；Davis，1989）。但值得一提的是，TAM 和 TRA 还是有显著区别的。首先，作为个体信念的构念之一，感知的有用性除了会影响个体的行为态度，还会对个体的行为意愿产生直接的影响。这与 TRA 模型提倡的"个体态度是个体信念与个体意愿的完全中介变量"观点不符。对此，Davis et al.（1989）的解释是：在工作场景中，个体愿意使用某项新技术/新系统往往是出于提升工作绩效的需要。换而言之，即便个体对某项技术/新系统的偏好是消极的，但是只要个体感觉到该项技术/新系统是对工作绩效产出有用的，个体也会增加使用的意愿。另外，有别于 TRA，TAM 仅仅关注了个体的认知（使用态度）对个体行为意愿的影响，而忽略了社会影响（主观规范）对个体行为意愿的影响。

4. 理论拓展

结合不同的技术/系统的使用对象不同、使用目的不同和使用功效不同，一些学者在 Davis 的研究基础上对 TAM 做了进一步拓展。这些学者的研究成果在保留 TAM 中感知的有用性和感知的易用性这两个核心前置变量的同时，还添加了一些其他的感知技术属性的变量，例如感知的相关性、感知的熟悉性、感知的兼容性、感知的隐私性、感知的安全性等（Shih，2004；Vijayasarathy，2004；Gefen et al.，2003a），具体举例如表 3-2 所示。

表 3-2　添加了其他感知技术属性变量的研究举例

研究示例	感知技术属性变量	测量
Internet 使用 （Shih，2004）	感知的有用性	1.能更快地完成任务；2.能改善业绩；3.能提高生产率；4.能提高效率
	感知的易用性	1.学习使用 Internet 很容易；2.能使用 Internet 得到想要的信息；3.交互是清楚明白的；4. Internet 容易使用
	感知的相关性	1.收集及时的网上信息满足工作需求；2.得到有用的网上信息支持工作；3. Internet 拥有完成工作所用的信息
Internet 购物 （Vijayasarathy， 2004）	感知的有用性	1.能快速地完成购物；2.能使购物时容易做出比较；3.能得到有用的购物信息
	感知的易用性	1.学习使用 Internet 购物很容易；2.网上购物很麻烦；3. 使用 Internet 购物是令人失望的
	感知的兼容性	1.使用 Internet 购买商品或服务与我喜欢的购物方式一致；2.使用 Internet 购物适合我的生活方式
	感知的隐私	1.隐私在 Internet 上会受到损害；2.不能相信 Internet 商家能够保护隐私
	感知的安全	1.使用信用卡网上购物时安全的；2.在网上支付是安全的
Amazon.com 购物 （Gefen，et al.， 2003a）	感知的有用性	1. Amazon.com 用于搜寻和购买书是有用的；2. Amazon.com 改善和购买书方面的成绩；3. Amazon.com 使我能快速搜寻和购买书；4. Amazon.com 提高我在搜寻和购买书方面的效率；5. Amazon.com 使得搜寻和购买书变得很容易；6. Amazon.com 增加搜寻和购买书方面的数量
	感知的易用性	1.容易使用；2.很容易熟练地使用 Amazon.com；3.学习使用 Amazon.com 很容易；4.交互灵活；5.交互清楚明白；6.容易同 Amazon.com 交互
	感知的熟悉	1.对 Amazon.com 很熟悉；2.在 Amazon.com 上，很熟悉怎样询问书的等级
	感知的信任	1.即使没有监督，也信任 Amazon.com；2.信任 Amazon.com

3.1.6　解构计划行为理论

1. 理论背景

"解构计划行为理论"（decomposed theory of planned behavior，简称

DTPB）是由加拿大学者 Taylor 和 Todd 于 1995 年提出的。该理论是建立在"计划行为理论"（theory of planned behavior，简称 TPB）、"技术接受模型"（technology acceptance model，简称 TAM）和"创新扩散理论"（diffusion of innovations perspective，简称 DIP）的基础之上，将原 TPB 理论模型中的行为态度、主观规范、感知的行为控制三个变量所对应的前置信念变量加以拆解而形成。Taylor 和 Todd（1995b）认为：凸显对信念变量的解构可以更为深入地了解行为主体形成意向的原因和履行行为的动力，进而可以对行为主体的现实行为进行更为准确的预测。

2. 核心构念

依据 DTPB，个体行为态度的前置信念变量有三个，分别为：感知的有用性（perceived usefulness）、感知的易用性（perceived easy of use）和感知的兼容性（perceived compatibility）。

（1）感知的有用性是指个体对使用某项新技术为自身提供效益（经济收益、形象提升、便捷、满意度等）的感知。

（2）感知的易用性是指个体对理解、学习和使用某项新技术难易程度的感知。

（3）感知的兼容性是指个体对某项新技术与自身价值观、经验、需求或当前工作相容程度的感知。

依据 DTPB，个体主观规范的前置信念变量有三个，分别为：同侪影响（peers influence）、主管影响（superiors influence）和下级影响（subordinates influence）。

（1）同侪影响是指个体接感知到的来自平级同事的关于使用某项新技术的压力。

（2）主管影响是指个体接感知到的来自上级领导的关于使用某项新技术的压力。

（3）下级影响是指个体接感知到的来自下属的关于使用某项新技术的压力。

依据 DTPB，感知的行为控制的前置信念变量有三个，分别为：自我效能（self-efficacy）、资源促进条件（resource facilitating conditions）和科技促进条件（technology facilitating conditions）。

（1）自我效能是指个体对使用某项新技术的自我能力的判断，代表了个体对使用某项新技术的自信程度。

（2）资源促进条件是指个体感知到的制约或促进某项新技术使用的资源可得性，如时间、金钱等。

（3）科技促进条件是指个体感知到的制约或促进某项新技术使用的技术可得性，如电脑、网络等。

另外，DTPB 中的行为、行为意愿、行为态度、主观规范、感知的行为控制这五个变量的内涵解释与 TPB 一致。

3. 理论模型

DTPB 认为个体的行为主要受到行为意愿和感知的行为控制的共同影响，而行为意愿则受到行为态度、主观规范和感知的行为控制的共同影响。感知的有用性、感知的易用性和感知的兼容性会直接影响个体的行为态度。来自上级、下级和平级的压力会直接影响个体的主观规范。自我效能、资源促进条件和技术促进条件会直接影响个体对行为控制的感知。该理论可用如下公式和图 3-9 中模型来形象描述：

$$B = W_1(BI) + W_2(PBC)$$
$$BI = W_3(AB) + W_4(SN) + W_5(PBC)$$
$$AB = W_6(PU) + W_7(PE) + W_8(PC)$$
$$SN = W_9(PI) + W_{10}(S_1 I) + W_{11}(S_2 I)$$
$$PBC = W_{12}(SE) + W_{13}(RFC) + W_{14}(TFC)$$

式中，B、BI、AB、SN、PBC 同 TPB 注解；PU（perceived usefulness）是感知的有用性；PE（perceived ease of use）是感知的易用性；PC（perceived compatibility）是感知的兼容性；PI（peers influence）是感知的平级压力；S_1I（superiors influence）是感知的上级压力；S_2I（subordinates influence）是感知的下级压力；SE（self-efficacy）是自我效能；RFC（resource facilitating conditions）是资源促进条件；TFC（technology facilitating conditions）是科技促进条件。$W_i(i = 1, 2, 3, \cdots, 14)$ 分别是对应变量的的标准化系数（权重）。

值得一提的是，Taylor 和 Todd（1995b）认为，资源促进条件和技术促进条件作为外部资源的约束条件虽然会影响个体对感知的行为控制的判断，但二者是个体行为意愿和现实行为的必要条件而非充要条件。换而言之，外部资源的缺乏虽然会通过感知的行为控制抑制个体的行为意愿和现实行为，但是这并不代表外部资源的充足就一定会促进个体的行为意愿和现实行为。

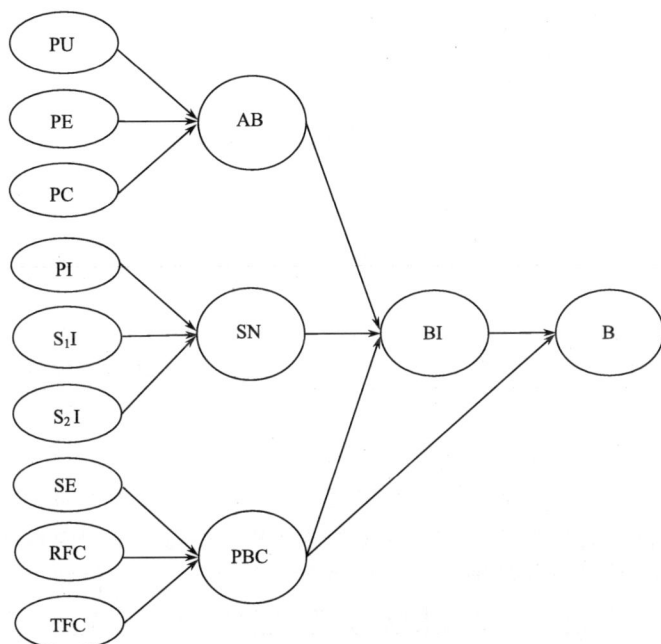

图 3-9　DTPB 理论模型

由上述 **DTPB** 的公式和模型可知，相较 **TAM** 和 **TPB**，**DTPB** 融合了二者的优势。首先，**DTPB** 给出了明确的前置信念变量，使得前置信念变量与行为态度、主观规范、感知的行为控制之间的关系更为简洁、清晰和易懂；其次，**DTPB** 借由解构的方式提供了一个稳定的信念变量组合，克服了情景的局限，使其能够被应用到各种不同的研究领域，具有较好的普适性和解释力度；再次，**DTPB** 聚焦于特定的前置信念变量，能说明哪些前置信念变量会影响实际新技术的采纳与使用，确保了后续管理对策的设计更具针对性与实用性（Taylor et al.，1995b）。

3.2　教育博客知识共享的发生机制

3.2.1　基于不同基础理论的知识共享和博客行为发生机制

依据对现有文献的计量分析，知识共享研究领域和博客行为研究领域的学者们出于不同的研究需要和研究目标，曾先后分别借鉴了 3.1 节中的六种基础理论（即理性行为理论、计划行为理论、社会影响理论、社会认知理论、技术接受模型、结构计划行为理论）来推演知识共享行为或博客行为的发生机制。

1. 基于理性行为理论（TRA）的知识共享发生机制

鉴于个体的知识共享行为是一种理性行为而非一种无意识行为或条件反射行为，诸多学者采用 TRA 对个体知识共享行为的发生机制进行了逻辑推演，并验证了该理论在预测个体知识共享行为的有效性。其中代表性的研究有：Bock 等（2002）、Bock 等（2005）、Lin（2007）、Hsu 等（2008）、GAGNÉ（2009）等。依据 TRA，学者们认为个体知识共享意愿会对个体知识共享行为产生积极的影响，而个体的知识共享意愿会同时受到个体知识共享态度和个体知识共享主观规范的显著影响。

由前人研究成果可知，TRA 为解读个体知识共享行为的发生机制提供了一个指导性的理论框架，即任何诱发个体识共享行为产生的因素须通过个体的态度或主观规范来间接地影响个体知识共享意愿，而个体知识共享意愿的强弱决定了个体知识共享行为的现实发生。但 TRA 自身也存在着不可规避的局限。首先，作为一个适用于通用研究背景的理论，TRA 无法清晰给出影响个体态度和主观规范这两个核心变量的前置信念变量，这就导致了不同的学者在挖掘知识共享情境中的前置信念变量时，观点难以达成统一，甚至结论存在矛盾。其次，TRA 的前提假设是个体行为完全可控，但事实上个体的知识共享行为并非是一种完全受个体意志完全掌控的行为。在很多情况下，知识共享主体虽有"知识共享之心"，但由于受到自身能力或客观资源所限，而无法产生"知识共享之行"。

2. 基于计划行为理论（TPB）的知识共享发生机制

为了更好的解读不受个体意志控制的行为，Ajzen（1991）对 TRA 进行了扩展，提出了计划行为理论（TPB）。诸多学者也采用 TPB 对个体知识共享行为的发生机制进行了逻辑推演，并验证了该理论在诠释个体知识共享行为的适用性。其中代表性的研究有：Chang（1998）、Albarracin 等（2001）、Morris 等（2005）、Chennamaneni（2006）、吴盛（2003）、杨书成（2006）等。依据 TPB，个体知识共享意愿和感知的知识共享行为控制均会对个体知识共享行为产生积极的影响，而个体的知识共享意愿会同时受到个体知识共享态度、个体知识共享主观规范和感知的知识共享行为控制的显著影响。

相较于 TRA，TPB 在解释个体知识共享行为的发生机制时考虑了个体知识共享行为的非可控性，在添加了感知的知识共享行为控制这一变量之后，使得理论假设和模型更具说服力。但遗憾的是，与 TRA 类似，TPB 也没能给出影响个体态度、主观规范和感知的行为控制这三个核心变量的前置信念变量，故而学者们在运用 TPB 挖掘影响个体知识共享态度、知识共享主观规范和感知的知识共享行为控制的前置信念变量时，观点依然难以达成统一。

3. 基于社会影响理论（SIT）的知识共享发生机制

为了解答不同类型的社会影响因素将如何影响、干预和转变个体知识共享的态度和意愿，一些学者从组织治理的视角出发，运用社会影响理论（SIT）对个体知识共享行为的发生机制进行了逻辑推演。其中代表性研究有：Shin 等（2007）、Wei 等（2008）、Hwang 等（2007）、黄彦婷等（2013）、金辉等（2013）。依据 SIT，在控制型社会影响因素的作用下，个体会对外界代理人倡导的知识共享行为产生顺从（即表面的附和）；但此时个体对知识共享的顺从并不会改变个体对待知识共享的态度，而是直接影响个体知识共享的意愿。但在自愿型社会影响因素的作用下，个体会对外界代理人倡导的知识共享行为产生内化或认同（即发自内心的接受），并且个体对知识共享的内化和认同会直接影响个体对待知识共享的态度，进而间接影响个体知识共享的意愿。

前人的研究成果表明：基于 SIT 构建的知识共享发生机制清晰的揭示了不同类型的社会影响因素将如何通过不同的转化机制（顺从、认同、内化）诱发个体知识共享态度和意愿的产生或转变，有助于解答个体知识共享态度和意愿产生或转变的本质和程度。但值得注意的是，基于 SIT 构建的知识共享发生机制更多将个体的知识共享行为视为是一种社会驱动（外界代理人干预）下的行为，过于专注社会影响因素对个体知识共享行为的作用机理，而忽略了其他因素对个体知识共享行为的影响。并且与 TRA 类似，SIT 将知识共享行为视为是一种完全受个体主观意志可控的行为，而未考虑个体知识共享行为的非可控状态。

4. 基于社会认知理论（SCT）的知识共享发生机制

社会认知理论（SCT）将个体行为视为是一种由内部力量（个体认知）和外部力量（社会影响）共同作用的结果，为揭示个体一般行为的发生规律提供了一个相对宽泛的理论研究视角。在知识管理和信息系统研究领域，也有一些学者将 SCT 作为基础理论逻辑推演了个体知识共享行为的发生机制，其中代表性的研究有：Chiu 等（2006）、Hsu 等（2007）、Lin 等（2009）等。依据 SCT，个体认知类因素、社会影响类因素会共同影响乃至决定个体知识共享行为的发生。其中个体认知类因素的典型构念分别为个体对知识共享的结果预期（outcome expectations）和个体知识共享的自我效能（self-efficacy）；社会影响类因素的典型构念是共享主体间的人际信任（trust）；三个典型构念均会积极促进个体知识共享行为的发生。值得一提的是，有少数学者如 Hsu 等（2007）的研究成果表明：个体知识共享的自我效能除了对个体知识共享行为会产生直接效用，还会通过个体对知识共享的结果预期的中介效用间接影响个体知识共享行为。

基于 SCT 构建的知识共享发生机制清晰地描绘了个体认知、社会影响与个体知识共享行为之间的因果关系，且为学者们探寻个体知识共享行为的影响因素指明了方向。但遗憾的是，作为一个笼统的理论框架，SCT 仅仅探讨了个体认知类因素和社会影响类因素对个体行为的直接效应，而未细化阐述这两类因素对个体行为的内部作用机制（即中间作用过程）。因此基于 SCT 构建的知识共享发生机制无法解答"个体认知类因素和社会影响类因素会通过怎样的中介路径作用于个体知识共享行为"、"两类因素对个体知识共享行为的中介作用路径是否存在异质性"等问题。

5. 基于技术接受模型（TAM）的博客行为发生机制

技术接受模型（TAM）从技术属性的视角出发，给出了个体为何接受以及如何接受某种新技术或新系统的答案。在博客技术盛行之初，一些学者采用了 TAM 对个体博客行为的发生机制进行了路径演绎。依据 TAM，要想让个体使用一项新技术，应尽量让使用者感觉到该技术能为个体带来的好处，并且这些好处的获得并不需要花费个体很多的时间和精力；因此，个体对博客技术感知的易用性和感知的有用性会积极影响个体博客行为的态度，而个体博客行为的态度会积极影响个体博客行为的意愿，进而间接促进个体博客行为的产生。值得注意是，如果严格遵循 TAM 理论模型的逻辑思路，一方面个体对博客技术感知的有用性会受到个体对博客技术感知的易用性的直接影响；另一方面个体对博客技术感知的有用性不仅会直接影响个体博客行为的态度，还会直接影响个体博客行为的意愿。

基于 TAM 构建的博客行为发生机制很好地诠释了博客这一网络工具被用户广为接受的技术原因。但由于 TAM 是 TRA 的一个运用特例，因此基于 TAM 构建的博客行为发生机制也沿袭了 TRA 将个体行为视为个体完全可控的理论局限；并且与 TRA 相比，基于 TAM 构建的博客行为发生机制仅仅关注了个体博客行为的态度对其博客使用意愿及行为的影响，而忽略了主观规范及其影响效用的客观存在。另外，基于 TAM 构建的博客行为发生机制侧重探究的是博客技术被个体采纳和使用的原因，而并非关注的是博客技术背景下个体知识共享行为的发生路径。

6. 基于解构计划行为理论（DTPB）的博客行为发生机制

由于解构计划行为理论（DTPB）融合了计划行为理论（TPB）、技术接受模型（TAM）和创新扩散理论（DIP）三者的精华和特色，也有一些学者运用其对个体博客行为的发生机制进行了路径演绎，如 Hartshorne 等（2009）、金辉（2015b）等。依据 DTPB，个体博客行为会受到个体博客行为的意愿和感知的博客行为控制二者的共同影响；个体博客行为的意愿会受到个体博客行为的态度、主观规范和感知的博客行为控制三者的共同影响；个体对博客技术感知的有用性、感知的易用性和感知的兼容性会共同影响个体博客行为的态度；来自上级、下级和平级的压力会影响个体博客行为的主观规范；自我效能、资源促进条件和技术促进条件会影响个体感知的博客行为控制。

基于 DTPB 构建的博客行为发生机制不仅形象地描绘了个体博客行为发生的演化路径，而且清晰地提出了个体博客行为的态度、个体博客行为的主观规范和个体感知的博客行为控制三者的前置信念变量，因而是一个相对系统且全面的理论模型。但不可回避的是，基于 DTPB 构建的博客行为发生机制与基于 TAM 构建的博客行为发生机制类似，关注的是泛泛的个体博客技术的使用行为，而并未聚焦于博客技术平台内个体的知识共享行为。

上述六种基础理论的核心概念、主要观点及对博客知识共享的解释见表3-3。

表3-3 基础理论的核心概念、主要观点及对博客知识共享的解释

理论	核心概念	主要观点	对教育博客知识共享的解释
理性行为理论（TRA）	行为、意愿、态度、主观规范	态度和主观规范均会显著影响意愿；意愿会显著影响行为	有助于解释在行为可控的背景下，用户教育博客知识共享的态度、主观规范、意愿和行为之间的逻辑关系
计划行为理论（TPB）	行为、意愿、态度、主观规范、感知的行为控制	态度、主观规范和感知的行为控制均会显著影响意愿；意愿和感知的行为控制均会显著影响行为	有助于解释在行为非可控的背景下，用户教育博客知识共享的态度、主观规范、感知的行为控制、意愿和行为之间的逻辑关系

续表

理论	核心概念	主要观点	对教育博客知识共享的解释
社会影响理论（SIT）	控制型社会影响因素、自愿型社会影响因素、顺从、认同、内化、态度、意愿	控制型社会影响因素会显著影响顺从；自愿型社会影响因素会显著影响认同和内化；认同和内化会显著影响态度；顺从和态度会显著影响意愿	有助于解释不同类别的社会影响因素如何通过不同的转化机制（顺从、认同、内化）诱发用户教育博客知识共享态度和意愿的产生或转变
社会认知理论（SCT）	个体认知类因素（行为结果的预期和个体的自我效能）、社会影响类因素（人际信任）、行为	个体认知类因素（行为结果的预期和个体的自我效能）和社会影响类因素（人际信任）均会显著影响行为	有助于从个体认知和社会影响两个视角出发解释用户为什么愿意使用教育博客与他人共享自己的知识
技术接受模型（TAM）	感知的有用性、感知的易用性、态度、意愿、行为	感知的有用性和感知的易用性会显著影响个体使用新技术的态度，进而影响个体使用新技术的意愿和行为	有助于分析解释用户对教育博客这一新型工具的接受程度
解构计划行为理论（DTPB）	感知的有用性、感知的易用性、感知的兼容性、感知的上级压力、感知的下级压力、感知的平级压力、自我效能、资源促进条件、技术促进条件、态度、主观规范、感知的行为控制、意愿、行为	感知的有用性、感知的易用性和感知的兼容性会影响态度；来自上级、下级和平级的压力会影响主观规范；自我效能、资源促进条件和技术促进条件会影响感知的行为控制；态度、主观规范和感知的行为控制均会影响意愿；意愿和感知的行为控制均会影响行为	清晰地给出了用户教育博客知识共享行为的态度、主观规范和感知的行为控制三者的前置变量

3.2.2　教育博客知识共享的发生机制：一个综合分析框架

由3.2.1节可知，基于不同的研究视角，从不同的理论背景出发，知识共享行为和博客行为的发生机制存在多种可能的路径。考虑到研究主题的跨学科性，本书拟综合运用多个相关学科的基础理论，构建本书关于教育博客知识共享行为发生机制的研究框架。

借鉴经典的"I-P-O"分析思路，本书将教育博客知识共享行为发生机制切分为三个模块，分别为 I（input）投入模块、P（process）过程模块和 O（outcome）产出模块。

　　I（input）投入模块是本书研究框架的"起点"，描述的是哪些类型因素会影响教育博客知识共享行为的发生机制。依据社会影响理论（SIT）、社会认知理论（SCT）、技术接受模型（TAM）和解构计划行为理论（DTPB），本书将影响教育博客知识共享行为发生机制的因素归为三大类，分别为：主体认知类因素、社会影响类因素和行为保障类因素。其中主体认知类因素又可细分为对教育博客知识共享的技术感知（依据 TAM 和 DTPB）和对教育博客知识共享的结果预期（依据 SCT）；社会影响类因素可细分为控制型社会影响因素和自愿型社会影响因素（依据 SIT 和 SCT）；行为保障类因素可细分为教育博客知识共享的自我效能和教育博客知识共享的行为条件（依据SCT 和 DTPB）。

　　P（process）过程模块是本书研究框架的"中介"，描述的是不同类型的影响因素会通过哪些中介变量间接作用于教育博客知识共享行为。首先，依据理性行为理论（TRA）、计划行为理论（TPB）、技术接受模型（TAM）和解构计划行为理论（DTPB），个体认知类因素会积极影响教育博客知识共享的态度。其次，依据社会影响理论（SIT）和解构计划行为理论（DTPB）社会影响类因素会积极影响教育博客知识共享的主观规范（个体对教育博客知识共享的顺从、内化和认同），具体表现为控制型社会影响因素会积极影响个体对教育博客知识共享的顺从，自愿型社会影响因素会积极影响个体对教育博客知识共享的内化和认同。再次，依据解构计划行为理论（DTPB），行为保障类因素会积极影响感知的教育博客知识共享行为控制。

　　O（outcome）产出模块是本书研究框架的"终点"，描述的是各个中介变量之间的关系以及各个中介变量会最终如何作用于教育博客知识共享行为。首先，依据理性行为理论（TRA）、计划行为理论（TPB）和解构计划行为理论（DTPB），教育博客知识共享的态度、主观规范（个体对教育博客知识共享的顺从、内化和认同）和感知的教育博客知识共享行为控制会积极影响教育博客知识共享的意愿，教育博客知识共享的意愿和感知的教育博客知识共享行为控制会最终影响教育博客知识共享的行为。其次，依据社会影响理论（SIT），两类主观规范即个体对教育博客知识共享的内化和认同还会直接影响教育博客知识共享的态度。

　　在上述分析的基础上，本书构建了如图 3-10 所示的教育博客知识共享发生机制的研究框架。该研究框架作为本书的逻辑统合，是本书的"骨架"，以此"骨架"为纲，本书第四章、第五章和第六章将对三类教育博客知识共享影响因素的具体变量进行系统挖掘和剖析，并将分别就三类影响因素对教

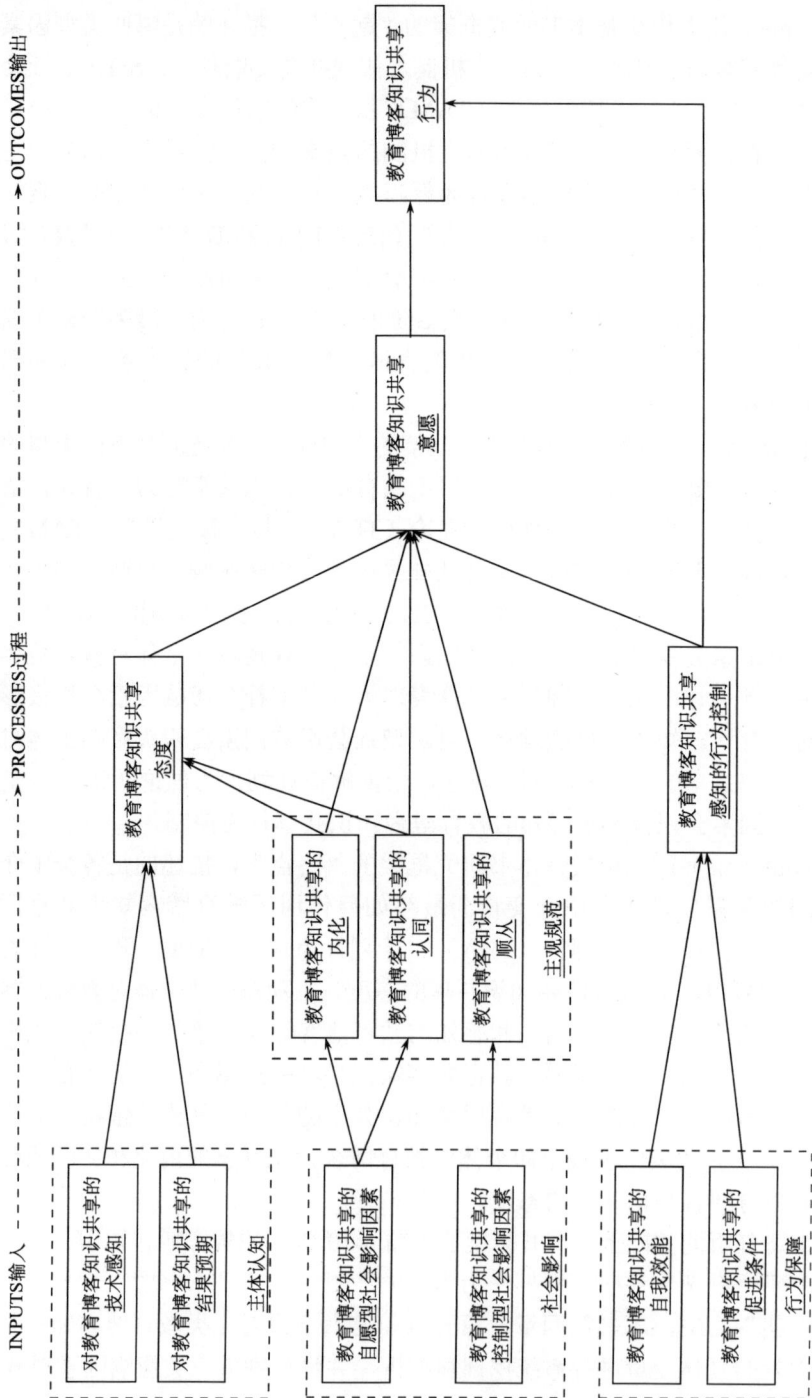

图 3-10 教育博客知识共享发生机制的研究框架

育博客知识共享行为的作用路径及其影响功效展开实证检验，继而形成本书解释教育博客知识共享内在机理的"血肉"。

3.3　本章小结

本章主要对"用户的教育博客知识共享行为是为何以及如何发生的"这一基本议题进行了全方位解答。

首先，本章对一般个体行为发生机制的理论溯源进行了回顾，全面系统地介绍了管理学、组织行为学、应用心理学、信息系统学等研究领域中六个经典基础理论（即理性行为理论、计划行为理论、社会影响理论、社会认知理论、技术接受模型和解构计划行为理论）的理论背景、理论前提、核心构念、理论模型、理论拓展等内容。

其次，本章依据对现有文献的统计分析，分别归纳出了基于理性行为理论、计划行为理论、社会影响理论、社会认知理论、技术接受模型、结构计划行为理论而构建的知识共享或博客行为的发生机制，并对基于不同基础理论的知识共享和博客行为发生机制的优劣性进行了剖析。

最后，本章在综合运用六个基础理论的基础上，借鉴经典的"I-P-O"分析思路，提出了一个统摄全书的教育博客知识共享发生机制的研究框架，并分别对该研究框架中的三大模块，即"I（input）投入模块"、"P（process）过程模块"和"O（outcome）产出模块"包含的构成要素、运行机理和理论根据进行了阐述。

第四章　主体认知驱动下的教育博客知识共享机理与对策

　　教育博客知识共享会受到诸多因素的影响，不同的影响因素在教育博客知识共享行为的发生过程中扮演着不同的角色，有些因素可能是教育博客知识共享的"助推器"，而有些因素则可能是教育博客知识共享的"减速器"。因此，为了更好的提升用户在教育博客知识共享实践的参与度和持久度，有必要对影响教育博客知识共享的不同类型因素及其影响功效进行系统探究。

　　在上一章，本书从多个学科领域的经典基础理论出发，归纳出了影响个体教育博客知识共享行为的三大类因素，分别为：主体认知类因素、社会影响类因素和行为保障类因素。本章将在上一章因素归类的基础上，首先对主体认知类因素的具体影响要素（变量）展开深入挖掘和甄别，继而构建主体认知类因素与教育博客知识共享实践间关系的理论模型并提出相应的研究假设，最终结合实证调研的结果与数据检验的结论提出主体认知驱动下的教育博客知识共享的治理对策。

4.1　影响教育博客知识共享的主体认知类因素

　　一份来自对 431 家美国和欧洲企业的调查表明：知识共享实践最大的困难在于改变人们的行为（change people's behavior）（Ruggles，1998），而要改变人们的知识共享行为不可能通过强制（force）的方式得以实现，而是依赖于培育个体对知识共享行为的正确认知（Gibbert et al.，2002）。因此，Verkasalo 等（1998）提出了"成功的知识共享始于个体对知识共享行为的积极认知"这一观点。无独有偶，Gilbert 等（1996）在构建知识共享沟通模型中也强调了"个体的主观认知在本质上决定了知识共享的成败"。

　　在教育博客知识共享的具体情境中，"认知主导行为"的用户心智模式同样存在。教育博客知识共享行为是一种需要用户发挥主观能动性的行为，只有当用户对教育博客知识共享行为本身产生了正确的主观认知，用户才会对教育博客知识共享行为持有积极的态度，继而才会萌生行为的意愿和发生现实的行为。由此可见，探究哪些主体认知类因素会影响个体教育博客知识共享实践是揭秘个体参与教育博客知识共享心理诱因的关键所在。

本书将影响教育博客知识共享的主体认知类因素细分为两类，其一为用户对教育博客知识共享的技术感知，其二为用户对教育博客知识共享的结果预期；前者指向的是用户对教育博客平台内各种知识共享技术的属性特征的主观认知，后者指向的是用户对教育博客知识共享行为发生之后自身可以获得收益的主观认知。

4.1.1　对教育博客知识共享的技术感知

古语有云"工欲善其事，必先利其器"，表达了"利器"对于"善事"的重要性。如果将教育博客知识共享行为喻为"事"，那么支撑教育博客知识共享的各项信息技术即为"器"。只有当用户感知到支撑教育博客知识共享的各项信息技术是"利器"，用户才能更高效的发生教育博客知识共享行为，即达成"善事"的目标。

来自技术扩散研究领域的大量文献研究表明：个体对某一技术属性特征的主观认知会显著影响个体对该技术的接受和使用（Hoffer et al.，1992；Moore et al.，1991；Igbaria et al.，1990；Moore，1987）。如果个体对某一技术属性特征的主观认知越正面，那么个体就会越早使用且频繁使用该技术；并且随着个体对该技术的使用度增加，又会反过来促进其对该技术属性特征的主观认知（Jarvenpaa et al.，2000）。来自教育博客与知识共享研究领域的相关文献也发现了类似的规律，即用户对教育博客知识共享技术的属性特征的主观认知（如有用性、易用性等）会在很大程度上影响用户教育博客知识共享实践的效率和效果（周军杰等，2012；刘枫，2012；罗洪云等，2010；南国农等，2005）。

那么在教育博客知识共享的过程中，用户最为关心的技术属性到底有哪些表征呢？依据信息技术研究领域相关学者的观点（如 Morre et al.，1991；Davis，1989；Rogers，1983 等）：在信息技术的众多属性表征中，有三大属性表征是显著影响信息技术被个体采纳的关键属性表征，分别为：相关优势（relative advantage）、复杂性（complexity）和兼容性（compatibility）。并且这三大技术属性表征对于个体采纳技术的重要性曾先后多次在相关研究信息技术使用的文献中被证实（如：Taylor et al.，1995b；Hoffer et al.，1992；Mathieson，1991；Morre et al.，1991；Davis et al.，1989；Tornatzky et al.，1982）。沿袭上述研究观点，不难推理：教育博客知识共享技术的相关优势

（relative advantage）、复杂性（complexity）和兼容性（compatibility）必然也是用户最为关注的核心技术属性表征。

沿袭息技术研究领域相关学者的观点，Taylor 等（1995b）在创建解构计划行为理论（DTPB）的过程中，也提出了影响个体采纳新技术态度的三个变量——感知的技术易用性（perceived easy of use）、感知的技术有用性（perceived usefulness）和感知的技术兼容性（perceived compatibility），分别对应了上述三大技术属性表征的复杂性（complexity）、相关优势（relative advantage）和兼容性（compatibility）。但与复杂性、相关优势和兼容性强调技术属性的客观状态不同，感知的技术易用性、感知的技术有用性和感知的技术兼容性则更为强调个体对技术属性的主观认知。在 Taylor 等（1995b）看来，对于某一技术同一属性，不同的个体可能会产生不同的主观认知，因此个体对技术属性的主观认知才是影响个体使用技术的真正变量。

在具体教育博客知识共享实践的过程中，面对同样的平台技术，不同的用户对技术属性的主观认知也存在异质性。譬如：对于有着多年网络使用经验的用户而言，教育博客知识共享的各项技术是简单易操作的，但对于从未使用过网络的用户而言，要理解并使用教育博客知识共享的各项技术则可能是相对困难的。基于此，本书遵循 Taylor 等（1995b）的观点，拟从个体对教育博客知识共享的技术感知视角出发来探讨技术属性对用户教育博客知识共享实践的影响。

1. 感知的教育博客知识共享技术的易用性

Taylor 等（1995b）将感知的易用性定义为"个体对理解、学习和使用某一新技术难易程度的感知"。在本书中，感知的教育博客知识共享技术的易用性特指"用户对理解、学习和使用教育博客知识共享技术难易程度的感知"。

来自技术创新与扩散研究领域的相关研究发现："因循守旧"是人类的天性，使用新技术意味着人们要打破旧有的行为习惯，走出习以为常的"舒适区"，因此人们往往对采纳新技术持有"敌对"的态度；而只有当人们感知到新技术是简单易操控的，并且使用新技术并不会给他们原来的工作、生活、学习带来额外的负担，他们才会放弃对新技术的"抵触"的态度（Hartshorne et al.，2009；王金鹏，2008；Hsu et al.，2008；南国农等，2005；Sharratt et al.，2003；Taylor et al.，1995b；Davis，1989）。这正如 Hall（2001）所描述的"……如果个体认为某项技术是容易学习和理解的，个体不需要付出太多努力就可以轻松掌握该技术，那么个体才会有勇气和动力去尝试和重复使用该技术；

反之，如果个体认为某项技术是难以学习和理解的，需要个体付出过多的努力、反复尝试甚至经历多次失败和挫折才能掌握，那么个体在心理上不会愿意轻易使用该技术……"。由此可见，个体对某项技术是否容易使用的主观认知是影响个体是否使用该技术的首要先决条件。

教育博客平台为用户之间的知识共享提供了诸多现代化的信息技术，除了常规网络日志发布功能，Referrer 超级链接、Trackback 引用通告、Tag 标签、RSS 订阅、评论和留言等均为用户常用的功能。因此，用户对于理解、学习和使用这些技术功能的难易程度的判断会直接影响到用户在教育博客的知识共享实践。例如，我国学者樊景新在 2012 年 1~3 月期间对东莞市 32 个镇（区）具有代表性的 54 位生物学教师问卷调查的结果表明：33.3%的教师表示在使用某教育博客平台进行知识共享的时候，由于感知到该教育博客平台内的知识共享技术不易使用或不会使用，致使这些老师耗费了大量的时间、精力也无法找到所需知识，进而放弃了或减少了对该教育博客平台的使用。由此可见，如果用户感知教育博客知识共享的技术"不好用"或"不会用"，会极大降低其对教育博客知识共享的兴趣和积极性；相反，如果用户通过自行探索、帮助指引或少许的示范帮助就可以轻松地驾驭教育博客知识共享技术的使用方法，就可以大大减轻用户因为惧怕 "不会用"、感觉"不好用"而产生"不敢用"、"不想用"等心理负担（Lang，2005）。

基于上述分析，本书认为：感知的教育博客知识共享技术的易用性会积极影响用户在教育博客的知识共享实践。

2. 感知的教育博客知识共享技术的有用性

Taylor 等（1995b）、Davis（1989）、Rogers（2003）等学者将感知的有用性定义为"个体对使用某项新技术在多大程度上能改善自身工作绩效的感知"。由于该定义过于强调了个体的工作背景（即新技术的使用仅仅是为个体工作而服务），后人将该定义延展为"个体对使用某项新技术在多大程度上能为自身提供效用（如经济收益、形象提升、便捷、满意度等）的感知"（Hsu et al.，2008；Sharratt et al.，2003）。在本书中，感知的教育博客知识共享技术的有用性特指"用户对使用教育博客知识共享技术在多大程度上能为自身提供效用的感知"。

从本质上而言，技术是服务于人类的工具。人类是天生的实用主义者，人们对工具的使用是建立在工具本身应具有一定的使用价值的基础之上。换而言之，人们之所以会使用某项新技术，往往是因为该技术具备某些使用价值，可以满足人们的某些需要，或是可以给人们带来某些效用；反之，毫无使用价值的技术对于人们而言是没有任何存在意义或使用必要的。感知的技术有用性恰恰反映了个体对技术使用价值大小的判断。具体而言，当个体感知某项技术的有用性越强，即个体判断该项技术对自身的使用价值越大，那么个体使用该项技术的可能性就会越大。与之相反，如果个体感知某项技术的有用性越弱，即个体判断该项技术对自身的使用价值越小，哪怕此时该项技术对个体而言是简单易学易用的，个体使用该项技术的可能性依然很小。Moore 等（1991）的一项关于创新技术的研究验证了该现象，该研究发现：个体对创新技术有用性的感知会显著积极影响个体对创新技术的采纳。由此可见，个体对某项技术是否有用的主观认知是影响个体是否使用该技术的必要条件。

在教育博客平台，用户对各种教育博客知识共享技术的有用性的判断亦会直接影响到用户在教育博客的知识共享实践（罗洪云等，2010）。教育博客知识共享的各项技术如能突显其对不同用户主体的使用价值，满足不同用户主体的实际需求（例如，满足教育工作者用户对传播或获取教育知识、提升教学成效等需求，满足学生用户对改善学习品质、增强师生/同学人际互动等需求），就可以极大提高用户对博客知识共享技术有用性的主观认知，进而提升用户参与教育博客知识共享的积极性；反之，教育博客知识共享的各项技术如无法满足不同用户主体的使用需求，则会极大削减用户对博客知识共享技术有用性的评判，进而打击用户在教育博客进行知识共享的热情（南国农等，2005）。例如，王飒等（2013）对科学网博客的一项实证研究就发现：一部分用户认为科学网博客知识共享技术的有用性偏低，无法充分满足这些用户对跨学科间知识交流的需求，最终致使这些用户成为了平台内的孤立节点。为此三人就如何提升科学网博客知识共享技术的有用性提出了"提供博客内容分析、链接分析发现领域核心博客，针对使用者建立领域核心博客推送机制"等改善建议。

基于上述分析，本书认为：感知的教育博客知识共享技术的有用性会积极影响用户在教育博客的知识共享实践。

3. 感知的教育博客知识共享技术的兼容性

Taylor 等（1995b）、Davis（1989）、Gerrard 等（2003）将感知的兼容性定义为"个体对新技术与自身价值观、经验及需求相容程度的感知"。在本书中，感知的教育博客知识共享技术的兼容性特指"用户对教育博客知识共享技术与自身价值观、经验及需求相容程度的感知"。Lin 等（2009）认为：在个体使用网络信息技术进行知识共享的具体情景中，"价值观"涉及了个体的人生信念、生活习惯、工作态度、对知识共享的概念认知等内容；"经验"是指个体使用电脑、互联网及相关信息技术的经历和体验；"需求"是指个体对解决问题、创新、获取竞争优势等方面的潜在或现实的需求。

人们之所以会对尝试或接受新技术持有心理障碍很大程度上是因为：在人们在接触新技术的过程中往往充满了不确定性，而这种不确定性会引起人们内心的焦虑、不安甚至恐慌（Rogers，2003）。尤其是当个体发现某项新技术超脱了自身已有的价值观、经验和需求时（即不兼容时），个体会认为自己身处于一个完全陌生的状态，此时个体感知到的未知不确定性就会增强，个体内心深处的焦虑感也会随之提升。但假如个体认为某项新技术与自身已有的价值观、经验和需求是相似相融时（即兼容时），这种"似曾相识"的契合感会让个体认为自己身处于一个相对熟悉的情景中，此时个体内心深处的焦虑感就会大大减少（Budman，2003）。来自任务-技术匹配理论（the theory of task-technology fit，简称 TTF）的系列相关研究作证了这一现象。例如，Vessey（1991）、 Goodhue 等（1995）、Jarvenpaa（1989）等学者的研究成果表明：当个体认为某项新技术的属性与自身的价值观、经验、需求相容程度越高时，不仅个体对该项技术的认知信息处理的成本会越低，并且个体将更能从使用该项技术的过程中获得安全感、满足感和愉悦感。由此可见，个体对某项技术兼容性的主观认知是降低个体对新技术使用的抵触情绪和心理防线的重要因素。

在教育博客平台，各种教育博客知识共享技术的属性是否与用户自身的价值观、经验及需求相契合也会影响用户的教育博客知识共享实践。具体而言，当用户对教育博客知识共享技术的兼容性感知越强时，相似相融的契合感会增进用户对这些技术的"亲近感"，会使得用户可以在松弛、轻松、舒适的状态下使用这些技术，此时用户在教育博客的知识共享行为甚至不需要借助外力就可以自然发生。相反，当用户对教育博客知识共享技术的兼容性感知越弱时，用户则会在内心产生对这些技术的"距离感"，并对这些技术的使用充满迟疑甚至抵触，进而削减其教育博客的知识共享行为的发生概率。一些有关互联网在线消费行为的研究也侧面印证了互联网用户对在线购物平台信息技术兼容性感知的重要性。例如，Budman（2003）发现：感知的技术兼容性是消除在线用户网络购物心理障碍的重要因素。一旦用户认为在线购物平台内的信息技术与自身消费理念、经验和需求越默契时，用户就会增加他们的在线消费行为以及对其他在线技术服务（如与平台内的其他在线用户分享自己的购物心得）的使用。

基于上述分析，本书认为：感知的教育博客知识共享技术的兼容性会积极影响用户在教育博客的知识共享实践。

4.1.2 对教育博客知识共享的结果预期

依据 Vroom（1964）的期望理论，人类任何有意识行为的发生必然有其动机，也必会受到切身利益的牵引；只有当人们在预期他们的某一行为会给个人带来既定的成果且该成果对个人具有吸引力时，他们才会被激励起来去实施这一行为。由此可见，个体对行为结果的预期是激发个体发生现实行为的重要诱因。在知识管理研究领域，大量的研究表明：个体对知识共享结果的预期会积极地鼓励个体参与知识共享（Chen et al.，2010；Kankanhalli et al.，2005；Wasko et al.，2005；Bock et al.，2005）；聚焦于运用现代信息技术进行知识共享的研究分支，也有不少研究发现：个体总是倾向于完成能为自己带来较好期望结果（better outcomes）的信息/知识共享行为（Lu et al.，2007；Shih，2006；Compeau et al.，1999，1995a，1995b）。

那么为什么个体会如此重视对知识共享行为结果的预期呢？Hall（2001）、Constant 等（1994）、何绍华等（2005）等学者运用经济学中的交换理论对该问题进行了解释。Hall（2001）认为知识共享行为是一种典型的个体与外界的交换行为。在知识共享的过程中，个体面临着一系列的成本支出与风险防范，只有当个体认为预期的收益大于其面临的风险与成本付出时，个体才会萌生知识共享的意愿。Constant 等（1994）也认为：依据经济交换理论，人们总是会表现出理性且自利的特征，因此只有当预期的结果（收益）超出预期的成本时，知识共享才会发生，这也正是为什么当代组织在知识管理的过程中特别强调激励措施至关重要的原因所在。这也正如何绍华等（2005）所描述的"……作为生活在竞争环境中的理性人，知识共享者需要获得经济上和心理上的满足；如果知识共享者没有获得自己期望的收益，就没有动力从事知识的生产与传播活动……"。由此可见，依据交换原理，知识共享是个体与外界交换过程中成本支出与预期收益之间博弈的结果（李志宏等，2009）。

在教育博客知识共享的情景中，用户同样面临着诸多成本的支出和风险的考验。对于知识拥有者而言，其可能面临的成本和风险包括：需要为在教育博客平台发布知识而支付大量的时间和精力（刘枫，2012）；在知识被共享后会面临"公共资源的困境"（Cabrera et al.，2002）；知识共享有可能使自身丧失原本由于知识垄断而持有的个人竞争优势（陈卓群，2012）；如果被共享的知识不被他人认可，有可能会损及自身的地位与声誉，等等。对于知识索取者而言，其可能面临的成本和风险包括：需要为在教育博客平台索取和内化知识而支付大量的时间和精力；受天生的"惰性"影响，更愿意维持现有的知识结构（刘枫，2012）；主动向他人索取知识既有可能向对方暴露自身的"无知"，亦可能受到对方的拒绝而有损自身的颜面；接受他人的知识"恩惠"后，意味着自身要承担日后为他人提供知识互惠的义务，等等。因此，无论是知识拥有方还是知识索取方，在发生现实行为之前往往会先对教育博客知识共享能为自身带来的收益和自身的付出进行权衡，只有当用户对教育博客知识共享的结果持有积极的预期时（即预期的结果可以弥补成本时）（李志宏等，2009），用户才会有足够的信念认为教育博客知识共享行为是值得发生的行为（程娟，2008）。

个体对行为的结果预期是指"个体对履行行为可以给自身带来的各种可能收益的预先期待"（Chen et al.，2010；Rogers，2003；Bartol et al.，2002；Bandura，1997；Compeau et al.，1995a）。在本书中，教育博客知识共享的结果预期特指"用户对发生教育博客知识共享行为可以给自身带来的各种可能收益的预先期待"。对该概念的进一步注解是：首先，教育博客知识共享的结果预期是基于用户的主观认知而形成的，并非现实已经发生的客观收益；其次，教育博客知识共享的结果预期是个体在教育博客知识共享行为发生之中或之后，相较于行为发生之前可能获得的更多收益；再次，教育博客知识共享的结果预期并非是一个一维构念，它会涉及很多方面，例如，效率提升、物质收益，社会地位等（Rogers，2003）；另外，不可忽略的是，教育博客知识共享的结果预期如若在用户行为发生之后无法达成，用户很可能会削减乃至放弃后续的知识共享行为。换而言之，"期望越大，失望越大"，无法或难以实现的教育博客知识共享的结果预期将会对用户后继的教育博客知识共享行为产生反向的消极影响。

在知识管理研究领域和信息技术研究领域，国内外学者纷纷对"哪些结果预期是催生用户教育博客知识共享行为的心理诱因"这一议题进行了探索，并发现教育博客知识共享的结果预期涉及面极其广泛，常见的代表变量有：个体成长（如丰富自身知识，提升专业技能等）、自我表达（如记录生活、发表见解、传递情感等）、声誉地位（如在他人眼中是有技能的、有学识的等）、社交关系（如结交新朋友，加强与友人的联系等）、互惠机会（如后续自己也从他人更易更快获得帮助等）、利他主义（如助人的愉悦感）、物质奖酬（如虚拟职权、虚拟酬劳等），等等（Zhang et al.，2009；Hsu et al.，2008；Butler et al.，2007；Kankanhalli et al.，2005；Bock et al.，2005；Nardi et al.，2004；Zhang et al.，2003；Kolekofski et al.，2003；Andrews，2002；Lesser，2000； Davenport et al.，1998）。还有少数学者尝试对教育博客知识共享的结果预期进行了类别划分。例如，Chiu 等（2006）从个体和组织视角出发，提出了个人结果预期和社区结果预期。前者特指个体对自身知识共享行为会给个人带来的结果产出的期望（如丰富自身知识、获得帮助、结识朋友等）；后者特指个体对自身知识共享行为会给博客社区带来的结果产出的期望（如有助于社区知识量的扩增、社区的良性运转和持续发展等）。Hsu 等（2008）从利己和利他视角出发，提出了利己型结果预期和利他型结果预期。前者强调对个体自身收益的预期（如预期的互惠和人际关系），后者则强调对他人或群体收益的预期（如利他主义）。Chiang 等（2013）运用马斯洛的需求层次理论，将教育博客知识共享的结果预期划分为：社会导向型结果预期、目标导向型结果预期和娱乐导向型结果预期三种类型。其中，社会导向型结果预期源自个体对自我表达和维系人际关系的诉求，目标导向型结果预期源自个体对实现特定目标或达成特定任务的诉求，娱乐导向型结果预期则源自个体休闲、享乐的诉求。

Liao 等（2011）认为：虽然前人提出了诸多有关知识共享行为（包括教育博客知识共享行为）结果预期的研究变量，但这些研究变量分布于不同的研究领域和文献中，显得随机而零散，且研究结论并不统一。从本质而言，教育博客知识共享的结果预期是诱发用户产生知识共享行为的各种个体动机。依据激励理论的相关研究成果，促使个体行为发生的动机因素可能源自于个体内部，也可能源自于外界（Deci，1975，1971；Porter et al.，1968）。换而言之，个体之所以产生某一行为可能是个体重视行为本身（value the activity），也可能出于受到外界的诱惑（external allure）。基于此，本书拟借鉴激励理论对个体动机的二分法，分别从内在/外在动机视角出发，甄别和梳理用户对教育博客知识共享行为的各种结果预期。

1. 教育博客知识共享的外在结果预期

教育博客知识共享的外在结果预期聚焦于用户在教育博客平台发生知识共享行为以后可能从外界获得的各种收益。受外在结果预期激励的用户，无论其追求的是经济收益还是非经济收益，其从外界收益获得的满足感是独立于教育博客知识共享行为之外的。也就是说，此时真正对用户行为起诱导作用的是教育博客知识共享行为发生后的外界奖励，而并非用户一定对教育博客知识共享行为充满兴趣或热情。

依据相关激励理论研究成果，外在结果预期源自于个体对行为发生后预期收益的信念（Bandura，1977b），外在结果预期之所以会对个体行为产生激励效果是基于"个体的行为会得到外界的回报，而这种外界的回报是个体所期望的，且会满足个体的需求"（Kelley et al.，1978）。在知识共享研究领域，学者们发现个体在发生知识共享行为之后可以从外界换取诸多收益；这些收益既可以是经济方面的（如物质奖酬），也可以是非经济方面的，（如互惠、人际关系、声誉）（刘枫，2012；Liao et al.，2011；Kankanhalli et al.，2005；Bock et al.，2005；Ko et al.，2005）。为此，本书拟选择预期的物质奖酬、预期的互惠、预期的人际关系、预期的声誉作为外在结果预期的代表构念，并进一步剖析这四个代表构念与教育博客知识共享之间的内隐逻辑关系。

1）预期的物质奖酬

预期的物质奖酬是指"个体对履行某一特定行为可以获得的各种经济性奖励措施的预先期待，如涨薪、红利、职位等级等"（Davenport et al.，1998；Hargadon，1998）。由该定义可知，预期的物质奖酬将兑现于个体履行某一特定行为之后，且由外界提供，故而是一种典型的个体对行为外在结果的预期。在本书中，预期的物质奖酬特指"用户对教育博客平台提供的能激发用户参与知识共享的各种经济性奖励的预先期待"。由于在网络环境中采用现实物质奖酬的激励方式的可行性较低，因此教育博客平台提供的经济性奖励主要表现为虚拟物质奖酬，如虚拟积分、会员等级、虚拟货币等。

在知识共享研究领域，国内外学者发现：预期的物质奖酬会对个体的知识共享行为产生积极的影响；知识共享能为个体带来的物质奖酬愈多，愈能刺激个体共享知识的主动性和积极性（刘枫，2012；Chen et al.，2010；Shih，2006；Rogers，2003；Compeau et al.，1999，1995a，1995b）。因此，学者们纷纷强调在推进个体知识共享行为的过程中必须搭配适宜的物质奖酬，才能有效鼓励个体与他人分享知识（Bartol et al.，2002；Hall，2001；Davenport et al.，1998；O'Reilly et al.，1986 等）。Chua（2003）更是一针见血地指出："组织必须有足够的智慧创造出足以让个人收益的报酬系统，知识共享才会现实发生"。在组织管理实践方面，许多国际知名的企业设计了相应的奖酬系统以鼓励内部员工参与知识共享。例如，Buckman 实验室在每年的年会上会提名排名前 100 位的杰出知识贡献者；IBM 的分支机构——莲花实验室对其员工的绩效考核指标中有 25%是评估员工的知识共享行为；西门子为了鼓励员工在 ShareNet 网络中共享知识，专门设计了明确的积分奖励；并且得益于这些积分奖励，ShareNet 系统中"紧急求助的问题"板块有 80%~90%的用户提问得以解答（Voelpel et al., 2005）。三星在推行知识里程项目时采取了职务晋升的激励方式，极大地鼓舞了员工共享知识的积极性（Moon et al., 2002）。

聚焦于教育博客知识共享的具体情境，用户对教育博客平台为自身知识共享行为提供的物质奖酬的预期亦会直接影响到其在教育博客的知识共享实践。对于用户而言，在教育博客的知识共享行为类似于一种与他人的知识交易行为。用户在知识共享之前会先对比其行为的支出成本和行为后从外界获得的物质奖励，而当用户预期其获得的物质奖酬要大于所付出的成本时，就可能会萌生知识共享的意愿。由此可见，在人类逐利天性的驱使下，预期的物质奖酬会有效提升用户参与教育博客知识共享的积极性和投入度。一些相关研究也作证了用户对博客平台物质奖酬的预期是刺激其发生平台内知识共享行为的重要诱因。例如，Liao 等（2011）发现：对物质奖酬具有较高预期的博主往往拥有较高的知识共享意愿，故而他们会乐于花更多的时间去维护自身的博客、发表更多的博文。再如，徐美凤等（2011）、赵宇翔等（2010）的实证调研发现：积分、等级、荣誉称号等常用的激励方法对用户的发帖、回帖行为（即知识共享行为）均具有积极的影响。

基于上述分析，本书认为：预期的物质奖酬会积极影响用户在教育博客的知识共享实践。

2）预期的互惠

预期的互惠是指"个体对自身当下某一特定行为换取后续他人帮助的预先期待"（Blau, 1964）。由该定义可知，预期的互惠将兑现于个体履行某一特定行为之后，且由行为受众提供，故而是一种个体对行为外在结果的预期。聚焦于知识共享情境，预期的互惠被定义为"个体期待在自己与他人共享知识以后，他人在未来自己需要帮助时，也能积极响应并满足自己的知识需求"（Chen et al., 2010；Hsu et al., 2008；Wu et al., 2006； Sharratt et al., 2003；Davenport et al., 1998）。在本书中，预期的互惠特指"用户对在教育博客平台与他人共享知识后换取他人后续知识帮助的预先期待"。

依据社会交换原理，一些学者的研究成果发现：个体间的知识共享行为，由于其收益具有不确定性、隐晦性和不可议价性等特征，更类似于一种典型的社会交换行为（Chua，2003；Shumaker et al.，1984；Blau，1964；Thibaut et al.，1959）；而个体之所以会积极参与知识共享这一社会交换，往往是因为他们相信且看重自身的知识共享行为可以换取后续他人的知识互惠（文鹏等，2008；Kankanhalli et al.，2005；Bock et al.，2005）。

从本质而言，预期的互惠是建立在"善恶对等法则"的基础之上，即个体认为自己对他人友好或敌对的行动会诱发后继他人对自身做出类似的反应（Chen et al.，2010；Fehr et al.，2000；Blau，1964）。用中国传统文化可将这一法则简明表述为"善有善报，恶有恶报"（王言峰，2010）。遵循"善恶对等法则"，在知识共享的过程中，个体会积极期待自己的善意行为（与他人共享知识）可以换取他人未来的善意回报；反之，个体亦会担心自身恶意的行为（匿藏知识）可能会招致他人未来恶意的报复。值得强调的是：受预期互惠激励的个体，其与他人共享知识往往是为了获得"善报"，避免"恶报"，而并非一定对知识共享行为本身存有喜好；出于情感"屈从"或"亲社会"的心理，个体会发生他人期望的知识共享行为，以实现与他人的长期互利互惠。

在知识共享研究领域，国内外学者的相关研究也作证了预期的互惠会有效促进个体间知识共享的发生，预期的互惠不仅可以有效规范个体的知识共享行为，并且可以帮助个体抵御"搭便车"（即只索取知识而不分享知识）的诱惑（Rheingold，2000；Wasko et al.，2000；Wellman et al.，1999；Davenport et al.，1998；Constant et al.，1996）。例如，Thorn 等（1987）通过实证研究发现：预期的互惠有利于激励人们向知识库贡献知识。Bock 等（2002）发现：预期的互惠会对个体的知识共享态度产生积极的影响，进而间接影响个体的知识共享意愿。Chennamaneni（2006）的研究表明：预期的互惠收益与个体的知识共享行为呈显著的正相关关系。Lin（2007）发现：预期的互惠对员工的知识共享意愿有显著的催生作用。与此同时，一些学者们还指出：个体间彼此间的互惠能促使交换双方产生积极的情感信任。知识接收方在接受帮助后会产生一种要报答知识发送方的义务感和责任感。如果知识接收方的答谢让知识发送方满意，那么两者间的信任和情谊将进一步推进（Bock et al.，2005；Kankanhalli et al.，2005）。

聚焦于教育博客知识共享的具体情境，用户对平台内其他用户的互惠预期亦会直接影响到其在教育博客的知识共享实践。一系列调查研究的结果表明：用户参与教育博客知识共享实践的一个重要动机是为了获取知识而非分享知识（Miura，2007；Galegher et al.，1998）；但是为了能更好地换取他人的知识帮助，用户往往会选择先共享自己的知识（Miura，2007；Putnam，2000）。由此可见，用户在教育博客平台与他人分享知识在很大程度上是为了在未来谋求他人的知识帮助（即互惠），预期的互惠是用户持续发生博客知识共享行为的重要动因之一。在预期的互惠的作用下，一方面知识分享方会积极在教育博客平台内与他人分享知识，以期许后续获取他人的回报；另一方面知识获取方在获得他人的知识后亦会感到有与他人分享知识的义务，以确保后继与他人知识互动的顺利开展。一些对博客或虚拟社区的相关研究也佐证了预期的互惠对促进用户知识共享行为的积极意义。例如，Wasko 等（2005）发现：当在线社区中的用户都能够遵循互惠规范时，他们会感到有义务与他人分享知识；Sharratt 等（2003）发现：预期的互惠会积极影响用户在线知识共享行为的数量和质量；Miura（2007）、Hsu 等（2008）发现用户在博客平台内提供自身知识的内在心理需求实则是获得他人的知识互助。

基于上述分析，本书认为：预期的互惠会积极影响用户在教育博客的知识共享实践。

3）预期的关系

预期的关系是指"个体对履行某一特定行为可以获得与他人关系构建或改善的预先期待"（Hsu et al.，2008）。由该定义可知，预期的关系是发生在个体履行某一特定行为之后，且从行为受众反馈而得的，故而是一种个体对行为外在结果的预期。在本书中，预期的关系特指"用户对在教育博客平台与他人共享知识后可获取的与他人关系构建或改善的预先期待"。

马斯洛的需求层次理论认为：人人都存在情感归属的需要，故而人们会不惜余力的维系旧有人际关系和不断挖掘新的人际关系。良好的人际关系网络不仅可以满足个体的人际交往的诉求，还可以有效助推个体间合作性行为的产生；尤其是在中国文化背景下，人脉（即人际关系）还是一个人身份、地位乃至权力的隐性代名词（Tsui et al.，1997；Xin et al.，1996；Yang，1994）。因此，基于人际关系可以为个体带来诸多收益，预期的关系往往成为个体履行某一特定行为的重要诱因。

依据社会资本理论，人际关系是个体间通过长期互动而形成的关系总和，其质量的高低取决于个体之间友爱、信任、尊重等情感交融的程度（Bourdieu，1986；1980）。知识共享的过程往往伴随着个体之间经常性的亲密接触和沟通，故而也是一种频繁的人际交互过程；期间共享主体双方不仅完成了彼此的知识互动，同时也增加了彼此的熟识度，缩短了彼此的心理距离，并逐渐促进了双方在友爱、信任、尊重等情感因素的升华。由此可见，鉴于知识共享的发生需要借由频繁的人际交互（Nonaka，1994），故而可以为个体改善旧有人际关系和获取新的人际关系提供绝佳的机会；而那些受到预期的关系激励的个体会乐于通过与他人共享知识以构建自身良好的人际关系网络。

聚焦于教育博客知识共享的具体情境，用户对人际关系的预期亦会直接影响到其在教育博客的知识共享实践。教育博客平台为用户提供了一系列知识互动的渠道（如发帖、回帖、链接、搜索等），通过这些渠道，任意两个教育博客用户可以在彼此之间轻松地建立起相互联结，实现"零距离"、"点对点"的人际交流和沟通，这就为教育博客用户寻找有着相同观点或想法的志同道合者提供了更多的机会和可能（陈卓群，2012）。而那些渴望借由教育博客平台寻求合作关系的用户必然会积极地使用平台内的知识互动渠道（胡昌平等，2008），通过与他人的知识共享获取自身所需的网络社交关系（刘枫，2012）。一些对虚拟社区或博客的实证研究也验证了预期的关系对用户知识共享行为的激励功效。例如，Rheingold（2000）认为：建立网络社交关系是个体参与在线知识分享的重要诱因之一。Kawaura 等（1999）发现：日本的博客用户之所以会持续地撰写博文主要是为了拓展或维系自己的人际关系网络。Liao 等（2011）调研了十种激励性因素对个体博客知识共享行为的影响功效，他们并发现：与熟人保持常规的联系和结实新朋友被用户视为最重要的奖励性因素，并会显著影响用户在博客平台的发文数量和知识共享的时间。Chiang 等（2013）验证了：预期的关系会显著且积极促进个体在博客平台的知识共享行为。

基于上述分析，本书认为：预期的关系会积极影响用户在教育博客的知识共享实践。

4）预期的声誉

预期的声誉是指"个体对履行某一特定行为可以获得自身形象改善或社会地位提升的预先期待"（Chen et al.，2010；Hsu et al.，2008；Compeau et al.，1999；Kollock，1999；Constant et al.，1996）。由该定义可知，预期的声誉将兑现于个体履行某一特定行为之后，且由外界提供，故而是一种个体对行为外在结果的预期。在本书中，预期的声誉特指"用户对在教育博客平台与他人共享知识后可以获得自身形象改善或社会地位提升的预先期待，如他人的肯定、赞赏、信赖、尊重等"。

无论是麦克利兰的成就需求理论还是马斯洛的需求层次理论均认为：个体有获得声誉的本能需求，即人人都希望自己有稳定的社会地位和良好的公众形象。这种对声誉的渴求一旦得到满足，能使个体对自己充满信心，对社会怀有满腔热情，并使个体能体验到自我价值的满足感与成就感（刘烨，2008）。因此，当个体相信履行某一特定行为可以有助于提升自我的声誉时，预期的声誉将成为诱发个体现实发生该行为的重要动机。

知识共享的过程也是个体展示学识、施展才华的过程，可以让他人更好地了解个体的知识、能力、经验等综合素质（刘枫，2012）。通过与他人的知识分享，一方面会使个体产生一种对自身价值的肯定，进而产生对自我的尊重；另一方面可以帮助他人解答知识难题，进而赢得他人的尊重。尤其是当个体分享的知识得到了他人的高度评价和赞赏时，个体会相信自己在他人眼中是有经验、有知识和值得敬重的智者（Butler et al.，2007），在他人心中具有较高的地位和良好的形象，从而极大地满足了个体渴望关注和赢得尊重的心理。由此可见，知识共享可以很好地满足个体对提升自我声誉的诉求，那些渴望被他人视为智者、渴望得到他人肯定与赞赏的个体往往会更乐于与他人共享知识。前人对个体知识共享动机的相关研究纷纷表明：预期的声誉是个体关注的重要外界社会回报之一。例如，Davenport 等（1998）认为：个体之所以愿意与他人分享自己的观点和经验，往往是为了赢得他人的认同和尊重，进而在他人心目中树立良好的公众形象；Butler 等（2002）发现：个体愿意分享知识的主要原因是个体可以获得他人的赞许；Wasko 等（2005）发现：个体对声誉的渴求会激励其积极地参与知识共享，知识共享后个体声誉的提升可以为其带来精神上的享受和内心的愉悦。

聚焦于教育博客知识共享的具体情境，用户对声誉的预期亦会直接影响到其在教育博客的知识共享实践。相较于传统媒介的知识共享或面对面的知识共享，教育博客的知识共享可以打破时空的局限，其辐射范围更广、传播速度更快。借助教育博客这一载体，用户共享的知识不仅可以被平台内其他用户成员所快速地知晓，而且可以被扩散传播至其他互联网平台，这就为用户在短时间内赢得他人的关注度、树立自身的专家形象、提升个人的公众影响力提供了极大的可能性和更多的机会，从而很好地满足了用户渴望获得关注和赢得尊重的心理需求（陈卓群，2012；李明，2011）。在博客知识共享研究领域，相关研究已表明：博客知识共享是个体追求声誉的有效手段之一（甘春梅等，2012；李明，2011；程娟，2008；唐晓勇等，2007；Lu et al.，2007；Shih，2006；Compeau et al.，1999，1995a，1995b）。例如，程娟（2008）发现：博客知识共享可以为用户创造很大的公众关注度，从而满足用户提升自我形象的诉求；李明（2011）认为：博客知识共享的方式有助于个体得到更多同行和专家的关注、认可甚至推崇；甘春梅等（2012）提出：博主通过与他人交流与共享知识可以提高其在社区中的影响力，而当个体感知到博客知识共享有助于其声誉的提升时，其知识共享的态度就会越积极，其知识共享的意愿就会越强烈，其知识共享的现实行为（如撰写博文、评论博文、浏览博文）也就越有可能发生。

基于上述分析，本书认为：预期的声誉会积极影响用户在教育博客的知识共享实践。

2. 教育博客知识共享的内在结果预期

教育博客知识共享的内在结果预期聚焦于用户在教育博客平台发生知识共享行为的过程中从行为本身获得的各种内在收益。受内在结果预期激励的用户，其追求的内在收益并非源自于外界的回报，而是出于对教育博客知识共享行为本身的重视、兴趣和热情。

相关激励研究表明，个体之所以会受到某一特定行为本身的激励，是因为个体在发生行为的过程中可以获得如愉悦感、成就感、自我控制感等一系列内在收益；并且这些内在收益与外界回报无关，仅源自于个体对自我感知（feelings he has about himself）的诉求。内在结果预期生效的前提是某一特定行为本身对个体是有吸引力的，并且该行为发生的过程就是激励施效的过程（Deci，1975）。聚焦于博客知识共享的具体情境，一些研究发现：用户在博客知识共享的过程中，表达自我的愉悦感、专业成长的成就感以及帮助他人的无私感是用户最为关注的内在收益（刘枫，2012；Chiang et al.，2013；Liao et al.，2011；Hsu et al.，2008；Lu et al.，2007）。基于此，本书拟选择预期的自我表达、预期的专业成长、预期的利他主义作为内在结果预期的代表构念，并进一步剖析这三个代表构念与用户教育博客知识共享实践的内隐逻辑关系。

1）预期的表达自我

预期的表达自我是指"个体对借由履行某一特定行为可以向他人表露自我、呈现自我的预先期待"（布朗等，2004）。由该定义可知，预期的表达自我并不是一种源自于外界的回报，并且个体在履行行为的过程中就可以实现自我表达的渴求，故而是一种个体对行为内在结果的预期。在本书中，预期的表达自我特指"用户对借由履行教育博客知识共享行为向平台内其他用户表露自我、呈现自我的预先期待"。

从社会学角度来讲，人类的社会属性必然导致个体与周边人群发生人际互动（胡昌平等，2008），而个体之所以愿意向周边人群表达自我，往往是因为向他人表露自我可以很好地满足个体对倾诉心灵、宣泄情感、休闲放松、缓解压力等方面的心理诉求。因此，当个体相信履行某一特定行为可以有助于表达自我时，预期的表达自我将成为诱发个体发生该行为的重要动机。

知识共享在实现共享主体间知识互动的同时，也为共享主体提供了更多的表达自我的契机。首先，在知识共享的过程中，被共享的知识会不同程度的彰显共享主体的个体信息（Viégas，2005），贴上共享主体的个性标签（Herring et al.，2005），因而是一种很好的表达自我的途径（Huffaker et al.，2005）。其次，在与他人进行知识对话的过程中，共享主体往往具有高度的自我觉醒意识，被赋予了相对自由的"话语权"，借由知识共享的发生，共享主体可以畅达地向他人进行自我构建和自我展现，进而较好地满足了其对表达自我的渴望。由此不难推测，由于知识共享主体之间频繁且深度的知识交流有助于个体向他人自由且积极的表达自我，因此那些有较高"呈现欲"或渴望"存在感"的个体往往会更乐于与他人分享知识。

聚焦于教育博客知识共享的具体情境，用户对表达自我的预期亦会直接影响到其在教育博客的知识共享实践。用户之所以愿意在教育博客与熟识或陌生的其他用户共享知识，往往是希望可以借助教育博客平台来"晒知识"，进而满足其向他人倾诉和自我表演的欲望（詹小路等，2010；王金鹏，2008）。并且，与传统媒介必须揭露共享主体的真实身份不同，教育博客授予了用户可以匿名共享知识的选择权。而这一匿名选择权，可以有效降低用户在公众面前的自我保护意识，使得用户更多在乎自我的内心感受，使其减少甚至无所顾忌，进而促进其更为自由地在教育博客平台上共享知识（Guadagno et al.，2008）。一系列相关研究文献和调查报告也发现：由于博客可以很好地满足用户渴望表达自我的诉求，表达自我成为了用户参与博客知识共享的重要动机之一。例如，Nardi 等（2004）发现：个体参与博客知识共享的主要结果预期是自我表达，自我表达行为可以具体体现为"记录生活、评论、宣泄、思考、社区讨论"等。Guadagno 等（2008）发现：在美国，网络用户在博客的共享知识是一种主流的休闲娱乐方式，很好地满足了网络用户对自我表达的需求。Lu 等（2007）运用社会认知理论（SCT）对博客知识共享意愿影响因素的调查研究发现：表达自我会积极影响个体在博客进行知识共享的意愿；并且相对于男性用户，女性用户的意愿容易受到自我表达的影响。张赫等（2008）从麦克利兰的成就需求理论出发，通过实证检验发现：预期的自我表达不仅会促进博客社区成员的知识交流和共享，并且会使博客社区成员对博客平台产生更高程度的忠诚度和归属感。Chiang 等（2013）提出了：个体参与博客知识共享的结果预期变量有三类，分别为社会导向类结果预期、目标导向类结果预期和娱乐导向类结果预期；其中表达自我作为社会导向类结果预期的变量之一，会显著影响个体在博客的知识共享行为。

基于上述分析，本书认为：预期的表达自我会积极影响用户在教育博客的知识共享实践。

2）预期的专业成长

预期的专业成长是指"个体对履行某一特定行为有助于自身在专业知识、技能和经验等方面的成长（如结构更新、水准提升、持续发展等）的预先期待"（Lange，1990）。由该定义可知，预期的专业成长并不是一种源自于外界的回报，并且个体在履行行为的过程中就可以实现自我专业成长的渴求，故而是一种个体对行为内在结果的预期。在本书中，预期的专业成长特指"用户对履行教育博客知识共享行为可以为自身带来专业知识、技能和经验等方面的成长的预先期待"。

依据阿尔德佛的"生存、关系、成长"理论，个体有在事业、前途等方面谋求发展的内在愿望，而这种内在愿望需要通过发展个人的潜力和才能方能得以满足。因此，当个体觉得履行某一特定行为可以有助于促进自身的成长或发展时，个体会萌生更多的发生该行为的意愿。

知识共享为个体的专业成长提供了诸多的机会和可能。首先，在知识共享的过程中，个体需要对自身的知识储备进行梳理和审视，进而个体可以借机对自身已经具备的知识加以修缮、凝练和提升，实现自我知识体系的重构和升华。其次，知识共享并非一方对另一方的单向知识流动，在与他人分享知识的同时，个体或多或少会"摄入"他人的知识、经验和技能，并将他人的"所知"填补进自身既有的知识结构，实现自我知识体系的充实和优化。另外，在与他人的知识互动中，个体还可以通过自我反思发现自身的不足和与他人的差距，激发个体终身学习的需求，进而会促进个体在专业领域的持续成长。来自知识共享研究领域的相关研究也表明，相较于知识共享之前，个体在知识共享期间或之后，可以收获如"专业知识的丰富、工作技能的提升、行为效率的改善、业务绩效的增长"等诸多收益，而这一系列专业成长方面的收益会强烈激发个体持续参与知识共享的意愿（Chen et al.，2010；Sharratt et al.，2003；Davenport et al.，1998）。

在教育博客平台，预期的专业成长也是用户持续参与教育博客知识共享的重要动力之一。诸多学者和专家均认为：教育博客知识共享为用户的专业发展搭建了平台、注入了动力，是用户专业成长的"催化剂"和"助跑器"；

而正是由于教育博客知识共享对促进用户专业成长具有许多卓越的功能，故而其会催生用户积极参与教育博客知识共享的意愿（杨欢耸，2010；杨倩，2010；王晶晶，2008；郭卿等，2008；丁璐，2007；唐晓勇等，2007；董晨，2006；阳燚等，2006；邵秀蔚等，2004；Sharratt et al.，2003）。例如，杨欢耸（2010）认为：教育博客知识共享不仅可以提高用户的专业知识积累，而且可以提升用户的反思、学习、沟通等技能，并切实增强用户实际工作的绩效；受益于专业成长的激励，用户继而会持续参与教育博客知识共享实践。郭卿等（2008）发现：受预期的专业成长激励，用户通过在教育博客平台持续的知识共享行为培养了自身主动思考与合作研究的习惯，且践行了自我终身学习的理念。王晶晶（2008）提出：用户之所以会积极参与教育博客知识共享是因为该行为满足了用户对专业发展的需求，教育博客知识共享行为在极大程度上助推了用户的自我完善、能力突破和自主创新。丁璐（2007）详细论述了教育博客知识共享在推动用户关注自我成长与发展、提高反思意识与业务能力、促进终身学习等方面的突出功效。董晨（2006）对苏州市平江实验学校 45 名骨干教师的问卷调查也显示：该校教师运用教育博客的最主要动机是因为在教育博客进行知识共享可以有效提升自己的专业知识和技能。

基于上述分析，本书认为：预期的专业成长会积极影响用户在教育博客的知识共享实践。

3）预期的利他主义

预期的利他主义是指"个体对履行某一特定行为可以获得助人的快乐、幸福、满足等一系列积极、正面的精神感受的预先期待"（李志宏等，2009）。由该定义可知，预期的利他主义并不是一种源自于外界的回报，并且个体在履行行为的过程中就可以实现其帮助他人的精神享受，故而是一种个体对行为内在结果的预期。在本书中，预期的利他主义特指"用户对履行教育博客知识共享行为可以为自身带来助人的快乐、幸福、满足等一系列积极、正面的精神感受的预先期待"。

很多社会心理学家都认为：个体的行为动机无外乎两个方面——利己或利他，利他动机可以用组织公民行为（organizational citizenship behaviours，简称 OCB）得以诠释。从 OCB 视角出发，Organ（1998）将利他动机定义为"个体纯粹旨在帮助他人而非图谋私人回报的无条件自主承担行为责任的个体动机"。Hars 等（2002）认为：个体会受到利他主义的激励，是因为个体天生有帮助他人的需求。Swann 等（1995）认为：在不预期会得到任何形式的外界报酬下，许多个体会自动地帮助他人，往往是受到利他主义思想的趋势,即个体会感觉到"自己做了一件好事"。Baumeister(1982)、Krebs(1975)、Smith(1981)等学者对内生动机的相关研究也表明:个体在帮助他人的过程中自己也能从中获得享受,利他主义是激发个体产生助人行为的重要心理诱因。

在大部分知识共享的情景中,个体的知识共享行为并不属于个体的义务职责范畴(即知识共享行为更多是个体的角色外行为),加之知识共享可以满足他人的知识需求并且帮助他人解决实际难题,因此个体往往会将自身的知识共享行为视为一种助人行为。而个体之所会产生知识共享这种助人的行为,是因为个体有天生的亲社会倾向和需求,出于对组织或他人利益的考虑而非自利的考虑,个体会自觉与他人无私地共享自己的知识。也就是说,在利他主义的驱动下,个体会自发的对知识共享行为产生一种责任感或义务感,自愿帮助他人解决知识需求且不期望能从中获取任何外界回报。在知识共享研究领域,一些学者对利他主义(或助人的愉悦感)进行了研究。例如,Kollock(1999)发现:个体之所以会共享知识是因为他们认为帮助他人解决工作的难题是一种有趣的且富有挑战性的行为,并且能够帮助他人会使得他们自我感觉良好;夏侯欣鹏(2000)认为:个人特质所凸显的利他性对于知识分享行为会有正面的帮助;Davenport等(1998)认为:出于乐于助人的天性,许多人会愿意与他人分享知识,且不谋求任何的外界报酬;Constant等(1996)发现:个体能够从自身的知识共享行为中获得满足感,而这种满足感来源于他们喜欢帮助他人;Lin(2007)在研究组织激励与知识共享意愿的关系时也证实了:助人的愉悦感与个体的知识共享态度间存在显著的正向关系。由此可见,预期的利他主义有助于驱动个体积极地履行知识共享行为。

聚焦于教育博客知识共享的具体情境,用户对利他主义的预期亦会直接影响到其在教育博客的知识共享实践。当用户认为其在教育博客平台所提供的知识对其他用户有帮助,并且该用户能从帮助他人获得满足感和幸福感时,其就会积极的产生知识共享行为。来自在线/博客知识共享的一些研究也揭示了:预期的利他主义是催生个体知识共享的积极动机。例如,Wasko等(2005;2000)认为:个体之所以会发生在线知识共享行为,在很大程度上是因为他们沉浸于助人的愉悦感;Hsu等(2008)发现:用户在博客社区中与陌生群体共享知识的一个重要原因是个体可以从中获得帮助他人的机会;徐美凤等(2011)、甘春梅等(2012)认为:学术博客用户能够从知识共享行为中获得满足感,而这种满足感来源于他们喜欢帮助他人,因此利他主义对用户在学术博客的知识共享意愿有积极的影响。由此可见,如果个体相信从教育博客知识共享可以获得助人的愉悦感，那么他们将会产生积极的知识共享态度和意愿。

基于上述分析，本书认为：预期的利他主义会积极影响用户在教育博客的知识共享实践。

4.2 主体认知类因素对教育博客知识共享的作用路径

4.2.1 基础理论选取

在多个可以用以诠释"知识共享发生机制"的不同学科的基础理论中（详见本书第三章 3.2.1 节），本书选取了技术接受模型（TAM）、解构计划行为理论（DTPB）、社会认知理论（SCT）和理性行为理论（TRA）作为演绎"主体认知类因素对教育博客知识共享的作用路径"的基础理论。

选取理性行为理论（TRA）作为基础理论，主要出于以下三点理由：①用户在教育博客的知识共享行为会受到用户主观意志的理性控制，因此是一种理性的或带有计划性的行为，而非一种无意识行为或条件反射行为。用户在决策是否愿意在教育博客平台共享知识时，往往会考虑知识共享的成本（如：付出时间、精力等）和预测各种潜在的风险，并会在权衡利弊的情况下作出行为发生与否的理性决策。②理性行为理论（TRA）是经常被用于研究个体认知行为的基础性且颇具影响力的经典理论。国内外许多学者运用者该理论对不同情境下的个体认知行为展开了研究，并验证了该理论在诠释个体理性行为的有效性（如 Zint，2002；Albarracin et al.，2001；Sheppard et al.，1998；Taylor et al.，1995a；Eagle et al.，1993；Ajzen，1991 等）。③在知识共享研究领域，也已有部分学者运用理性行为理论（TRA）对知识共享行为进行了研究（如 Gagné，2009；Hsu et al.，2008； Lin，2007；杨书成，2006；Chennamaneni，2006；Morris et al.，2005；Bock et al.，2002；吴盛，2003；Bock et al.，2005； Chang，1998 等），并验证了这该理论对解释个体知识共享行为的适用性和科学性。

选取技术接受模型（TAM）、解构计划行为理论（DTPB）和社会认知理论（SCT）作为基础理论，主要出于以下两点理由：①虽然理性行为理论（TRA）可以用以清晰描绘个体理性行为的发生机制，但却没有具体给出影响个体对某一行为认知的前置变量。而技术接受模型（TAM）、解构计划行为理论（DTPB）和社会认知理论（SCT）则分别细致描绘了个体对技术的感知、个体对行为的结果预期会如何影响个体对行为的认知。②在知识共享领域，已有部分学者（如 Wei et al.，2008；Hartshorne et al.，2009；Shin et al.，2007；Hwang et al.，2007）运用这些理论对个体知识共享行为的前置变量展开了相关研究，并验证了这些理论对诠释个体知识共享行为的适用性和科学性。

4.2.2　主体认知类因素对教育博客知识共享的一般作用路径

1. 教育博客知识共享的行为、意愿与态度

教育博客知识共享的行为是指"在教育博客平台中，知识拥有者与知识索取者之间发生的各种知识交流与互动的行径，这些行径的目的旨在实现一方的知识为双方所共同拥有"。教育博客知识共享的意愿是指"知识拥有者或知识索取者倾向于发生教育博客知识共享行为的主观可能性的程度"。教育博客知识共享的态度是指"知识拥有者或知识索取者对发生教育博客知识共享行为所持有的正面或负面的情感"。

值得强调的是：教育博客知识共享的行为、意愿与态度是截然不同的三个构念。教育博客知识共享的行为是知识拥有者或知识索取者实际发生或即将发生的具体行为；教育博客知识共享的意愿并非一种行为，而是一种知识拥有者或知识索取者主观上的倾向性或意图；而教育博客知识共享的态度则反映了知识拥有者或知识索取者对教育博客知识共享行为的个人好恶感。

另须说明的是：学术界普遍认为知识共享行为并非一项特定的行为（not a single behavior），而是一种行为类型（a categorical behavior）。现实中，教育博客知识共享行为也确实包含多种行径，例如，知识拥有者主动通过教育博客平台的各种信息技术（如发表、转帖、讨论等）发布知识，知识索取者主动通过教育博客平台的各种信息技术（如搜索、浏览和询问等）获取知识等。

依据理性行为理论（TRA），个体的行为意愿与个体的实际行为之间存在积极显著的逻辑关系，个体在履行某一行为之前，会先决策其是否愿意发生该行为。换而言之，个体是先有了行为的意愿之后，才有了实际行为的发生。因此，预测一个人是否会从事某一行为，必须了解他对该行为的意愿强弱程度（Fishbein et al.，1975）。当个体表达出对某种行为强烈的意愿时，他会更加致力于该行为的实现（Ajzen，1991；Fishbein et al.，1975）。该结论提出至今已经得到了诸多实证研究的证实（Taylor et al.，1995a；Eagle et al.，1993；Ajzen，1991；Sheppard et al.，1988 等）。在知识共享研究领域，一些

学者们对知识共享意愿与知识共享行为二者间的关系进行了实证检验，并且大部分研究表明：知识共享意愿与知识共享行为之间存在高度正相关。例如Chou 等（2008）、Chennamaneni（2006）、吴盛（2003）等学者的研究发现个体的知识共享意愿可以直接预测知识共享行为，知识共享行为被知识共享意愿解释的方差分别为 32.9%、31.3%和 26.0%。基于此，本书认为：教育博客知识共享的意愿与教育博客知识共享的行为之间存在密切的联系，用户教育博客知识共享的意愿会积极影响其知识共享行为的发生；当用户对教育博客知识共享的意愿越强时，其教育博客知识共享行为的发生概率越高。在此基础上，本书提出如下假设：

假设 4.1：教育博客知识共享的意愿对教育博客知识共享的行为具有积极的影响。

依据理性行为理论（TRA）和计划行为理论（TPB），个体的行为态度可以有效预测其行为意愿。换而言之，个体的行为态度越积极（即个体对行为越持有好感），那么个体发生该行为的意愿就越强烈。在知识共享研究领域，一些学者将 TRA 和 TPB 运用于知识管理情景，验证了个体知识共享的态度与知识共享的意愿之间的确存在显著关系。例如，Chang（1998）的研究表明：个体对某个具体行为的态度会显著影响个体的意愿；Ryu 等（2003）对医护人员的心理行为展开研究发现：个体的知识共享态度会影响其知识共享意愿；Bock 等（2005；2002）证实了：个体知识共享的态度与个体知识共享的意愿存在积极的正向关系；Hsu 等（2008）的研究发现：个体参与博客知识共享的态度与个体在博客中共享知识的意愿呈显著正向相关。鉴于 TRA 和 TPB 是研究个体认知行为的经典理论工具，加之诸多学者的研究成果也纷纷证实了个体的知识共享态度是预测个体行为意愿的有效前置变量，因此本书推演教育博客知识共享的态度与教育博客知识共享的意愿之间也存在密切的逻辑联系，用户教育博客知识共享的态度会积极影响其知识共享的意愿，当用户对教育博客知识共享行为越持有好感时，其对实践教育博客知识共享的意愿就会越强烈。在此基础上，本书提出如下假设：

假设 4.2：教育博客知识共享的态度对教育博客知识共享的意愿具有积极的影响。

2. 对教育博客知识共享的技术感知与教育博客知识共享的态度

本书依据技术接受模型（TAM）和解构计划行为理论（DTPB），将用户对教育博客知识共享的技术感知划分为三个属性变量，分别为：感知的教育博客知识共享技术的易用性、感知的教育博客知识共享技术的有用性和感知的教育博客知识共享技术的兼容性。其中感知的教育博客知识共享技术的易用性被定义为"用户对理解、学习和使用教育博客知识共享技术难易程度的感知"，感知的教育博客知识共享技术的有用性被定义为"用户对使用教育博客知识共享技术在多大程度上能为自身提供效用的感知"，感知的教育博客知识共享技术的兼容性被定义为"用户对教育博客知识共享技术与自身价值观、经验及需求相容程度的感知"。

如 4.1.1 节所描述的，本书通过借鉴前人相关研究成果和逻辑推演发现：感知的教育博客知识共享技术的易用性、有用性和兼容性均会积极的影响用户在教育博客的知识共享实践。具体而言，①当用户感知教育博客知识共享技术越易用时，会积极促进其教育博客知识共享的积极性，反之，当用户感知教育博客知识共享技术"不好用"或"不会用"时，则会产生"不敢用"、"不想用"等心理负担；②当用户感知教育博客知识共享技术越具有使用价值时，越会激发其对教育博客知识共享的兴趣，反之，当用户越质疑教育博客知识共享技术的使用价值时，则会抑制其参与教育博客知识共享的热情；③当用户对教育博客知识共享技术的兼容性感知越强时，相似相融的契合感会增进用户对这些技术的"亲近感"，此时用户在教育博客的知识共享行为不需要借助外力就可以自然发生，相反，当用户对教育博客知识共享技术的兼容性感知越弱时，用户则会在内心产生对这些技术的"距离感"，进而对教育博客知识共享行为产生抵触情绪。虽然本书在 4.1.1 节介绍了感知的教育博客知识共享技术的易用性、有用性和兼容性对用户在教育博客的知识共享实践具有积极的促进功效，但并未清晰描述这三个技术属性变量会如何作用于用户教育博客知识共享的行为。

无论是技术接受模型（TAM）还是解构计划行为理论（DTPB）均认为：个体对技术属性的感知会显著影响个体对待新技术的使用态度，并借由个体对待新技术的使用态度这一中介变量，进而间接影响个体新技术的使用意愿。在知识共享研究领域，一些学者运用 TAM 和 DTPB 验证了个体对技术的属性感知与个体的知识共享态度之间的显著关系。例如，Hartshorne 等（2009）运用 DTPB 探索了学生使用 Web 2.0 信息技术进行知识传播的影响因素，发现：学生们对 Web 2.0 信息技术的易用性、有用性和兼容性的感知均会显著正向影响个体对待网络知识传播的态度。Sharratt 等（2003）对在线虚拟社区知识共享的研究提出：感知的在线虚拟社区知识共享技术的有用性和易用性会促进个体在线虚拟社区知识共享的态度。Hsu 等（2008）从个体对新技术的接受视角出发，运用 TAM 验证了：博客技术的易用性会催生用户对使用博客进行知识共享的积极态度。Chen 等（2010）对学术虚拟社区知识共享行为影响因素的实证研究发现：用户感知的技术兼容性会积极影响其在学术虚拟社区知识共享的态度。将这一逻辑推演至教育博客知识共享的具体情境，不难得出：用户对教育博客知识共享技术的属性感知（易用性、有用性和兼容性）也会积极催生用户对教育博客知识共享的积态度，进而使得用户萌生强烈的教育博客知识共享意愿并发生教育博客知识共享的现实行为。基于此，本书提出如下假设：

假设 4.3：感知的教育博客知识共享技术的易用性对用户教育博客知识共享的态度具有积极的影响。

假设 4.4：感知的教育博客知识共享技术的有用性对用户教育博客知识共享的态度具有积极的影响。

假设 4.5：感知的教育博客知识共享技术的兼容性对用户教育博客知识共享的态度具有积极的影响。

3. 对教育博客知识共享的结果预期与教育博客知识共享的态度

依据社会认知理论（SCT），本书将教育博客知识共享的结果预期定义为"用户对发生教育博客知识共享行为可以给自身带来的各种可能收益的预先期待"。依据激励理论的相关研究成果，本书进一步将教育博客知识共享的结果预期划分为两种类型——教育博客知识共享的外在结果预期和内在结果预期。

如 4.1.2 节所述，教育博客知识共享的外在结果预期聚焦于用户在教育博客平台发生知识共享行为之后可能从外界获得的各种收益，代表变量有：预期的物质奖酬、预期的互惠、预期的关系和预期的声誉。其中预期的物质奖酬被定义为"用户对教育博客平台提供的能激发用户参与知识共享的各种经济性奖励的预先期待"；预期的互惠被定义为"用户对在教育博客平台与他人共享知识后换取他人后续知识帮助的预先期待"；预期的关系被定义为"用户对在教育博客平台与他人共享知识后可获取的与他人关系构建或改善的预先期待"；预期的声誉被定义为"用户对在教育博客平台与他人共享知识后可以获得自身形象改善或社会地位提升的预先期待，如他人的肯定、赞赏、信赖、尊重等"。本书通过借鉴前人相关研究成果和逻辑推演发现：这四个教育博客知识共享的外在结果预期变量均会积极的影响用户在教育博客的知识共享实践。具体而言：①当用户预期自身可以从教育博客知识共享获得的物质奖酬要大于所付出的成本时，受人类趋利本性的驱使，预期的物质奖酬会有效刺激用户对教育博客知识共享实践的积极性和投入度；②当用户预期自身在教育博客平台与他人共享知识（善行）可以赢得他人后继的知识帮助（善报）而匿藏知识（恶行）则有可能招致他人后继的恶意报复（恶报）时，受"善恶对等法则"规范的影响和驱动，预期的互惠会成为用户参与教育博客知识共享实践的重要动因；③当用户预期自身在教育博客进行知识共享可以为其寻找有着相同观点或想法的志同道合者提供更多的机会和可能时，受个体拓展或维系人际关系网络的需求驱使，预期的关系会有效激励用户参与教育博客知识共享实践；④当用户预期自身在教育博客进行知识共享可以在短时间大范围内赢得他人的关注度、树立自身的专家形象、提升个人的公众影响力时，受个体渴望获得关注和赢得尊重的需求驱使，预期的声誉会成为用户参与教育博客知识共享的重要诱因。

教育博客知识共享的内在结果预期聚焦于用户在教育博客平台发生知识共享行为过程中从行为本身获得的各种内在收益，代表变量有：预期的自我表达、预期的专业成长和预期的利他主义。其中预期的自我表达被定义为"用户对借由履行教育博客知识共享行为向平台内其他用户表露自我、呈现自我的预先期待"；预期的专业成长被定义为"用户对履行教育博客知识共享行为可以为自身带来专业知识、技能和经验等方面的成长的预先期待"；预期的利他主义被定义为"用户对履行教育博客知识共享行为可以为自身带来助人的快乐、幸福、满足等一系列积极、正面的精神感受的预先期待"。本书通过借鉴前人相关研究成果和逻辑推演发现：这三个教育博客知识共享的内在结果预期变量均会积极的影响用户在教育博客的知识共享实践。具体而言：①当用户预期借由教育博客知识共享可以畅达地向他人进行自我构建和自我展现时，受个体渴望向他人倾诉、暴露自我的欲望的驱使，预期的自我表达会成为用户参与博客知识共享实践的重要动机之一；②当用户预期在教育博客进行知识共享有助于自身在专业知识、技能和经验等方面的成长时，受个体谋求发展和自我突破的内在愿望的驱使，预期的专业成长会激发用户参与教育博客知识共享实践的积极性；③当用户预期在教育博客共享知识可以有助于帮助他人并且自身可以从帮助他人的过程中获得满足感时，受助人的愉悦感的驱使，预期的利他主义会成为用户参与教育博客知识共享实践的催化剂。

虽然本书在 4.1.2 节提出了四个教育博客知识共享的外在结果预期变量和三个教育博客知识共享的内在结果预期变量均对用户的教育博客知识共享

实践具有积极的促进功效，但并未清晰描述这些变量对用户教育博客知识共享行为的作用路径。依据理性行为理论（TRA）和计划行为理论（TPB），个体的行为态度（即个体对从事某一目标行为所持有的正面或负面的情感）是由个体对行为结果的主要信念以及对这种结果重要程度的估计所决定的；而本书基于社会认知理论（SCT）所提出的七个教育博客知识共享的结果预期变量正是指向用户对教育博客知识共享行为的主要信念以及用户对教育博客知识共享行为结果的重要程度的预判；由此不难推理：七个教育博客知识共享的结果预期变量均会直接影响用户对待教育博客知识共享的态度。来自知识共享研究领域的相关研究成果也表明：个体对知识共享行为结果的预期会直接影响个体知识共享的态度，进而间接影响个体知识共享的意愿和行为。例如，Bock 等（2002）发现：预期的关系和预期的贡献（类似于预期的专业成长）会积极促进个体知识共享的态度；Bock 等（2005）验证了：预期的互惠和预期的自我价值（类似于预期的声誉）与个体知识共享态度存在显著的正向关系；Lin（2007）发现：预期的互惠和助人的愉悦感（类似于预期的利他主义）会显著积极影响个体的知识共享态度；Hsu 等（2008）认为：预期的利他主义和预期的声誉会显著促进个体在博客知识共享的态度；Tohidinia 等（2010）提出：预期的物质奖酬和预期的互惠关系会积极影响个体知识共享的态度。基于上述分析，本书认为七个教育博客知识共享的结果预期变量与与教育博客知识共享的态度之间存在密切的逻辑联系；用户对教育博客知识共享的结果预期会积极影响其知识共享的态度；当用户对教育博客知识共享的结果越存有善意的期待时，其对教育博客知识共享实践就会越持有积极的态度。在此基础上，本书提出如下假设：

假设 4.6：预期的物质奖酬对用户教育博客知识共享的态度具有积极的影响。

假设 4.7：预期的互惠对用户教育博客知识共享的态度具有积极的影响。

假设 4.8：预期的关系对用户教育博客知识共享的态度具有积极的影响。

假设 4.9：预期的声誉对用户教育博客知识共享的态度具有积极的影响。

假设 4.10：预期的自我表达对用户教育博客知识共享的态度具有积极的影响。

假设 4.11：预期的专业成长对用户教育博客知识共享的态度具有积极的影响。

假设 4.12：预期的利他主义对用户教育博客知识共享的态度具有积极的影响。

基于前文的逻辑分析与研究假设提出，本书构建了如图 4-1 所示的理论模型，以揭示主体认知类因素对用户教育博客知识共享行为的一般作用路径。在图 4-1 中，自变量分别为：感知的教育博客知识共享技术的易用性、感知的教育博客知识共享技术的有用性、感知的教育博客知识共享技术的兼容性、预期的物质奖酬、预期的互惠、预期的关系、预期的声誉、预期的自我表达、预期的专业成长、预期的利他主义；中介变量分别为：教育博客知识共享的态度、教育博客知识共享的意愿；因变量为教育博客知识共享的行为。不同的自变量会借由不同中介变量的中介效用间接作用于因变量。

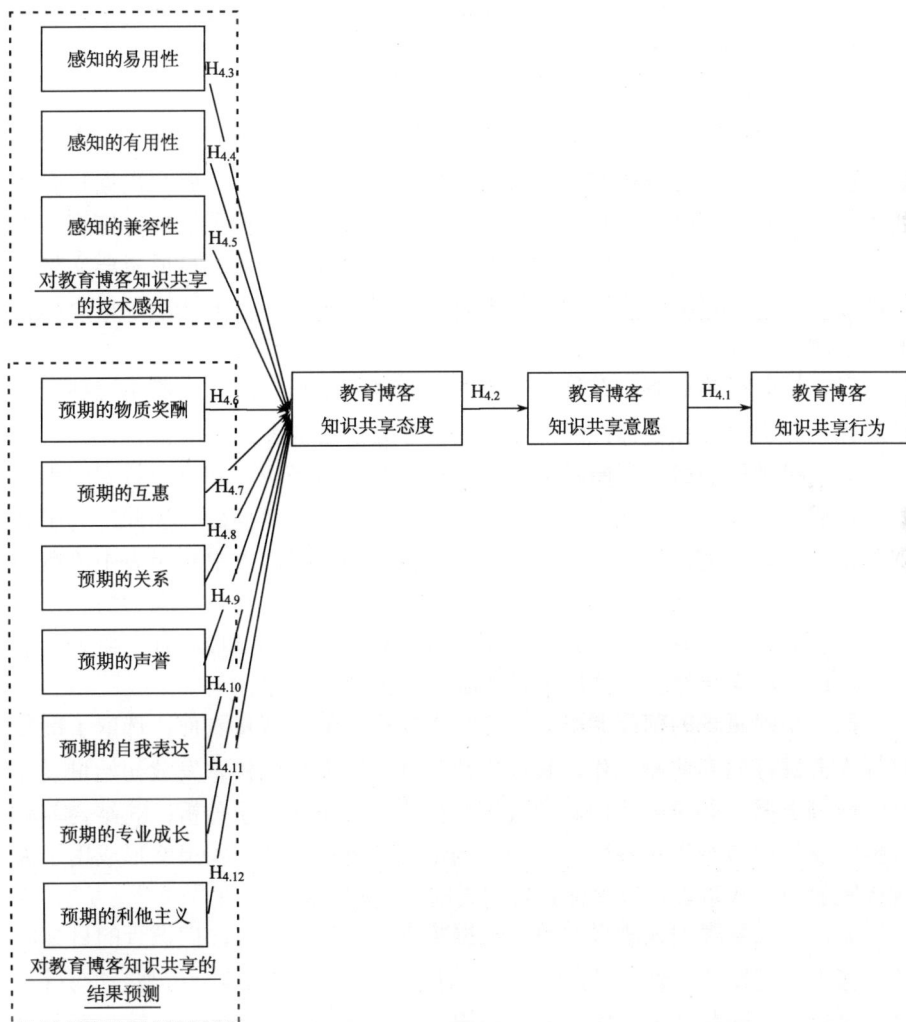

图 4-1 主体认知类因素对教育博客知识共享的一般作用路径

4.3 主体认知类因素对教育博客知识共享影响效用的实证检验

本书采用问卷调查法对 4.2 节提出的主体认知类因素对教育博客知识共享的一般作用路径及相关研究假设进行了检验。问卷调查法是定量研究中较为普遍采用的实证方法，其优越性主要体现在："可以最快且有效的采集数据"、"样本量大，可以采集到高质量的研究数据""对被试干扰小，容易得到被试的支持"、"成本相对较低，可行性高"等。

为了保障研究质量，本书严格遵循了如下五个步骤：

一、文献探讨，确定测量变量的初始题项。"沿用现有量表"是大部分学者进行问卷设计是遵循的普遍思路。使用现有量表保障了研究数据具有较高的信度和效度，减少了数据采集的风险性，提高了数据分析的可信度。本书亦采用相关研究领域中的成熟量表，在回顾国内外相关领域的重要文献的基础上，结合本书的研究主题，从现有成熟量表中针对性的选取了最为贴合的初步测量题项。

二、编制初始量表。在确定变量的测量题项之后，对所有测量题项进行了对译，并进行了社会称许性偏差处理，形成初始量表。

三、小规模访谈，消除疑义。由于现有量表大多源于西方，量表的表述就不可避免地存在"文化差异性"和"语言差异性"等问题。因此，为了确保测量题项在东方情境的适用性，在初始量表形成后，本书就量表中"概念表述的适用性""文化的适用性"进行了小规模访谈，访谈对象为博客知识共享研究领域的学者和博客知识共享实践的参与者（如高校教师、研究人员等）。访谈结束后结合访谈结果对初始量表进行了修订。

四、初始量表的前测调研。在进行大规模发放正式量表前，选取了部分目标人群进行问卷前测工作，具体步骤包括：①向前测样本发放初始量表并回收前测数据；②对前测调研的数据进行信度分析和因子分析；③结合前测数据的质量检验结果对各变量的初始测量题项进行筛选；④最终形成用于大规模发放的正式量表，以保证正式问卷的信度与效度。

五、正式量表的大规模发放与数据收集。将正式量表面向调查的目标对象进行大规模发放。数据回收后，再次对数据质量进行信度分析与效度分析，然后采用相应的数理统计方法如：结构方程模型、多层线性回归等，对研究假设和理论模型进行验证。

4.3.1　量表设计与数据采集

1. 量表设计与修订

如图 4-1 所示，问卷调查涉及的测量变量包括：感知的教育博客知识共享技术的易用性、感知的教育博客知识共享技术的有用性、感知的教育博客知识共享技术的兼容性、预期的物质奖酬、预期的互惠、预期的关系、预期的声誉、预期的自我表达、预期的专业成长、预期的利他主义、教育博客知识共享的态度、教育博客知识共享的意愿、教育博客知识共享的行为。为保障数据的信度和效度，本书尽量沿用国内外相关研究成果中的成熟量表，并结合教育博客知识共享的具体情境加以修订，形成了问卷调研的初始量表；在小规模访谈和前测调研的之后，对初始量表进修了完善，最终形成了问卷调研的正式量表。

1）教育博客知识共享的态度、意愿和行为

教育博客知识共享的态度、意愿和行为的测量量表源自 Taylor 等（1995b）、Venkatesh 等（2003）、Bock 等（2005）的研究成果，由于原始量表未聚焦于教育博客知识共享的具体情景，故本书结合教育博客知识共享的具体情境对原始量表进行了修订。其中教育博客知识共享的态度有 4 个题项，代表题项有"我认为在教育博客和他人共享知识是一种有益的行为"等；教育博客知识共享的意愿有 3 个题项，代表题项有"我愿意在教育博客和他人共享我的工作经验以及如何解决问题的方法"等；教育博客知识共享的行为有 3 个题项，代表题项有"我经常在教育博客和他人共享我的工作经验以及如何解决问题的方法"。

2）感知的教育博客知识共享技术的有用性、易用性和兼容性

感知的教育博客知识共享技术的有用性、易用性和兼容性的测量量表源自 Davis（1989）、Moore 等（1991）、Taylor 等（1995b）的研究成果，由于原始量表并未具体指向何种"技术"，故将题项中的"技术"具化为"教育博客知识共享技术"。其中感知的教育博客知识共享技术的有用性有 4 个题项，代表题项有"对我而言，教育博客的知识共享技术很容易使用"；感知的教育博客知识共享技术的易用性有 3 个题项，代表题项有"我认为教育博客的知识共享技术有助于提升我的学习、工作或生活的效率"；感知的教育博客知识共享技术的兼容性有 3 个题项，代表题项有"我认为教育博客的知识共享技术与我自身的价值观相吻合"。

3）预期的物质奖酬

预期的物质奖酬的测量量表改编自 Bock 等（2005）开发的量表，由于原始量表泛指向一般的组织物质奖励，故结合教育博客网站可能提供的各种经济性奖励对原始量表进行了修订。修订后的量表共有 3 个题项，代表题项有"在教育博客共享知识，会使我获得更多的虚拟积分"。

4）预期的互惠

预期的互惠的测量量表改编自 Kankanhalli 等（2005）、Bock 等（2005）的研究成果，并结合教育博客知识共享具体情境对原始量表进行了修订。修订后的量表共有 5 个题项，代表题项有"在教育博客知识共享，有助于我在未来获得其他博主的知识帮助"。

5）预期的关系

预期的关系的测量量表源自 Gefen（2000）、Wasko 等（2005）、Bock 等（2005）的研究成果，并结合教育博客知识共享具体情境进行了修订。修订后的量表共有 4 个题项，代表题项有"在教育博客知识共享，有助于增进我和其他博主之间的人际关系"。

6）预期的声誉

预期的声誉的测量量表直接沿用了 Hsu 等（2008）的研究成果，由于原始量表泛指一般博客知识共享，故将题项中的博客知识共享具化为"教育博客知识共享"。修订后的量表共有 3 个题项，代表题项有"在教育博客知识共享，会使我获得其他博主的认可和尊重"。

7）预期的自我表达

预期的自我表达的测量量表源自 Hendriks（1999）、Compeau 等（1999）、Liao 等（2011）的研究成果，并结合教育博客知识共享具体情境进行了修订。修订后的量表共有 3 个题项，代表题项有"在教育博客知识共享，可以使其他博主更多、更好地了解我的观点和感受"。

8）预期的专业成长

预期的专业成长的测量量表改编自 Moore 等（1991）的研究成果，并结合教育博客知识共享具体情境进行了修订。修订后的量表共有 4 个题项，代表题项有"在教育博客知识共享，有助于我提升解决问题的能力"。

9）预期的利他主义

预期的利他主义的测量量表改编自 Wasko 等（2000）、Chennamaneni（2006）、Hsu 等（2008）的研究成果，并结合教育博客知识共享具体情境进行了修订。修订后的量表共有 3 个题项，代表题项有"通过在教育博客知识共享来帮助其他博主，让我觉得很快乐"。

在量表翻译方面，为了确保所有题项都能真实反映原始量表的内涵，采用了背对背双语回译的方式。首先请一位曾留美的副教授和一位曾在英国访学的副教授将相关的英文原版量表分别翻译成中文，在对比分析两份中文量表的基础上形成初步的中文版量表。然后请两位英语专业的硕士研究生将中文版量表回译成英文。最后将原始英文版与回译英文版量表进行了对比，发现二者在表述上没有显著差异，表明中文版量表基本全面表达了原始英文版量表的本意，确保了量表翻译的准确性。另外，在兼顾概念的适用性和文化易读性的基础上，对极个别有争议的词句作了修订和完善。

在量表计量方面，除背景特征统计变量（如性别、年龄、教育程度等）外，其余变量的测量均采用李克特（Likert）7等级量表计量；其中"1"表示"完全不同意"、"2"表示"不同意"、"3"表示"有点不同意"、"4"表示"一般"、"5"表示"有点同意"，"6"表示"同意"、"7"表示"完全同意"。

为了减少社会称许性偏差，在问卷指导语处说明了本次调查为纯学术研究并强调了被试信息的匿名性和保密性；在问卷结构编排上，尽量使内容前后呼应，并通过反向题项在题项间形成相互验证，以推测数据的真实性；在条款语言上，力求使用客观词语来表述，既避免了明显的态度倾向对被试造成引导，又避免了敏感问题的直接表达对被试造成应答上的抵触或尴尬。

2. 正式问卷的数据采集

样本选择是研究工作中极为重要的环节，样本质量的优劣决定了研究结论的适用性和外推性（李怀祖，2004）。结合本书的研究对象和具体情境，将调查对象设定为有过在教育博客知识共享经历的主流群体之一：高校教师。为了保障样本有效性，所有调研对象均须具备两个条件：①高校正式聘用的教学或科研人员；②在国内知名教育博客平台（如中国教育人博客、新浪教育博客等）有过一年及以上的使用经历。

数据采集自2014年10月8日起，至2014年11月18日终。共回收问卷576份，剔除无效问卷58份，最终获得有效问卷518份。依据Gorsuch（1983）的建议：样本量的大小要满足测量题项和被试的数据比例在1：5以上。本研究测量题项数为42项，样本容量满足统计分析的要求。

在有效样本中，男性263人，占样本总量的50.8%；女性255人，占样本总量的49.2%,性别比例合理;硕士及以上学历380人,占样本总量的73.4%,

表明样本人群受教育水平较高；35 岁及以下 304 人，占样本总量的 58.7%，表明样本人群年龄结构偏低龄；任职年限 10 年及以下 299 人，占样本总量的 57.7%，表明样本人群任职年限较短；讲师和副教授居多，分别为 198 人和 187 人，共占样本总量的 74.3%。这一样本分布结果可能与本书研究调查的教育博客知识共享背景有关。教育博客作为一种新兴的知识共享平台，其用户多为年龄较低（乐于接受新技术）和学历较高（拥有丰富知识）的人群。

4.3.2 数据分析与模型检验

1. 数据质量分析

信度分析方面，以 Cronbach（1951）提出的 α 系数作为信度评价的指标。当 α 值越大表示该问卷的信度越高。关于 Cronbach α 的取舍标准目前学术界的界定并不完全统一。Guieford（1965）曾指出：Cronbach α 如果大于 0.7 则为高信度，可以接受，如果 Cronbach α 小于 0.35 则为低信度，不能接受。Bagozzi 等（1981）指出：当 Cronbach α 值大于 0.5 时，即在可接受的范围之内。Hair 等（1998）的建议是：Cronbach α 最低不能低于 0.6，大于 0.7 最好。Robinson 等（1996）认为：0.7 是 Cronbach α 值可接受的下限，但探索性研究的下限可降低到 0.6。另一方面，Clark 等（1997）指出：α 系数并非越高越好，一旦 α 系数超出一定水平，反而会削减测验的内容效度和构念效度。综合以上学者们的建议，本书认为：Cronbach α 介于 0.6 与 0.7 之间视为信度一般，尚可接受；Cronbach α 高于 0.7 视为信度较好，可以接受。如表 4-1 所示，本次调研涉及的 13 个变量的 Cronbach α 值分布于 0.791~0.919，表明研究变量的测量信度较高。

表 4-1　信度分析

变量	题项数	Cronbach α 系数
知识共享的态度	4	0.919
知识共享的意愿	3	0.854
知识共享的行为	3	0.889
感知的易用性	4	0.823
感知的有用性	3	0.809
感知的兼容性	3	0.887
预期的物质奖酬	3	0.791

变量	题项数	Cronbach α 系数
预期的互惠	5	0.892
预期的关系	4	0.860
预期的声誉	3	0.875
预期的自我表达	3	0.845
预期的专业成长	4	0.873
预期的利他主义	3	0.902

　　效度分析方面，采用探索性因子分析（explorative factor analysis，简称 EFA）对变量间的区分效度进行了检验。

　　在探索性因子分析之前，首先需要检验变量之间的相关性，以确保能否进行探索性因子分析。变量之间相关性检验的方法有两种：KMO 值和 Bartlett 球形度检验。KMO 值测度标准为：当达到 0.9 以上时，非常适合做因子分析，在 0.8~0.9 之间，很适合做因子分析，在 0.7~0.8 之间，适合做因子分析，0.6~0.7 之间，只能勉强做因子分析，在 0.5~0.6 之间，不太适合做因子分析，当小于 0.5 时，不适合做因子分析。Bartlett 球形度检验辨别标准是：如果检验统计量的观测值比较大，且对应的概率 P 值小于给定的显著性水平，则变量适合做因子分析。因此，在检验区分效度之前，本书先采用 KMO 值和 Bartlett 球形度检验对变量之间的相关性进行了分析，KMO 值为 0.778（大于 0.5），且 Bartlett 球形度检验显著（Sig.=0.000），因此适宜进行因子分析。

　　一般而言，若测量同一维度的题项因子载荷越大（通常需要高于 0.5），同时在其他维度上的因子载荷越小，则表示该测量的构念效度越高。本书采用主成分分析法对测量题项进行因子提取，并采用方差最大法进行因子旋转，将特征值大于 1 作为因子提取的标准。效度评判标准为：①若测量条款的因子载荷小于 0.5，则删除该条款；②当剩余测量条款的因子载荷都大于 0.5 且解释方差的累计比例大于 50%，则表示测量条款符合要求。如表 4-2 所示，经过 EFA 分析，共提取出 13 个因子（Eigen 值大于 1），各题项在对应潜变量的因子载荷均大于 0.5，表明各变量之间具有较好的区分效度。

表 4-2 探索性因子分析

题项	成分												
	1	2	3	4	5	6	7	8	9	10	11	12	13
知识共享的态度 1				0.719									
知识共享的态度 2				0.856									
知识共享的态度 3				0.860									
知识共享的态度 4				0.896									
知识共享的意愿 1		0.723											
知识共享的意愿 2		0.851											
知识共享的意愿 3		0.850											
知识共享的行为 1								0.786					
知识共享的行为 2								0.841					
知识共享的行为 3								0.870					
感知的易用性 1											0.750		
感知的易用性 2											0.777		
感知的易用性 3											0.741		
感知的易用性 4											0.708		
感知的有用性 1					0.791								
感知的有用性 2					0.824								
感知的有用性 3					0.708								
感知的兼容性 1												0.866	
感知的兼容性 2												0.836	
感知的兼容性 3												0.692	
预期的物质奖酬 1													0.708
预期的物质奖酬 2													0.696
预期的物质奖酬 3													0.811
预期的互惠 1							0.743						
预期的互惠 2							0.644						
预期的互惠 3							0.586						

续表

题项	成 分												
	1	2	3	4	5	6	7	8	9	10	11	12	13
预期的互惠 4							0.760						
预期的互惠 5							0.620						
预期的关系 1									0.884				
预期的关系 2									0.636				
预期的关系 3									0.893				
预期的关系 4									0.752				
预期的声誉 1	0.556												
预期的声誉 2	0.842												
预期的声誉 3	0.835												
预期的自我表达 1			0.862										
预期的自我表达 2			0.762										
预期的自我表达 3			0.838										
预期的专业成长 1										0.644			
预期的专业成长 2										0.729			
预期的专业成长 3										0.561			
预期的专业成长 4										0.688			
预期的利他主义 1						0.535							
预期的利他主义 2						0.860							
预期的利他主义 3						0.815							

注：提取方法为主成分分析法；旋转法为具有 Kaiser 标准化的正交旋转法；旋转在 5 次迭代后收敛

另外，本书采用 Harman 单因素检验法分析同源方差问题。在探索性因子分析之后共提取特征值大于 1 的因子 13 个，13 个因子共解释了总方差的 78.545%，在未进行因子旋转的情况下各因子的解释方差范围为 4.053%~12.178%，旋转后各因子的解释方差范围为 5.741%~7.972%，表明没有哪个单一因子能够解释大部分的总方差，故不存在严重的同源方差现象。

2. 模型假设检验

本书运用层次线性回归分析法来进行假设检验。控制变量包括：性别、年龄、学历、工作年限、职称和学科领域。考虑到变量间交互作用的影响，采用逐步加入控制变量和自变量的层级回归模型进行数据分析（Cohen et al., 1983）。另外，层次线性回归分析要求变量之间不存在多元共线性（马庆国，2002），所以在进行分析时，本书同步进行了多重共线性检验。

表 4-3 中的模型 2（M2）检验了假设 4.1 的预测情况。如表 4-3 所示：教育博客知识共享的意愿与教育博客知识共享的行为呈现显著的正相关关系，回归系数 $\beta=0.447$（$P<0.01$），从模型 2（M2）到模型 1（M1）整体模型调整的 ΔR^2 为 0.208，在 0.05 置信水平下 F 检验显著。数据检验结果表明假设4.1 成立，即教育博客知识共享的意愿对教育博客知识共享的行为具有积极的影响。

表 4-3 教育博客知识共享的行为与意愿的回归分析

变量		因变量：知识共享的行为	
		M1	M2
常量		5.591***	3.174***
控制变量	性别	−0.030	−0.103
	年龄	0.034	−0.002
	学历	0.076	0.026
	工作年限	−0.121	−0.169
	职称等级	0.140	0.113
	学科领域	0.074	0.025
自变量	知识共享的意愿		0.447***
	R^2	0.004	0.211
	ΔR^2		0.208***
	ΔF		15.693***

*表示 $P<0.1$；**表示 $P<0.05$；***表示 $P<0.01$

表 4-4 中的模型 4（M4）检验了假设 4.2 的预测情况。如表 4-4 所示：教育博客知识共享的态度与教育博客知识共享的意愿呈现显著的正相关关系，回归系数 $\beta=0.423$（$P<0.01$），从模型 4（M4）到模型 3（M3）整体模型调整的 ΔR^2 为 0.172，在 0.05 置信水平下 F 检验显著。数据检验结果表明假设 4.2 成立，即教育博客知识共享的态度对教育博客知识共享的意愿具有积极的影响。

表 4-4　教育博客知识共享的意愿与态度的回归分析

变量		因变量：知识共享的意愿	
		M3	M4
常量		5.148***	4.224***
控制变量	性别	0.155	0.140
	年龄	0.078	0.062
	学历	0.106	0.144
	工作年限	−0.141	−0.114
	职称等级	0.093	0.134
	学科领域	0.067	0.055
自变量	知识共享的态度		0.423**
R^2		0.016	0.187
ΔR^2			0.172***
ΔF			14.425***

*表示 $P<0.1$；**表示 $P<0.05$；***表示 $P<0.01$

表 4-5 中的模型 6（M6）检验了假设 4.3、假设 4.4、假设 4.5 的预测情况。如表 4-5 所示：感知的教育博客知识共享技术的易用性与教育博客知识共享的态度呈现显著的正相关关系，回归系数 $\beta=0.342$（$P<0.01$）；感知的教育博客知识共享技术的有用性与教育博客知识共享的态度呈现弱显著的正相关关系，回归系数 $\beta=0.114$（$P<0.1$）；感知的教育博客知识共享技术的兼容性与教育博客知识共享的态度呈现显著的正相关关系，回归系数 $\beta=0.219$（$P<0.01$）；从模型 6（M6）到模型 5（M5）整体模型调整的 ΔR^2 为 0.178，在 0.05 置信水平下 F 检验显著。数据检验结果表明：假设 4.3 成立，即感知的教育博客知识共享技术的易用性对用户教育博客知识共享的态度具有积极

的影响；假设 4.4 部分成立，即感知的教育博客知识共享技术的有用性对用户教育博客知识共享的态度具有一定程度的积极影响；假设 4.5 成立，即感知的教育博客知识共享技术的兼容性对用户教育博客知识共享的态度具有积极的影响。

表 4-5 对教育博客知识共享的技术感知与教育博客知识共享的态度的回归分析

变量		因变量：知识共享的态度	
		M5	M6
常量		3.483***	2.285***
控制变量	性别	0.060	0.094
	年龄	0.098	0.067
	学历	0.081	0.065
	工作年限	−0.054	−0.067
	职称等级	0.097	0.083
	学科领域	0.065	0.054
自变量	技术的易用性		0.342***
	技术的有用性		0.114*
	技术的兼容性		0.219***
	R^2	0.026	0.203
	ΔR^2		0.178***
	ΔF		11.533***

*表示 $P<0.1$；**表示 $P<0.05$；***表示 $P<0.01$

表 4-6 中的模型 7（M7）检验了假设 4.6 至假设 4.12 的预测情况。如表 4-6 所示：预期的物质奖酬与教育博客知识共享的态度没有呈现显著的正相关关系，回归系数 $\beta=0.069$（$P>0.1$）；预期的互惠与教育博客知识共享的态度呈现弱显著的正相关关系，回归系数 $\beta=0.128$（$P<0.1$）；预期的关系与教育博客知识共享的态度呈现显著的正相关关系，回归系数 $\beta=0.154$（$P<0.05$）；预期的声誉与教育博客知识共享的态度呈现显著的正相关关系，回归系数 $\beta=0.179$（$P<0.05$）；预期的自我表达与教育博客知识共享的态度呈现显著的正相关关系，回归系数 $\beta=0.210$（$P<0.01$）；预期的专业成长与教育博客知识共享的态度呈现显著的正相关关系，回归系数 $\beta=0.163$（$P<0.05$）；预期的利他主义与教育博客知识共享的态度呈现显著的正相关

表 4-6　对教育博客知识共享的结果预期与教育博客知识共享的态度的回归分析

变量			因变量：知识共享的态度	
			M5	M7
常量			3.483***	1.428***
控制变量		性别	0.060	0.081
		年龄	0.098	0.058
		学历	0.081	0.066
		工作年限	−0.054	−0.073
		职称等级	0.097	0.082
		学科领域	0.065	0.046
自变量		预期的物质奖酬		0.069
		预期的互惠		0.128*
		预期的关系		0.154**
		预期的声誉		0.179**
		预期的自我表达		0.210***
		预期的专业成长		0.163**
		预期的利他主义		0.247***
R^2			0.026	0.278
ΔR^2				0.253***
ΔF				18.063***

*表示 $P<0.1$；**表示 $P<0.05$；***表示 $P<0.01$

关系，回归系数 $\beta=0.247$（$P<0.01$）；从模型 7（M7）到模型 5（M5）整体模型调整的 ΔR^2 为 0.153，在 0.05 置信水平下 F 检验显著。数据检验结果表明：假设 4.6 不成立，即预期的物质奖酬对用户教育博客知识共享的态度不具有积极的影响；假设 4.7 部分成立，即预期的互惠对用户教育博客知识共享的态度具有一定程度的积极影响；假设 4.8 成立，即预期的关系对用户教育博客知识共享的态度具有积极的影响；假设 4.9 成立，即预期的声誉对用户教育博客知识共享的态度具有积极的影响；假设 4.10 成立，即预期的自我表达对用户教育博客知识共享的态度具有积极的影响；假设 4.11 成立，即预期的专业成长对用户教育博客知识共享的态度具有积极的影响；假设 4.12 成

立，即预期的利他主义对用户教育博客知识共享的态度具有积极的影响。各主体模型与假设检验结果汇总如表 4-7 所示。

表 4-7　主体模型与假设检验结果汇总情况

假设序号	路径	回归系数 β	假设是否支持
H4.1	教育博客知识共享的意愿 → 教育博客知识共享的行为	0.447***	支持
H4.2	教育博客知识共享的态度 → 教育博客知识共享的意愿	0.423***	支持
H4.3	感知的教育博客知识共享技术的易用性 → 教育博客知识共享的态度	0.342***	支持
H4.4	感知的教育博客知识共享技术的有用性 → 教育博客知识共享的态度	0.114*	部分支持
H4.5	感知的教育博客知识共享技术的兼容性 → 教育博客知识共享的态度	0.219***	支持
H4.6	预期的物质奖酬 → 教育博客知识共享的态度	0.069	不支持
H4.7	预期的互惠 → 教育博客知识共享的态度	0.128*	部分支持
H4.8	预期的关系 → 教育博客知识共享的态度	0.154**	支持
H4.9	预期的声誉 → 教育博客知识共享的态度	0.179**	支持
H4.10	预期的自我表达 → 教育博客知识共享的态度	0.210***	支持
H4.11	预期的专业成长 → 教育博客知识共享的态度	0.163**	支持
H4.12	预期的利他主义 → 教育博客知识共享的态度	0.247***	支持

*表示 $P<0.1$；**表示 $P<0.05$；***表示 $P<0.01$

4.3.3　结论解释

基于上一节对主体认知类因素如何影响教育博客知识共享的一般作用路径和相关假设的检验结果，本书厘清了用户"对教育博客知识共享的技术感知"和用户"对教育博客知识共享的结果预期"与"教育博客知识共享"之间的逻辑关系。

1. 教育博客知识共享的行为、意愿与态度

假设 4.1 和假设 4.2 成立，表明"教育博客知识共享的态度会直接影响教育博客知识共享的意愿进而间接影响教育博客知识共享的行为"这一作用路

径得以检验，也验证了理性行为理论（TRA）和计划行为理论（TPB）对解释用户在教育博客知识共享行为的适用性。

2. 对教育博客知识共享的技术感知与教育博客知识共享的态度

假设 4.3、假设 4.5 成立和假设 4.4 部分成立，证实了用户对教育博客知识共享的技术感知（即感知的技术有用性、易用性和兼容性）会积极影响用户对教育博客知识共享的态度，也验证了技术接受模型（TAM）和解构计划行为理论（DTPB）对解释"技术感知会直接影响教育博客知识共享的态度"的适用性。

依据表 4-7 的数据检验结果，可以发现：不同的用户对教育博客知识共享的技术感知对其知识共享的态度的影响功效存在差异。如表 4-7 所示，用户教育博客知识共享的态度更多会受到技术的易用性和兼容性的影响；而受到技术的有用性的影响较弱，表明用户在教育博客平台进行知识共享时更多关注技术的可操作性和舒适性，而非技术的功能性。一些前人的相关研究也发现了类似的现象。例如，Hsu 等（2008）发现用户对博客知识共享的态度会受到博客技术的易用性和愉悦性的显著影响；而博客技术的有用性并没有显著影响用户对博客知识共享的态度。Moon 等（2001）也认为感知的技术有用性仅仅在与工作情景紧密结合的任务行为中才会生效，而对一般情景中的个体行为并不一定生效。

3. 对教育博客知识共享的结果预期与教育博客知识共享的态度

假设 4.7 部分成立和假设 4.8、假设 4.9、假设 4.10、假设 4.11、假设 4.12 成立，证实了用户对教育博客知识共享的结果预期（即预期的互惠、预期的关系、预期的声誉、预期的自我表达、预期的专业成长和预期的利他主义）会积极影响用户对教育博客知识共享的态度，也验证了社会认知理论（SCT）、理性行为理论（TRA）和计划行为理论（TPB）对解释"结果预期会直接影响教育博客知识共享的态度"的适用性。

由表 4-7 的数据检验结果可知，相较于教育博客知识共享的外在结果预期，教育博客知识共享的内在结果预期对教育博客知识共享的态度的影响功效更为显著且强烈。这意味着对于用户而言，教育博客知识共享的内在结果预期比外在结果预期更具有激励性和吸引力。用户之所以愿意在教育博客与他人进行知识共享更多是出于对教育博客知识共享行为本身的重视、兴趣和热情，看重的是教育博客知识共享行为过程中自身可以获得的内在收益，而非教育博客知识共享行为发生后外界给予自身的外在回报。本书运用相关激励理论的研究成果（Sharratt et al.，2003；Hall，2001；Calder et al.，1975；Decharms，1968；Kelman，1958），对两类结果预期变量的激励功效差异做出如下解释：①从行为归因来看，在内在结果预期的激励作用下，用户对教育博客知识共享的行为归因为"自我控制"，即用户会认为教育博客知识共享行为的发生是出于自我选择，是一种自愿（for own sake）且自由（free）的行为；而在外在结果预期的激励作用下，用户对教育博客知识共享的行为则归因为"外部控制"，即用户会认为教育博客知识共享行为的发生是出于外界的期许或压力，该行为是一种非自愿且不自由的行为，自己不过是一个"棋子"。②从行为承诺来看，用户在教育博客知识共享行为发生过程中获得的各种内在收益是源自于行为本身，故而会使用户对该行为自发的产生承诺；而用户在教育博客知识共享行为发生后从外界索取的回报只是确保了用户对该行为的临时性服从（temporary compliance），而并不会使用户对该行为产生承诺。

值得注意的是，假设 4.6 并没有通过数据检验，表明期望的物质奖酬并不能有效催生用户对教育博客知识共享的积极态度。究其原因在于：一方面，预期的物质奖酬的激励功效必须扎根于适宜的文化氛围，且必须是精心设计、切实能满足个体的物质需求，否则物质奖酬只会诱发个体更多的私利（self-interest）行为（如匿藏知识）（O'Dell et al.，1998）；另一方面，在网络环境中采用的物质奖酬具有虚拟化、虚无化等特征，形式较为有限，内容也较为单薄，主要采用的是如虚拟积分、虚拟等级、虚拟货币等方式（刘枫，2012），因此这些网络虚拟激励措施与现实生活中那些具有实际性、可见性、可消费性等特征的物质奖酬相比，激励效果大为减弱。另外，假设 4.7 部分成立，表明期望的互惠虽然会影响用户教育博客知识共享的态度，但功效较弱。究其原因在于：预期的互惠往往是发生于彼此熟识的个体之间，"知根知底"的熟识关系是个体间互利互惠的前提和保障；而在教育博客平台中，用户间构建的网络人际关系大部分情况是彼此相互陌生或匿名的状态，因此这种相对生疏和松散的网络人际关系使得用户之间很难产生完全的彼此信任，进而难以预判他人会对自己的知识共享给予等同的回馈（钟山等，2015）。

4.4 主体认知驱动下的教育博客知识共享治理对策

用户在教育博客的知识共享行为是一种自发自愿的理性行为，难以被外界强迫（force）或操控（control），唯有强化和促进用户对教育博客知识共享的主观认知，方能更好地激发用户参与教育博客知识共享实践的热情和意愿（Gibbert et al.，2002）。结合上文关于"主体认知对教育博客知识共享的一般作用路径"的实证检验结论，本书认为：从主体认知视角出发，为用户提供所需的技术支持和激励保障，可以显著促进用户对待教育博客知识共享的态度。因此，教育博客服务运营商和相关利益第三方可以制定和实施一系列治理对策，通过影响"用户对教育博客知识共享技术的感知"和"用户对教育博客知识共享的结果预期"，来鼓励和引导用户在教育博客的知识共享实践，进而实现教育博客平台自身健康持续的发展。

4.4.1 基于用户对教育博客知识共享技术感知的治理对策

大量研究表明：个体对待技术的属性感知会显著影响个体的技术使用行为。如果个体对待新技术的属性感知越积极，那么他们会越早使用且频繁使用；而随着个体对技术的使用度的增加，又会反过来促进其对待技术的属性感知（Jarvenpaa et al.，2000；Igbaria et al.，1990）。本书将用户对教育博客知识共享技术的属性感知划分为三个变量，分别为：感知的易用性、有用性和兼容性，且分别证实了三个变量均会直接影响用户在教育博客的知识共享态度。基于此，本书认为"如何为用户提供有针对性的技术支持来强化用户对教育博客知识共享技术易用性、有用性和兼容性的感知"是教育博客服务运营商和相关利益第三方必须考虑的重要议题。

1. 增进用户感知的教育博客知识共享技术的易用性

提升用户感知的教育博客知识共享技术的易用性就是要让用户感觉到其理解、学习和使用教育博客知识共享技术并非难事。为此，教育博客的服务运营商可以考虑从"平台界面设计的友好性、功能模块的便捷性、相关服务的支持性、技术更新的动态性"四个方面来提升用户对教育博客知识共享技术易用性的认知。

首先，在平台界面设计的友好性方面，服务运营商一方面要考虑结构布局的美观性和宜人性，做到让用户感觉容易上手使用（应吉康，2002）；另一方面要确保平台界面的稳定性和清晰性（如规避"页面显示异常"、"信息迷航"等问题），以增进用户对平台的信任感（田伟等，2010）；另外，还可以利用用户的享乐、好奇等心理，让界面时刻包含有趣、新鲜和令人愉快的资讯和信息，以增进用户的愉悦体验。

其次，在功能模块操作的便捷性方面，服务运营商一方面应该关注平台内传统知识功能模块的拓展与改良，如：知识的"发布、传输、存储"等，以保障常规功能模块的合理性、流畅性、快捷性（刘枫，2012）；另一方面应该优化设计和开发一些新的知识功能模块，如知识的"挖掘、搜索、分类、交互、链接、整合"等（邹婷，2013），以加强用户对平台内海量且碎片化知识的利用效率。

再次，在相关服务的支持性方面，服务运营商应为用户正确、高效地学习和使用教育博客知识共享的相关技术提供一系列的在线培训、答疑、帮助等服务支持，让用户感知到遇到任何技术困难都可以及时得到回复和解答。

最后，在技术的动态更新性方面，服务运营商一方面可以持续关注对新信息技术的采纳及应用（李俐颖，2012）；另一方面可以将既有其他在线平台的优势技术移植或借鉴到教育博客平台中（王飒等，2013），以促进教育博客更好地发挥知识交流和传播的功能。

2. 增进用户感知的教育博客知识共享技术的有用性

提升用户感知的教育博客知识共享技术的有用性就是要让用户感觉到使用教育博客知识共享技术可以为自身提供效用。依据技术-任务匹配理论（the theory of task-technology fit），某一技术必须与个体的工作任务紧密结合且能有助于提升个体的任务绩效，个体才会感知到该技术的有用性（Goodhue et al.，1995；Vessey，1991；Jarvenpaa，1989）。本书的实证检验结果也佐证了类似的观点，即用户教育博客知识共享的态度受到技术的有用性的影响较弱，恰恰是因为当前很多教育博客知识共享的技术没有与用户的工作情景紧密结合。为此，教育博客的服务运营商可以考虑从"如何将教育博客知识共享的技术与用户的工作情景匹配"来提升用户对教育博客知识共享技术有用性的认知。

首先，服务运营商可以充分运用各种信息技术手段来定位用户的工作属性，并对用户工作任务的特征、需求和偏好进行深入的数据分析。例如，服务运营商可以通过用户在注册时的"自我标签"来定位用户的工作身份，进而识别用户的工作任务属性（陶龙超，2009）。再如，服务运营商可以通过对用户访问过的页面自主采取启发式的数据挖掘分析，了解用户的职业关注点和兴趣点所在。

其次，服务运营商可以使平台内的知识共享技术尽可能地满足用户的工作任务需求，并切实帮助用户改善工作绩效。例如，服务运营商可以启用智能搜索技术和智能过滤技术，主动挖掘与用户工作任务属性相关的专业知识，并及时地将这些知识进行"聚合"，再通过推送机制定期传递给用户（刘枫，2012）。再如，服务运营商可以启用"好友推荐"功能，向用户推荐与其有着类似工作背景的其他用户，这样用户就可以通过好友链接等功能，与其他志同道合的用户展开贴合工作实际的知识互动。

再次，相关研究表明：网络平台中丰富、优质的知识资源本身对用户是极具吸引力的（姚丽芬等，2007）。所以服务运营商还应该关注教育博客平台内知识资源的容数量和质量，通过打造知识资源的"体量"和"含金量"来吸引用户，提升用户参与博客知识共享实践的热情（Hall，2001）。

3. 增进用户感知的教育博客知识共享技术的兼容性

提升用户感知的教育博客知识共享技术的兼容性就是要让用户感觉到教育博客的知识共享技术与用户自身的价值观、经验及需求是相似相融的。依据技术-任务匹配理论（the theory of task-technology fit），当个体认为某项技术的属性与自身相容程度越高时，在无须外界操控或监管的情况下个体就会自发地采纳和持续使用该项技术，并且个体更易从使用该项技术的过程中获得安全感、满足感和愉悦感（Chen et al.，2010；Webster et al.，1992；Davis et al.，1989）。为此，教育博客的服务运营商可以考虑从"如何提升教育博客知识共享技术与用户价值观、经验及需求的相容度"来提升用户对教育博客知识共享技术兼容性的认知。

Gerrard 等（2003）、Rogers（2003）、Lin 等（2003）等学者的研究成果表明：用户的"价值观"、"经验"和"需求"分别指向不同的内涵。具体而言，用户的"价值观"涉及用户的人生信念、生活习惯、工作态度、对知识共享的概念认知等内容；用户的"经验"涉及用户使用电脑、互联网及相关信息技术的经历和体验等内容；用户的"需求"涉及用户对解决问题、创新、获取竞争优势等方面的潜在或现实的需求。由此可见，教育博客的服务运营商必须清楚地认识到：用户的价值观、经验和需求涉及的内容纷繁且复杂，并且不同用户的价值观、经验和需求并非千篇一律，而是可能存在千差万别。为此，一方面教育博客的服务运营商要结合用户共性（即同质性）的价值观、经验和需求，进一步优化平台的知识共享技术，以满足大多数用户共同的使用偏好；另一方面为了迎合用户个性（即异质性）的价值观、经验和需求，教育博客的服务运营商还可以借助"个性化"的知识共享技术，让用户具有更多的技术使用自主权，为用户提供"个性化"的服务支持。例如，教育博客的服务运营商可以通过允许用户依据自我偏好设置个性化的信息导航、个性化的用户界面、个性化的信息组织、个性化的辅助浏览等，以增进用户对平台的"亲近感"（刘枫，2012）。

4.4.2 基于用户对教育博客知识共享结果预期的治理对策

当代激励理论认为：个体某种行为的出现必然有其动机。在知识共享研究领域，一系列相关研究表明：获取知识共享为自身带来的各种收益是个体发生知识共享行为的重要动机；当个体对知识共享行为结果的预期越强烈时，其知识共享行为的发生概率越高（Lin et al.，2009；Hsu et al.，2007；Lu et al.，2007；Lee et al.，2006；Käser et al.，2002）。换而言之，当个体清晰地感知到知识共享可以为自身带来收益时，他们会更愿意积极的实施各种知识共享行为。本书将用户对教育博客知识共享的结果预期划分为两种类型——外在结果预期和内在结果预期，且分别实证了两类结果预期变量均会积极促进用户对待教育博客知识共享的态度。基于此，本书认为：教育博客的服务运营商可以通过设计和实施适宜的激励或监管措施来强化用户对教育博客知识共享的结果预期，进而积极引导用户教育博客知识共享行为的发生。

1. 提升用户对教育博客知识共享的外在结果预期

依据本书的实证检验结果，预期的物质奖酬并没有显著影响用户对教育博客知识共享的态度。究其原因在于：一方面，物质奖酬只能保证用户的临时性服从（temporary compliance）；另一方面，教育博客平台内的物质奖酬多为虚拟性奖励，而不具有现实激励意义。由此可见，教育博客平台的服务运营商应该重新审视物质奖酬对用户知识共享行为的激励效用。一方面，在教育博客平台推广的初期，服务运营商可以将推行适量的虚拟物质奖酬可以作为一种诱发因素（trigger），让一些经验尚浅的用户（如早期或潜在的用户）感知到教育博客知识共享行为是一种被倡导的行为；但同时服务运营商必须清醒的认识到"虚拟物质奖酬只能保证这些经验尚浅的用户的暂时顺从，并不会直接改变这些用户对教育博客知识共享行为本身的态度"。另一方面，服务运营商可以通过强化虚拟物质奖酬的"兑现"性，让那些拥有较高"虚拟积分、会员等级、虚拟货币"的用户可以获得其所需要的额外平台服务或特权（如较高的上传、下载、互传权限等），进而让用户切实享受到虚拟物质奖酬的现实使用价值。

本书的实证检验结果表明期望的互惠虽然会影响用户教育博客知识共享的态度，但功效较弱。究其原因在于：教育博客平台中相对松散且陌生的人际关系使得用户难移对他人后续的互惠帮助充满积极的期待。依据亚当斯的公平理论，个体会通过对比自身与他人的付出/收益来判断交换关系是否公平（Adams，1965）。具体而言，当个体认为与他人的交换关系是公平时，个体就会感到满意并且会受到激励；反之，个体则会减少自己的付出；而明晰的制度规范和伦理法则是建立公平交换关系的两大前提。基于此，为了能使用户相信自身的知识共享行为可以换取他人公平的回报（即换取互惠），消除用户在知识共享过程中的人际恐惧和怀疑，服务运营商一方面应该加强平台内的制度规范建设，例如，公开披露用户的知识分享和知识索取信息，通过显性的规章制度来避免用户在知识共享中的"搭便车"行为；另一方面，应该积极构建一种平等互惠的伦理法则，让成员对彼此之间公平的知识互换达成群体共识，通过隐性的伦理法则对用户行为起到一种无形的约束作用。

　　本书和前人的研究成果均表明：获取新的人际关系和改善旧有人际关系是用户参与教育博客知识共享的重要诱因。当用户感知到教育博客知识共享行为可以有效拓展或维系自己的人际关系网络时，其会萌发更为积极的知识共享态度。但是人际关系的构建并非一朝一夕可以形成，个体对人际关系的预期与情境因素有关（Bock et al.，2002；Szulanski，1996）。依据社会资本理论（Nahapiet et al.，1998；Bourdieu，1980），宽广的社交渠道和良好的社交氛围是催生个体产生关系预期的两个关键情景变量，其中宽广的社交渠道有助于提升人际关系构建的数量，而良好的社交氛围有助于提升人际关系构建的质量。基于此，服务运营商一方面应该进一步加强平台内的社交渠道建设，例如主动为用户推送"志同道合"的其他用户，尽可能为用户间的相互接触创造更多的条件和机会，让用户之间可以切实发生经常性、大量的人际互动；另一方面应该致力于在平台中培植和谐的人际氛围，例如定期或不定期组织一些线上或线下的社交活动，促进成员之间的相互了解与人际信任，进而达成用户之间的和睦相处。

　　在本书检验的四个外在结果预期变量中，预期的声誉对用户参与教育博客知识共享的激励效果最为突出。由此可见，相较于奖酬、互惠、关系等物质和社交层面的诉求，作为知识工作者的教育博客用户更注重视精神层面的声誉诉求。基于此，服务运营商可以通过设计一系列与个体声誉相关的激励制度和措施，让用户感知到通过知识共享自己的声誉可以得到提升、自己的专家角色将被他人认可，进而满足用户渴望得到赞赏与肯定的心理诉求。例如，服务运营商可以通过发布个人博客访问量和点击率，让用户获取更多的人气和粉丝；通过设置专业达人排行榜和颁发各种荣誉勋章，让用户感知到更多的关注和尊重；通过"精品发文"的推送和"最佳博文"的评选，让用户体验到更强的自豪感和认可度等（刘枫，2012；尹成等，2009；王金鹏，2008；丁璐，2007）。

2. 提升用户对教育博客知识共享的内在结果预期

本书的实证检验结果发现：内在结果预期对用户教育博客知识共享行为的整体激励功效要强于外在结果预期。究其原因在于，外在结果暗含的潜台词是"用户行为是被外界操控的"，而内在结果暗含的潜台词是"用户行为是由自我主导的"；并且，对于用户而言，外在结果的"兑现"具有风险性和不稳定性，而内在结果的"兑现"则要相对有保障的多。当代著名管理学家肯尼思.克洛克在《唤醒人的艺术》中阐述："如果我们从事的是我们热爱的行为，那么给我们带来的欣喜、愉悦，会让我们有超凡的行为绩效"。这句话精辟地阐述了内在结果预期的激励本质，即一旦让人们热爱行为，行为便会自动发生。依据这一思想，服务运营商应该充分意识到每个用户都是一个能动的主体，与其通过外界诱因去操控用户的教育博客知识共享行为，不如激发用户对教育博客知识共享行为本身的兴趣、热情和信心，通过唤醒用户对教育博客知识共享行为的热爱，就可以实现用户对教育博客知识共享行为的自我管理。

就本书关注的三个内在结果预期变量而言，预期的自我表达、专业成长和利他主义均可以积极的促进用户对教育博客知识共享的积极态度。因此，本书建议服务运营商可以结合这三个内在结果预期变量，来帮助用户挖掘教育博客知识共享行为的意义和价值，培养用户对教育博客知识共享行为的自我内在激励。在预期的自我表达方面，服务运营商应该赋予用户充分的话语权，让用户可以在平台内自由且自主地设计、扮演和塑造一个"自己期待的自己"，将教育博客真正打造成一个用户可以尽情自我建构和自我展示的平台（钟兰凤，2008）；在专业成长方面，服务运营商应致力于将用户的知识共享行为与用户的专业成长紧密结合，积极发挥教育博客的智慧互联功效，帮助用户体验知识共享行为对自身专业知识、技能和经验等方面的益处。在利他主义方面，服务运营商可以大力向用户灌输"知识共享行为是一种乐于助人的行为，是用户个人高贵品质的展现，对平台整体利益的贡献巨大"等理念，进而激发用户的无私奉献精神和行为。

4.5　本　章　小　结

　　本章主要对"影响教育博客知识共享行为的主体认知类因素及其影响功效和治理对策"进行了全面探究。

　　首先，本章将影响教育博客知识共享的主体认知类因素细分为两类，分别为"对教育博客知识共享的技术感知"和"对教育博客知识共享的结果预期"。在此基础上，分别阐述了三个技术感知类变量（即感知的教育博客知识共享技术的易用性、有用性和兼容性）、四个外在结果预期类变量（即预期的物质奖酬、互惠、关系和声誉）以及三个内在结果预期类变量（即预期的自我表达、专业成长和利他主义）与用户教育博客知识共享实践之间的内隐逻辑关系。

　　其次，本章选取了技术接受模型（TAM）、解构计划行为理论（DTPB）、社会认知理论（SCT）、计划行为理论（TPB）和理性行为理论（TRA）作为基础理论，演绎了主体认知类因素对教育博客知识共享的一般作用路径，构建了相应的理论模型，提出了 12 个研究假设。

　　再次，本章采用问卷调查的方式，以 518 位有过在教育博客平台进行知识共享经历的高校教师为样本，运用多层线性回归分析技术，就主体认知类因素对教育博客知识共享的作用路径和影响效用进行了实证检验和解释说明。研究结果表明：感知的易用性、感知的兼容性、预期的关系、预期的声誉、预期的自我表达、预期的专业成长和预期的利他主义会显著影响用户教育博客的知识共享态度，感知的有用性、预期的互惠对用户教育博客的知识共享态度存在弱显著影响功效，感知的物质奖酬与用户教育博客的知识共享态度之间不存在显著关系。

　　最后，结合实证检验结果，本章分别从"用户对教育博客知识共享的技术感知"和"用户对教育博客知识共享的结果预期"两个视角出发，为教育博客平台服务运营商和相关利益第三方就"如何提升和强化用户对教育博客知识共享的主观认知"提出了一系列针对性的治理对策。

第五章　社会影响驱动下的教育博客知识共享机理与对策

影响用户教育博客知识共享行为的因素有多种类别，除了本书在第四章中探讨的主观认知类因素（内在因素），社会影响类因素（外在因素）也是一个非常重要的分支。由于用户教育博客知识共享行为总是嵌入于特定的社会情境之中，所以用户对待知识共享的意愿势必会受到社会情景这一无形磁场的影响。与主观认知类因素通过用户态度间接作用于用户意愿和行为类似，社会影响类因素也需要借由一定的中介机制间接影响用户行为。为了揭示不同的社会影响因素对用户教育博客知识共享行为的作用机理，本章首先对可能影响教育博客知识共享行为的多个社会因素进行了甄别与梳理，继而借鉴、运用相关经典基础理论构建了社会影响类因素与教育博客知识共享行为间关系的理论模型、提出了相关研究假设，最终通过实证调研对理论模型和研究假设进行了检验并依据检验结论给出了社会影响驱动下的教育博客知识共享治理对策。

5.1　影响教育博客知识共享的社会影响类因素

按照辩证唯物主义的观点，世界上的任何事物必然都与周边事物和环境具有千丝万缕的联系，因此个体的行为也必然会受到周围事物和环境的影响。事实上，社会影响会干预、诱导或调试个体行为是一种常见的社会心理现象。来自其他个体或群体的外界作用（或压力）会引发个体行为上的转变（无论这种转变是个体自愿采纳的或是被动接受的）。而知识共享作为一种典型且高度的社会情景嵌入下的个体行为必然也会受到来自外界的社会影响，因此关注和探究社会影响因素对知识共享行为的影响机制和功效就显得尤为重要和有意义（Jarvenpaa et al.，2000）。

相关研究表明：由于诱导个体行为转变的外界社会因素不同，直接导致了产生或转变个体行为态度的机理不同，进而决定了个体的意愿水平和行为频率也将不同。对于某些个体而言，他们之所以会接受外界期望的行为往往是出于顺从（compliance），即：他们追随外界公认的行为准则目的在于避免社会排斥或迫害；而对于另一些个体而言，他们的态度转变往往是出于对行为本身的认同（identification）或内化（internalization）。

那么在教育博客的具体情景中，外界社会影响因素将会如何作用于用户的知识共享行为呢？为了从有机辩证的角度揭示社会影响对用户教育博客知识共享行为的影响和干预机理，本书借鉴 Kelman（1958）提出的社会影响理论（social influence theory，简称 SIT）和 Venkatesh 等（2000）提出的修订的社会影响理论（modified social influence theory，简称 MSIT），将影响用户教育博客知识共享行为的社会因素细分为两类——控制型社会影响因素和自愿型影响因素，以便细致阐述不同细分类别下的社会影响因素如何通过不同的转化机制来促进用户教育博客知识共享行为的发生。需要说明的是，控制型社会影响因素和自愿型影响因素二者的区分在于：在控制型社会影响因素的作用下，用户会对教育博客知识共享行为表现出表面上的"公众附和"（public conformity），但这种肤浅的行为转变纯粹是表面化的，用户的信念、价值观并未发生改变，因此这种转变可能会在短时间内消失。而在自愿型社会影响因素的作用下，用户会发自内心的接受教育博客知识共享行为，这种改变是由内及外的并且根植于用户的规范、信念和价值观，是一种用户真心接受的持久改变。

5.1.1 控制型社会影响因素

依据 Venkatesh 等（2000）对控制型社会影响因素的界定，控制型社会影响因素往往表现出较强的干预性、说服性和诱导性，在其作用下的个体行为往往并非出于个体的自愿，而是出于满足外界对自身的期望，此时个体拥有较小的行为自主权。换而言之，在控制型社会影响因素的驱使下，个体关心的是自身的行为是否与周边群体的行为法则相吻合，是否与自己的"角色"相符，自己是否"称职"。

相关调查和研究表明，许多用户之所以会尝试或持续体验教育博客知识共享，在很大程度上是因为受到了外界的压力（如同行影响、行政干预）和博主"角色"的驱使（张莉靖等，2010；Chiu et al.，2006），基于此，本书选取了"周边群体的压力"和"对博主角色的认知"作为代表性变量，来分析和探讨控制型社会影响因素对用户教育博客知识共享行为的影响机理。

1. 感知的周边群体压力

依据 Taylor 等（1995b）的定义，周边群体的压力是指"周边群体（如同侪、主管或下级）向个体传输的对待某一特定行为支持与否的信息"。该信息的传达可以是通过直接语言上的建议和观点（如赞成或不赞成该特定行为），也可以是通过间接行为上的展示或示范（如周边群体是否经常发生该特定行为）（Hartshorne et al., 2009）。在本书中，感知的周边群体压力特指"用户对周边群体（如同行、主管领导、学生等）向自身灌输的教育博客知识共享行为支持与否的信息感知"。

感知的周边群体压力之所以会影响个体行为可以从个体的"从众心理"得以诠释。社会心理学家阿希的从众心理实验发现：个体的行为通常有跟从周边群体的倾向；在周边群体压力的影响下，个体会放弃个人的意见而与大家的意见保持一致；而当个体发现自己的意见和行为与周边群体不一致时，个体会产生紧张感并促使其与周边群体趋向一致。阿希进一步指出个体"从众心理"的产生往往出于两方面的原因：其一为了免受周边群体非议和孤立或为了获得周边群体的好评和报偿，个体往往会做出自保型的从众行为，其二在信息不详、情况不明、把握不大的情况下，个体倾向于把周边大多数人共同以为正确的行为准则作为判断自身行为的准则，从而作出应激型的从众行为。依据"从众心理"的原理，当周边群体向个体传输他们对某一特定行为支持与否的信息时，个体可以明晰的感知到周边群体是否期望自身也采纳该行为；出于免受周边群体非议和孤立、获得他人的好评和报偿、排除不确定性和风险等动机，个体往往会倾向于发生外界所提倡的行为。由此可见，感知的周边群体压力是影响个体行为的一个关键性的控制型社会影响变量。

来自技术扩散研究领域的相关研究表明，感知的周边群体压力可以有效促使个体使用某一新技术。例如，Ajjan 等（2008）、Prensky（2001）分别发现教师或周边其他同学的鼓励可以激发学生对 Web 2.0 信息技术使用的兴趣；Hsu 等（2004）发现：感知的周边群体压力会显著影响网民对在线网络游戏的参与度；Dholakia 等（2004）等发现：周边群体的意识会显著影响用户在网络购物虚拟社区的体验频率。还有一些类似的研究也证实了：个体对不同的相关网络服务（internet-related service）的使用会受到周边群体的影响（Hung et al., 2005；Luarn et al., 2005）。在知识共享研究领域，Bock 等（2005）、Hsu 等（2008）、Gagné（2009）等学者的研究成果也均证实了：来自周边群体的压力会显著影响个体的知识共享意愿；当个体明显感知周边群体期望其发生知识共享行为时，即便个体对知识共享持有消极的态度，亦会迫于外界的压力而产生知识共享的意愿和行为。

推演至教育博客知识共享的具体情境，不难发现：当周边群体向用户传输他们对教育博客知识共享行为的积极观点或赞许建议时，或者用户发现周边群体都在频频使用教育博客进行知识共享时，用户就可以明晰的感知到周边群体也期望自身履行教育博客知识共享行为。而当用户明显感知到教育博客知识共享是周边群体所倡导的行为时，出于个体的"从众心理"，用户会萌发在教育博客知识共享的意愿，并继而产生教育博客知识共享的现实行为。少量的关于博客知识共享的研究证实了：感知的周边群体压力对用户博客知识共享行为的显著效应。例如，南国农等（2005）指出：来自校方和专家的支持与肯定会促使教师积极地使用教育博客；Hsu 等（2008）认为：来自周边群体的压力作为一种重要的社会影响力量会激发用户持续参与博客知识共享；金辉（2015b）发现：感知的其他教师博主的压力会直接影响高校教师的主观规范进而间接影响其教育博客知识共享的意愿。

基于上述分析，本书认为：感知的周边群体压力会积极影响用户在教育博客的知识共享实践。

2. 对博主角色的认知

依据角色理论，角色认知是指"个体在所属的某一宽泛类型群体中，对自我身份和地位以及与该身份和地位相一致的行为规范的识别和感知"。也有一些学者将个体的角色认知简单定义为"个体在某一群体中的自我意识或自我概念"（McMillan et al.，1986）、"个体对群体中自我包容性的社会构建（self-inclusive social construction）"（Bagozzi et al.，2002）。在本书中，对博主角色的认知特指"用户在其所属的教育博客平台中，对自己博客主人的身份和地位以及与该身份和地位相一致的行为规范的识别和感知"。

个体角色是社会（群体）系统的基本构成单位。当个体参与到一个社会（群体）系统中时，必然会承担一定的社会角色，该社会角色对于规范个体行为、推进社会（群体）系统良性发展均具有积极的意义。一方面，社会角色定义了一系列与该角色一致的行为准则，因此个体的行为通常要表现出与该社会角色定义的行为准则相吻合（Zhang et al.，2003），才能满足社会（群体）系统中其他成员对自己的角色期待（Ashforth et al.，1989），也才能向社会（群体）系统中其他成员证明自己是一个称职的社会角色"扮演者"（Andrews，2002）。另一方面，社会角色还有助于培育个体对社会（群体）

系统的归属感和忠诚度。社会认同理论（social identity theory）的相关研究发现，个体会通过自我的社会角色认知对自己所属的群体产生认同，并产生内群体偏好和外群体偏见；与此同时，个体还会通过实现或维持积极的社会认同（如高度的归属感和忠诚度）来提高群体自尊（Dholakia et al.，2004；Bagozzi et al.，2002），并通过自愿履行各种组织公民行为（citizenship behaviors）来推动群体的蓬勃发展（Meyer et al.，2002；Bergami et al.，2000）。一份来自美国商业周刊的民意调查表明，35%人愿意参与虚拟社区活动恰恰是出于对社区的情感认同和忠诚（Hof et al.，1997）。由此可见，个体对群体中自我社会角色的认知是积极影响个体行为的一个重要社会影响因素（Ellis et al.，1994）。

在知识共享研究领域，相关研究表明：个体对自身社会角色的认知会直接或间接地积极影响其知识共享行为。例如，Sharratt 等（2003）认为：在一个社区群体中，知识往往被认为是公共资源，应该被所有成员所共同享有；因此，当个体将自身角色界定为是社区一份子时，其天然的会在道德上产生与其他成员分享知识的义务感；Nahapiet 等（1989）提出：由个体角色认知催生的个体对组织的社会认同是一种强有力的精神激励力量，会积极促使个体参与组织内部的知识互动，而那些将自身游离于组织之外的个体（即没有角色认知的个人）则会对组织内部的知识互动无动于衷；赵宇翔等（2010）的实证研究表明：用户对社会身份认知与用户在 Web2.0 环境下的内容生成行为（包含知识分享）之间存在强显著的正向关系。类似地，一些聚焦于虚拟社区知识共享的研究也发现：个体对自身社会角色的认知会显著提升社区内部知识共享的数量和质量（Chiu et al.，2006），个体对其角色认知越深刻，其在社区内部知识共享的可能性就越大（Hars et al.，2002；Yoo et al.，2002）。

在教育博客知识共享的具体情境，一些定性和定量研究论证了用户对博主身份的认知对其参与教育博客知识共享实践的影响功效。例如，陶龙超（2009）认为：当把教育博客公开以后，博客主人的身份会使得用户具有一种个人责任感，会激发用户的求知欲和知识表现欲；徐美凤等（2011）阐述："由于博客自身具有的虚拟精神家园和自我管理的特点，会使得博客主人产生强烈的归属感……成员在共享过程中，会形成对彼此关系的一种认知，并进而形成对社区整体的认知，也即社区归属感"；吴祐昕（2008）提出：个人通过网络机制将自身角色统一化，实现多角度与教育博客平台的融合，可以最大程度的激发个人在教育博客知识共享的参与意识和创造潜能；Hsu 等（2008）通过问卷调查证实了：对博主身份的感知会直接显著影响用户参与博客知识共享的意愿。

基于上述分析，本书认为：对博主角色的认知会积极影响用户在教育博客的知识共享实践。

5.1.2　自愿型社会影响因素

Venkatesh 等（2000）认为自愿型社会影响因素与控制型社会影响因素最大的区别在于：后者是通过强制性干预或说服性诱导来影响个体行为，而前者则是通过内造个体的价值观来影响他们行动的倾向。因此，在自愿型社会影响因素的作用下，个人拥有行动的自主权，并会自觉将某一特定行为的准则与自己既有的价值观相叠加或相融合。换而言之，在自愿型社会影响因素的驱使下，个体不会有行动的"被动感"或"压迫感"，与之相反，个体会认为履行行为是出自自愿的、是与自身价值观体系相吻合的，而并非为了满足外界的期待。

依据修订的社会影响理论（MSIT），自愿型社会影响因素主要源自两方面，其一为亲密的人际关系，其二为文化。在亲密关系的影响下，个体会潜移默化地接受组织（或组织中其他个体）公认的行为准则；而在文化的影响下，个体会认为吸纳公认的行为准则有助于提升或优化自身的价值观体系。在研究个体与组织（或组织中其他个体）亲密关系的海量文献中，"信任"是最为典型的表征关系亲密度的研究变量（Pavlou et al.，2006，2004；Paul et al.，2004；McEvily et al.，2003；Gefen et al.，2003b；Gefen，2000；Dirks，1999；Moorman et al.，1992；Lindskold，1978；Strub et al.，1976）；在文化管理研究领域，"组织文化"和"国家文化"分属不同研究层面，且二者均会对个体行为产生深远的影响；鉴于此，本书分别选取了"信任"、"平台共享文化（组织文化层面）"、"本土社会文化（国家文化层面）"作为代表变量，来分析和探讨自愿型社会影响因素对用户教育博客知识共享行为的影响机理。

1. 信任

在大量有关人际关系研究的文献中，信任被定义为"一方对另一方持有的一系列特定的信念，例如正直（integrity）、善良（benevolence）、富有能力（ability）等"（Gefen et al.，2003b）。也有学者进一步将信任精确定义为"一方相信并乐意依赖另一方（McKnight et al.，1998）、自愿承担由另一方行为所带来的风险（Tang et al.，2008）、且无须对对方的行为进行监管和控制的信念（Mayer et al., 1995）"。在本书中，信任特指"用户相信并乐意依赖教育博客平台中的其他用户、自愿承担由其他用户行为所带来的风险、且无须对其他用户行为进行监管和控制的信念"。

来自多个不同学科领域（如社会学、心理学、经济学、营销学等）的研究表明：信任对于处理人际关系和商业关系具有重要的意义（Moorman et al., 1992；Dasgupta，1988；Lindskold，1978；Strub et al., 1976）。在电子商务、商业合作关系、个体/组织绩效等相关研究领域的大量研究成果也证实了：信任是可以有效预测行为的关键性社会情景变量（Pavlou et al., 2006，2004；Paul et al., 2004；Gefen et al., 2003b；Dirks，1999）。事实上，信任除了润滑关系和预测行为的突出功效以外，其还为个体/组织创造了一系列额外的收益，如改善组织结构设计、降低组织复杂性、改善离散个体/群体间的合作绩效、促进资源交换和交易、减少外界（组织、群体或个体）监管成本等（Paul et al., 2006，2004；McEvily et al., 2003；Gefen，2000；Nahapiet et al., 1998；Tsai et al., 1998）。而信任之所以对个体/组织有如此多的益处，与其本质内涵有关。由信任的定义不难发现，一旦信任方对被信任方产生了信任，信任方会愿意使自己处于利益受损、暴露弱点等具有风险的状态，同时相信被信任方不会发生任何机会主义行为、并且能够做出合乎自己利益的行为（Gefen et al., 2003b）。因此，在信任的作用下，关系变得简单、互动变得频繁、交换变得真诚、合作变得坦率，一系列有益于个体或组织的行为（如合作性行为、资源共享行为等）会自发产生，而一系列不利于个体或组织的行为（如投机行为、失信行为、防范行为等）也得以很好的杜绝（Hsu et al., 2007；Handfield et al., 2002；Tsai et al., 1998）。

组织知识共享实践之所以困难重重在很大程度上是因为个体在知识共享过程中会面临着一系列风险。首先从知识发送方而言，如果个体选择知识共享，那么其有可能丧失在组织中独占知识的竞争优势，并且如果共享的知识不被他人认可或被他人贬值甚至有可能会损及发送方的地位与声誉（Bock et al., 2005）；其次从知识获取方而言，向他人索取知识意味着向他人暴露自身的"无知"或"无能"，出于怕被轻视或害羞的心理，个体往往不愿主动向他人索取知识（Ardichvili et al., 2003）。因此，在没有彼此充分信任的前提下，个体出于保护自身利益和防范未知风险的考虑往往会抵触知识共享，个体之间的知识共享也就变得难以实现（Chen et al., 2010）。如表 5-1 所示，来自知识共享研究领域的一系列研究成果表明：信任作为一种重要的社会情景变量，对降低个体对知识共享的抵触态度、提升个体的知识共享意愿和行为、降低个体间知识共享的成本、构建组织内的知识共享氛围有着重大的积极影响。

表 5-1 信任影响知识共享的代表性研究成果

文献	研究结论与观点
Shapin（1988）	在知识扩散和传播的过程中，信任扮演了重要的角色。
Nonaka（1994）	人际信任对组织创造知识共享的氛围很重要。
Currall 等（1995）	信任可以促进双方彼此之间的知识资源交换、减少知识共享的成本，增加获取、吸收和保留他人新知识的可能性。
Nelson 等（1996）	群体之间的相互信任有助于实现群体之间的知识交流，进而促进群体工作绩效。
Tsai 等（1998）	信任可以通过降低知识共享成本和提升知识转移频率来促进知识的有效转移。
Delahaye（2000）	信任会影响个体的知识共享决策。
Ridings 等（2002）	信任是促进知识共享的重要因素，彼此间的关系越好，个体知识共享的态度也会越积极。
Dyer 等（2003）	如果（知识）提供方信任（知识）获取方，那么（知识）提供方会更愿意和（知识）获取方分享知识。
McEvily 等（2003）	信任是一个重要的情景变量，会分别对知识接收者和知识的发送者的知识共享行为产生积极的显著影响。
Lee 等（2003）	个体之间缺乏信任是知识共享活动的主要障碍。
Abrams 等（2003）	信任是人际关系形成中的一个主要属性，促进了个体网络中有效知识的创造和共享；当个体间人际关系是高度信任时，个体更愿意参与知识分享实践。
Chowdhury（2005）	证实了基于人际影响的信任会显著影响复杂的知识共享。基于人际影响的信任会提升个体间的社交和情感关系，改善个体对知识共享的价值观和心智模式，进而促成复杂的知识共享实现。
Panteli 等（2005）	信任有助于分享有价值的隐性知识，且提高了新知识创造的可能性。
Lin 等（2009）	信任有助于消除知识共享的障碍；没有信任，知识共享难以成功。
廖方伟等（2011）	组织内部实现知识共享的前提是员工之间相互的情感信任和认知信任。

相关研究表明：在网络环境中，信任作为重要的初始情境变量，对促进个体间的在线知识共享行为也起到了不容小觑的积极作用（Kim et al.，2009，

2007；Chow et al.，2008；Hsu et al.，2008；Lin et al.，2008；Hsu et al.，2007；Thatcher et al.，2007；Chiu et al.，2006；Corritore et al.，2003；Gefen et al.，2003b；Ridings et al.，2002；Czerwinski，2002；Jarvenpaa et al.，1999；Jarvenpaa，1998）。聚焦于教育博客知识共享的具体情境，信任同样扮演着重要的角色。与传统的线下组织不同，教育博客是一个开发、匿名的平台（Ba，2001）。线下组织的内部成员彼此相互了解、熟识且有着工作联系，他们之间是一种可视化的正式人际关系网络；而教育博客的用户群则是由众多有着共同兴趣爱好却又彼此陌生的个体组成，他们之间更多是一种松散、脆弱的非正式人际网络（Ridings et al.，2002）。线下组织的成员可以频繁地通过面对面的沟通渠道进行知识共享，且成员的知识共享行为会受到组织的监管；而教育博客的用户则是通过各种信息化技术进行的跨时空知识共享，平台难以实时监管用户的共享行为，更无法为用户的切身利益提供保障机制（Ridings et al.，2002）。因此在这种非正式人际网络和非面对面沟通渠道的背景下，用户之间的知识共享更离不开彼此的信任。只有当用户互相之间具有较高的信任度时，他们才会愿意在教育博客与他人分享知识；反之，当用户互相之间缺乏信任时，出于利己和规避风险的考虑，他们更倾向于匿藏知识。来自在线知识共享的相关研究作证了该现象的客观存在。例如，Lin 等（2009）提出：信任会积极影响个体对虚拟社区知识共享的结果预期，进而间接促进该行为的产生。在 Chai 等（2010）看来：信任是决定网络用户在网上交流是否积极的决定因素之一，其起到了鼓励成员分享知识和信息的重要作用；用户之间相互的信任程度越高，越有利于激发其交流与共享行为。席彩丽（2011）认为：博主之间的信任和博主之间的知识共享具有正相关关系，如果博主发现其他博主滥用知识共享，或者利用共享的知识进行牟利，他们可能不再通过博客网站分享自己的知识。王傲等（2012）发现：如果在虚拟社区知识共享过程中，成员间失去了知识信任，那么虚拟社区中的其他知识功能都将难以实现；只有当成员们越信任社区，他们才会对自己以及其他成员的知识共享行为越满意。甘春梅等（2012）提出：个体对学术博客网站的其他博主的信任度越高，他/她的博客知识交流与共享行为就越多。还有少数学者对信任或知识共享进行了维度和类别的细分，并发现不同纬度下的信任对不同类型的知识共享行为均有促进意义。例如，Chen 等（2010）将虚拟社区知识共享行为细分为知识分享行为和知识索取行为，并验证了：人际信任对这两类知识共享行为均具有显著的积极效用；Sharratt 等（2003）依据 Mayer 等（1995）对信任的维系划分，将信任细分为品质信任、情感信任和能力信任三个变量，并验证了：三种信任均会显著促进个体在虚拟社区中的知识共享质量；Chai 等（2010）将信任划分为四种类型，分别为：对其他博主的信任（trust in bloggers）、经济为基础的信任（economy-based trust）、对互联网的信任（trust in the internet）和对博客运行商的信任（trust in the blog service provider），二人在此基础上构建了四种信任和博客知识共享行为的理论模型并验证了除对互联网的信任外，其余三种信任均会显著促进用户的博客知识共享行为。

基于上述分析，本书认为：信任会积极影响用户在教育博客的知识共享实践。

2. 平台共享文化

每个组织的成长与发展都有着自己特殊的生存环境条件和历史传统，并会逐步形成自身独有的组织文化（例如，哲学信仰、意识形态、价值取向、行为方式）等；教育博客作为一种特殊的组织形态，在其成长与发展的过程中也会沉淀特定的组织文化。组织文化是指组织在长期的实践活动中所形成的并且为组织全体成员普遍认可和遵循的具有本组织特色的价值观念、团体意识、工作作风，行为规范、思维方式的总和，是所有成员应该具备的一种正确的感知、思考和处理问题的群体心智模式（廖方伟等，2011；廖盈昇，1999；Hofstede，1998；罗宾斯，1997；Petrock，1990）。在本书中，平台共享文化特指"教育博客平台中全体成员普遍认可和遵循的一种正确的感知、思考和处理知识共享的群体心智模式"。

文化管理研究领域的相关理论表明：组织文化对组织成员的影响功能主要体现在四个方面。第一，导向功能。组织文化会对组织成员的行为方向起到显示和指引的作用，组织文化包含的价值目标能够使成员自觉地把行为统一到组织所期望的方向上去。第二，凝聚功能。组织文化能够通过共同价值观和精神理念将不同的成员凝聚在一起，使得成员产生认同感和归属感，进而促进成员为了共同的目标团结合作。第三，激励功能。通过文化的塑造，组织可以使每个成员从内心深处自觉地产生奉献精神、积极向上的思想观念及行为准则。第四，和谐功能。组织文化作为一种意义形成和控制机制，还有助于在组织内部营造和谐的工作氛围，进而有效促进组织内部关系和谐，规避成员间的利益冲突以及由个人习惯/偏好不同而产生的成员矛盾。

在知识共享研究领域，组织文化的影响力也一度引起学术界的关注，大量国内外学者的研究成果纷纷表明：组织文化是影响个体知识共享的重要情境变量。例如，Buckman（1998）提出"使一个组织在知识共享和组织学习上成功的（因素），90%是由于有一个正确的组织文化"。Davenport 等（1998）认为：知识共享不是一个单纯的技术方案，而是一项复杂的系统工程，组织在实践知识共享之前，必须先建立起支持知识共享的文化环境。O'Dell 等（1998）指出：适宜的组织文化是实现组织内部知识共享的重要驱动要素，良好的组织文化将自始至终对组织的知识共享和创新活动起着催生和引导的作用；反之，不良的组织文化则会对知识共享起到严重的阻碍作用。De Long 等（2000）认为：由于组织文化是全体员工价值观、信念的深层次反映，因而它会深深地影响着企业员工知识选择的偏好以及知识分享的方式，进而显著影响组织内部知识的创造、转移和分享等环节。Hall（2001）基于社会交换理论将知识共享视为组织内部的知识交换，提出："组织文化是实现组织中知识交换的重要情景，组织内部的文化环境应与组织的知识共享相协调"。Alavi 等（2003）认为：员工的知识共享行为在组织当中不会自发实现，需要特定的组织文化的引导。如果员工缺乏对知识共享文化的认同，就不会从行动上主动共享知识，自然也就难以自觉支持知识管理项目的实施。阳大胜等（2005）指出：我国组织知识共享严重缺乏效率的症结就在于共享文化的缺失。李纲等（2007）认为：组织需要认真考虑组织文化对员工知识共享的影响功效，积极地推动文化变革，以更好地促进知识在企业内部成员间广泛的共享，从而在快速多变和激烈竞争的市场环境中保持长盛不衰。朱洪军等（2008）发现，在基于知识共享的文化价值观的指引下，组织成员之间会产生对彼此的信任，而成员间的信任可以有效降低知识共享的成本，并促进知识的高效转化。与此同时，一些东西方学者针对"什么样的组织文化会促进知识共享"展开了一系列探索性描述研究（相关结论如表 5-2 所示），这些理论成果均发现并支持：组织文化是影响知识共享成功的关键性因素，适宜的组织文化会对知识共享产生积极的影响。

表 5-2　促进知识共享的组织文化表征

文化表征	来源
鼓励学习	Martin（2000）、吴淑铃（2001）、陈力等（2004）、张鹏等（2004）、王金明等（2004）、牟向荣（2005）、张亮（2005）、李宝玲（2006）、白静（2006）、李东才（2006）、马俊（2007）、林慧丽等（2007）、阎继宏（2008）、万新安（2008）
开放互动	Mohr 等（1995）、Martin（2000）、吴淑铃（2001）、Connelly 等（2003）、牟向荣（2005）、白静（2006）、林慧丽等（2007）

续表

文化表征	来源
和谐信任	Glasser（1998）、Martin（2000）、吴淑铃（2001）、左美云等（2004）、陈力等（2004）、张鹏等（2004）、王金明等（2004）、张亮（2005）、李东才（2006）、马俊（2007）、林慧丽等（2007）、阎继宏（2008）、万新安（2008）
创新和变革	吴淑铃（2001）、左美云等（2004）、陈力等（2004）、张鹏等（2004）、王金明等（2004）、张亮（2005）、李东才（2006）、李宝玲（2006）、林慧丽等（2007）、万新安（2008）、阎继宏（2008）、陈明等（2009）
诚实合作	Mohr 等（1995）、Glasser（1998）、陈力等（2004）、张鹏等（2004）、王金明等（2004）、张亮（2005）、李宝玲（2006）、白静（2006）、李东才（2006）、林慧丽等（2007）、万新安（2008）、阎继宏（2008）
容许失败	Davenport 等（1998）、左美云等（2004）
以人为本	王金明等（2004）、牟向荣（2005）、白静（2006）、李东才（2006）、马俊（2007）、万新安（2008）

在教育博客平台，知识共享是否得以顺利开展与平台的共享文化同样息息相关。与传统正式的线下组织需要致力于打造知识共享文化不同，教育博客作为一种非正式的线上组织其本身就是共享文化的产物。一方面，教育博客的共享文化是一种"平等、民主"的亲民文化。在这种文化的倡导下，教育博客极大地释放了大众的"话语权"，让每一个用户都可以袒露心声并按照自己的意愿决定话语的内容和形式，打破了用户对身份、地位的思想禁锢，进而促使用户之间的知识共享得以实现。另一方面，教育博客一直秉承的是"无私、无畏"的价值观理念。该理念有效激发了用户对知识的无私奉献与无畏探索的精神，抵制了用户对知识产权的自我保护意识，并激励着用户通过频繁的知识共享让自身变得越来越"博"。一些在线知识共享的研究文献也作证了共享文化对在线用户知识共享行为的积极作用。例如，Jarvenpaa 等（2000）发现：共享文化会支持成员将知识视为群体所共有的资产，因此在共享文化的指引下，无论用户的身份、地位或阶层如何，其都会认为知识应该被公开且自由的分享。胡凡刚等（2009）认为：文化是知识分享的一项重要的促进因素，会影响教育虚拟社区成员的价值观和行为方式。适宜的价值观将促进社区共同体的知识交流；而不当的价值观则会造成社区成员只获得别人共享的知识而不共享自己的知识，成为社区的浏览者和旁观者。张萍（2007）提出：博客平台的共享精神激发了用户求取知识与展现知识的欲望，

促成了用户间的彻底知识共享。刘枫（2012）发现：学术博客打破了职能和地域的界限，使不同学术领域的人能够围绕一个共同目标在共同的学习观景中彼此交流，一种共同的博客文化理念促进成员之间目标保持一致并愿意知识合作和贡献。张学侠（2012）指出：当下很多学校组织由于没有创造知识共享的文化氛围进而使得一些好的知识和成果无法分享，而教育博客的共享文化则为学习型教师团队的知识共享提供了新的可能。

基于上述分析，本书认为：平台共享文化会积极影响用户在教育博客的知识共享实践。

3. 本土社会文化

相关知识管理的理论研究和组织实践发现：影响个体知识共享的文化因素涉及两个层面，一是宏观层面的文化，即社会文化，或称为国家文化；二是微观层面的文化，即组织文化，或称为企业文化。通常来说，社会文化除了语言、风俗习惯、思维方式等非价值观因素以外，更多因素集中在价值观层面。根据霍夫斯泰德（Hofstede）"文化相对性"（Cultural Relativism）的观点，各国、各地区都孕育着相对不同的本土社会文化，因此想要解读不同国度、地区中个体的行为表现，必须首先理解他们所处的文化土壤（Hall，1976）。本土社会文化是扎根本土、世代传承，并经过本民族的行为习惯、思维方式和价值观沉淀的结晶（杨国枢，1993a）。在本书中，本土社会文化特指"以儒家文化为主导的价值观念、审美情趣和处世哲学，其长期且持续影响着中国人的价值取向和行为范式"。

来自不同国家的越来越多的组织管理实践表明，包含文化、历史与传统等要素在内的本土社会文化正极大地影响着当地个体的行为偏好；日益兴起的中国本土组织管理研究也要求，在分析中国转型经济形势下的个体行为时，更应充分关注本土社会文化根源的影响（Tsui，2004）。Kirkman 等（2006）总结了 1950~2002 年间在管理学和应用心理学期刊上研究本土文化与组织内个体行为（行为态度/倾向）的研究，发现：本土文化会对变革管理、冲突管理、人力资源管理、营销管理、领导风格、谈判、沟通、与工作相关的态度（如工作满意度、组织承诺、组织公民行为、合作）等领域的个体行为产生深远的影响，这些研究成果确凿证实了本土文化是影响组织内个体行为的关键因素之一。具体而言，本土社会文化对个体的影响主要表现为三个层次。第一个层次表现在对个体可观察的外在物品的影响上。例如，在不同国家文化环境中，人们的服饰、习俗、语言等各不相同。行为场中的任何物质内容，例如，服饰、故事、传奇、谚语等都具有内在的文化意义，反映了一种特定的社会生活方式。第二个层次表现在对个体价值观的影响上。个体的世界观、人生观、价值观是在长期的生活和学习过程中形成的，是各种本土社会文化因素交互影响的结果。基于本土社会文化的个体价值观一经形成，就具有明确的方向性，对个体的行为倾向将产生长远、深刻的影响。第三个层次表现在对个体的潜在假设的影响上。这种作用是无意识的，却是本土社会文化影响的最终层次，它决定着个体的认知活动和思维方式。

个体间的知识共享亦根植于特定的文化背景之中，不同国家的个体由于受到不同本土文化的熏陶，其在知识共享的价值取向、心理认知、行为倾向等方面的表象也不尽相同。Te'eni（2001）一针见血地指出："如果将知识共享视为一种知识资源的沟通行为，那么文化会引导沟通主体做出与其价值观相匹配的行为"。由此可见，中国本土社会文化是解读中国人知识共享行为的重要变量。近年来，我国内地、港台地区和海外华裔学者们陆续对"关系、面子、人情、和谐、圈子"等经典中国本土文化变量与个体知识共享行为间的关系进行了陆续研究，一系列实证研究表明了：这些代表性的本土社会文化变量的确会对中国人的知识共享行为产生深远的影响，并且本土社会文化变量的影响效用具有"二元效应"，即：某些本土社会文化因素会促进中国人的知识共享行为，而某些本土社会文化因素则会抑制中国人的知识共享行为。相关代表性研究成果及研究结论如表 5-3 所示。

推演至教育博客知识共享的具体情境，用户的博客知识共享行为也并非置于一个"文化真空"的情境中，本土社会文化同样会根深蒂固地引导用户博客知识共享的态度、规范用户知识共享的行为。在中国本土情境中，用户往往会表现为出"崇尚关系、追求和谐、讲求面子、注重人情、忠于集体"等典型特征，因此正确的解读"关系、和谐、面子、人情、集体主义"等诸多典型的中国本土社会文化变量，有助于有效预测用户在教育博客的知识共享行为。例如，在"关系导向"的作用下，中国人为了建立或维系人际关系往往会自发产生一系列"亲社会行为"，因此受"关系导向"支配的用户一方面不会或不忍拒绝其他博主的知识需求，另一方面会将主动为其他博主提供知识帮助视为一种对长期稳定关系的投资；在"和谐导向"的作用下，用户会以积极或善意的观点看待其他博主，会倾向于构建坦诚相待、互通有无的人际交互环境，进而促成知识共享的现实发生；在"面子导向"的作用下，为了规避丢面子的风险，用户一方面不愿轻易分享未被证实的知识（即便该知识可能是具有高价值的）；另一方面出于担心自己的知识深度与广度不够，

表 5-3 中国本土社会文化与知识共享的代表性研究

文献	本土社会文化变量	研究结论与观点
Chow et al.（1999）	集体主义、等级距离、面子倾向	探索了在面对面会议情境中哪些文化因素会促进或阻碍个体之间的信息共享。运用实验和访谈相结合的方法，以澳大利亚和台湾员工为样本。发现：对于澳大利亚（西方文化代表）、个体间的差异，个体的自信和合作性文化是影响 KSI 的关键，而对于中国（东方文化代表），集体主义、等级距离和面子倾向是关键，其中集体主义会促进个体间的信息共享，而等级距离和面子导向则会起到阻碍效用
Chow et al.（2000）	集体主义、圈子导向	对文化如何影响个体知识共享开放性展开了研究，该研究运用实验与集体利益与集体发生冲突时的差异，具体为代表美国中层经理和中国的中层经理在知识共享意愿上的差异。发现：①当个体利益与集体主义导向作用于个体的知识共享意愿，具体影响个体的知识共享意愿，具体影响中国个体和美国个体个体主义的美国个体（意味着，此时共享对象是圈内人时，中国人的知识共享意愿要明显弱于美国人（意味着，此时圈子导向不利于圈外个体间的知识共享）
Hutchings et al.（2006, 2004）	集体主义、圈子导向、等级距离	采用文献回顾和半结构访谈相结合的方法。这两项实证研究的结果一致表明：同处于集体主义文化中的中俄企业员工比西方国家的企业员工更愿意共享知识，但这一意愿受到圈子导向和等级距离的影响。一方面，俄罗斯人和中国人出于对圈内人的信任，会愿意选择与圈内人分享知识；同时出于对自身集团利益的保护，而拒绝向圈外人分享知识。另一方面，长期以来的等级观念催生了中俄企业独裁或专制的管理风格，中俄企业管理者不太接受地位或权力的敏感，往往也不愿意或不敢向领导谏言（即自下而上的知识共享往往往在不被提倡）

续表

文献	本土社会文化变量	研究结论与观点
Voelpel et al. (2005)	集体主义、长期导向、面子导向、圈子导向	探索中国员工在网络社区知识共享行为的动机和障碍因素，对西门子华员工进行了案例研究。研究发现：集体主义导向和儒家思想导向（侧重长期导向）是两个促进中国员工知识共享的积极文化变量，而面子导向则是削减中国员工知识共享的消极文化变量。圈子导向会诱发中国员工对待圈内和圈外个体的知识共享态度及行为差异
Shin et al. (2007)	关系导向、长期导向、和谐导向、集体主义	采用问卷调查的方法研究了中国文化因素对中国企业员工知识共享的影响，其中文化变量有关系导向、儒家思想（侧重长期导向）和集体主义。在问卷调查的过程中，Shin 等人将知识共享进行了圈内和圈外身份的划分，结果实证发现，当接受方为圈内人时，关系导向、儒家思想和集体主义均对个体的知识共享态度有显著的促进作用；而当接受方为圈外人时，仅有关系导向与个体知识共享态度间的关系依然正向显著，儒家思想和集体主义与个体知识共享态度间的关系则不再显著
Hwang et al. (2008)	面子导向和关系导向	对中国情境中个人因素（成本和收益因素）和文化因素（面子导向和关系导向）在多大程度上影响知识共享进行了实证研究。采用问卷调查的方法，证实了关系导向和争面子导向对个体知识共享意愿有积极的促进作用，而怕丢面子导向则会削减个体知识共享的意愿
Huang et al. (2011)	关系导向、面子导向（争面子/怕丢面子）	探究了关系导向、面子导向（争面子、怕丢面子）会具体如何影响个体间的显性知识分享。采用问卷调查法，结果表明：无论是分享显形知识还是隐性知识，关系导向和争面子导向均会积极影响个体分享知识的意愿，但对个体分享隐性知识的意愿却不产生显著影响；怕丢面子导向会消极影响个体隐性知识分享
梁欢 (2009)	集体主义、长期导向	对集体主义和长期导向对知识共享意愿的影响研究发现：集体主义和长期导向会通过情感承诺、规范承诺和持续承诺三者的中介机制不同程度的影响我国知识型员工的知识共享意愿。该研究采用问卷调查法，结果证实了集体主义倾向和长期导向会对知识共享意愿产生显著的积极影响

续表

文献	本土社会文化变量	研究结论与观点
胡士强等（2010）	关系导向、面子导向	将个体知识共享划分为组织导向知识共享行为（O-KS）和个体导向知识共享行为（I-KS）两种，对关系导向和面子导向这两种知识共享行为间的内隐关系进行了逻辑推演，提出了两个假设：①员工的关系取向正向影响知识共享，且这种正向影响对个体导向的知识共享行为要强于组织导向的知识共享；②员工积极的面子取向正向影响知识共享，消极的面子取向负向影响知识共享，且这种正向/负向影响对组织导向的知识共享行为要强于个体导向的知识共享。但遗憾的是，该文并未对上述两个假设进行实证检验
王国保（2010）	集体主义、等级导向、和谐导向、人情导向、面子导向	研究了中国文化因素的五个变量（集体主义、等级倾向、和谐倾向和人情倾向）和知识共享的两个维度（一般知识共享和面子知识共享）间的关系。研究表明：影响一般知识共享的中国文化因素有集体主义、和谐倾向、人情倾向，其中集体主义、和谐倾向有正向影响作用，面子倾向有负向影响作用；影响关键知识共享的中国文化因素有正向影响，和谐倾向和等级倾向，其中集体主义、和谐倾向和等级倾向有正向影响，等级倾向有负向影响作用
赵卓嘉等（2010）	面子导向	将面子需求划分为关系型面子需求、能力型面子需求和道德型面子需求，用问卷调查法研究了三者与知识共享意愿间的关系。结果表明：①关系型面子需求对知识共享意愿影响最为显著，注重基于关系的面子的个体更乐于与他人分享；②能力型面子需求对个体的知识共享意愿有着显著的促进作用，这一关系受到知识共享类型关系型面子需要的中介作用；③道德型面子需要对个体知识共享意愿的促进作用则没有得到验证
路琳等（2011）	和谐导向	从人际关系的和谐视角出发，探讨了三种不同维度的和谐取向对知识共享行为的影响。研究结果证实，价值观型和谐取向对知识共享行为具有正向作用，并且是通过组织公民行为对知识共享有正面作用，人际沟通在其中发挥影响的；工具型和谐取向对知识共享有负面影响；否定型和谐对知识共享行为无显著影响，人际沟通在其中发挥中介作用

续表

文献	本土社会文化变量	研究结论与观点
于米 (2011)	个人集体主义	从知识属性和文化因素出发，以个人主义倾向与集体主义倾向作为自变量，知识的活性程度作为调节变量，探讨了对知识分享意愿的影响。通过问卷调查结果表明：个人/集体主义倾向对知识分享意愿均具有显著正向作用，同时知识活性程度起到了调节作用
刘蕤等 (2012)	关系导向、护面子导向、争面子导向	从个体心理和社会文化两个方面建立了虚拟社区知识共享影响因素研究模型，其中社会文化变量分别为关系、护面子和争面子。该研究采用问卷调查法，结果实证了关系和争面子与虚拟社区中个体知识共享意愿间存在显著的正向关系，而护面子对知识共享意愿有负向关系的假设却没有得到支持
王士红 (2013)	面子导向	探讨了员工组织动机感知、损失感知与知识共享意愿的关系以及面子的调节作用。通过调查问卷发现：组织动机感知与知识共享意愿正相关，损失感知与知识共享意愿负相关；面子正向调节组织动机感知与知识共享意愿的关系，负向调节损失感知与知识共享意愿的关系

用户也不愿轻易回应其他博主的知识提问；在"人情导向"的作用下，用户会将博客知识共享视为向更多受众"送人情"、"卖人情"的机会，用户会通过在教育博客的知识给予来换取更多后续他人知识报答的机会；在"集体主义导向"的作用下，用户会更加注重教育博客平台内部的知识社交与合作，并且为了展示自己对教育博客平台的"忠诚"，他们会将积极主动与他人进行知识共享视为对博客群体利益的自我贡献。

基于上述分析，本书认为：本土社会文化会深远影响用户在教育博客的知识共享实践，且本土社会文化对用户教育博客知识共享行为的影响效用具有二元性。

5.2 社会影响类因素对教育博客知识共享的作用路径

5.2.1 基础理论选取

本书选取社会影响理论（SIT）、修订的社会影响理论（MSIT）、社会认知理论（SCT）和理性行为理论（TRA）作为演绎"社会影响类因素对教育博客知识共享的作用路径"的基础理论。

选取理性行为理论（TRA）作为基础理论的理由同本书 4.2.1 节的解释说明。选取社会影响理论（SIT）和社会认知理论（SCT）作为基础理论主要基于以下两点理由：①理性行为理论（TRA）虽然描述了个体态度、主观规范与个体行为意愿之间的逻辑关系，但该理论既没有具体阐明哪些社会影响因素会分别影响个体的态度和主观规范，也没有区分不同类型的主观规范转化机制会如何影响个体的态度和意愿。而社会认知理论（SCT）认为信任是影响个体行为的重要社会影响因素，社会影响理论（SIT）和修订的社会影响理论（MSIT）更是细致描述了不同类型的社会影响因素（控制型和自愿型）会分别通过不同的主观规范转化机制（顺从、认同和内化）影响个体的态度或意愿。因此，将社会认知理论（SCT）、社会影响理论（SIT）、修订的社会影响理论（MSIT）与理性行为理论（TRA）融合，可以很好的弥补理性行为理论（TRA）在前置变量模糊与路径描绘笼统上的欠缺。②在知识共享领域，已有部分学者（如黄彦婷等，2013；金辉等，2013；Chen et al.，2010；Chai et al.，2010；Lin et al.，2009；Hsu et al.，2008，2007；Lu et al.，2007；Chiu et al.，2006 等）分别运用社会影响理论（SIT）或社会认知理论（SCT）对"社会影响因素如何影响个体知识共享意愿/行为"进行了探索性研究，验证了这两个理论对解释个体知识共享意愿/行为的普适性。

5.2.2　社会影响类因素对教育博客知识共享的一般作用路径

1. 教育博客知识共享的主观规范、意愿与态度

依据社会影响理论（SIT）和修订的社会影响理论（MSIT），影响个体产生（或转变）某一行为的主观规范机制有三种类型，分别为：顺从、认同和内化。顺从是指个体为了从他人或组织获得回报或避免惩罚而被动接受外界给予自身的社会影响；认同是指个体为了建立或维护自己与他人或组织间的友好关系而主动接受外界给予自身的社会影响；内化是指个体认为外界倡导的行为准则与自己已有的价值系统相吻合而自愿接受外界给予自身的社会影响。在本书中，"对教育博客知识共享的顺从"特指用户为了从其他用户或教育博客平台获得回报或避免惩罚而被动接受外界倡导的教育博客知识共享行为；"对教育博客知识共享的认同"特指用户为了建立或维护自己与其他用户或教育博客平台间的友好关系而主动接受外界倡导的教育博客知识共享行为；"对教育博客知识共享的内化"特指用户认为外界倡导的教育博客知识共享行为准则与自己已有的价值系统相吻合而自愿接受教育博客知识共享行为。

虽然理性行为理论（TRA）的创始人 Fishbein 和 Ajzen（1975）认为"个体的态度和主观规范是两个独立的构念，会分别直接影响个体的行为意愿"；但后续很多学者却对此观点提出了质疑的声音，他们认为"个体的态度与主观规范之间应该高度相关，更为准确地说，外界的社会影响力会通过主观规范对个体的态度产生影响"（Lewis et al.，2003；Venkatesh et al.，2000；Ryan，1982）。为此，Venkatesh 等（2000）、Lewis 等（2003）学者运用社会影响理论（SIT）对此问题进行了理论分析，他们的研究结果表明：由于不同类别的主观规范（顺从、认同和内化）的运作机理不同，主观规范不仅可以直接促进行为意愿的产生，还能通过改变个体的行为态度从而间接影响行为意愿。具体而言：顺从会直接影响个体的行为意愿，但并不会改变个体的行为态度；而内化和认同则会直接转变个体的行为态度，进而间接影响个体的行为意愿。

从顺从的本质和内涵出发，当个体是出于顺从而采纳某种外界期望的行为时，那么个体会萌生履行这种行为的意愿以满足外界对自己的期待，并且个体会认为自己这么做可以从外界获得回报或避免惩罚。但问题的关键在于：个体并非是出于行为本身的内容或意义而主动自愿采纳该行为，恰恰相反，个体仅仅将履行行为视为是一种获得外界回报或避免外界惩罚的手段。具体

到教育博客知识共享的情境中，在顺从的作用下，用户并非发自内心的重视或赞赏教育博客知识共享行为，且不会将教育博客知识共享行为视同为自身的信仰或价值观；但迫于对外界压力的顺从，用户还是会产生与其他用户共享知识的意愿。基于此，本书提出如下假设：

假设 5.1：对教育博客知识共享的顺从会积极影响教育博客知识共享的意愿。

从认同和内化的本质和内涵出发，认同是出于个体对维护与他人情感关系的需求，个体会愿意采纳他人期望的行为；内化是由于某种行为与个体本身的价值系统吻合，个体会将该行为纳入自己已有的价值系统，并视为是自身价值系统一部分。在认同和内化的作用下，来自外界的社会影响会改变个体对行为的预设立场，个体会逐渐把外界倡导的行为吸收并转化为自身内部的信念（belief structure），并最终转变自身的行为态度。推演至教育博客知识共享的具体情景中，一方面在认同的作用下，用户为了获得自身"想要的关系"，会"想他人之所想，做他人之所做"，故而会全盘接受其他用户或教育博客平台倡导的知识共享行为；另一方面在内化的作用下，用户会发自内心地认为教育博客知识共享行为与自身既有的价值体系相融合，并将其纳入自身的价值系统。因此无论是内化还是认同，二者均会让用户感知到教育博客知识共享行为是一种正确的行为，即对教育博客知识共享行为持有积极的态度。值得注意的是：认同与内化对改变个体价值系统的方式并不完全相同（Kelman，1958）。认同是用户将教育博客知识共享作为新的内容与原有的价值系统"相加"，此时教育博客知识共享并不与用户原有价值系统发生交互或融合，而仅作为"独立"部分与原有的价值系统并存；内化是用户将教育博客知识共享与自身原有价值系统进行融合，并最终将教育博客知识共享"嵌入"到原有的价值系统中。但无论是通过内化还是认同，教育博客知识共享都终会成为用户价值系统的一部分，催生用户对教育博客知识共享行为产生的积极态度。基于此，本书提出如下假设：

假设 5.2：对教育博客知识共享的认同会积极影响教育博客知识共享的态度。

假设 5.3：对教育博客知识共享的内化会积极影响教育博客知识共享的态度。

依据理性行为理论（TRA），个体的行为态度可以有效预测个体的行为意愿。在知识共享的研究领域，诸多学者的实证研究验证了个体知识共享的态度与个体知识共享的意愿之间存在显著的正向关系。本书在第四章也已验证了教育博客知识共享的态度会对教育博客知识共享的意愿产生积极的影响。故此不再重复提出假设。

2. 控制型社会影响因素与教育博客知识共享的主观规范

本书 5.1.1 节提出了两个控制型社会影响变量——感知的周边群体压力和对博主角色的认知。其中，感知的周边群体压力被定义为"用户对周边群体（如同行、主管领导、学生等）向自身灌输的教育博客知识共享行为支持与否的信息感知"；对博主角色的认知被定义为"用户在其所属的教育博客平台中，对自己博客主人的身份和地位以及与该身份和地位相一致的行为规范的识别和感知"。

如 5.1.1 节所描述的，本书通过借鉴前人相关研究成果和逻辑推演发现：感知的周边群体压力和对博主角色的认知均会积极的影响用户在教育博客的知识共享实践。具体而言：①在感知的周边群体压力的作用下（如：周边群体向用户传输他们对教育博客知识共享行为的积极观点或赞许建议，或用户发现周边群体频频发生教育博客知识共享行为），用户会将教育博客知识共享行为视为是周边群体所倡导的行为，并且用户会清晰地感知到周边群体也期望自身履行教育博客知识共享行为，此时用户出于"从众心理"会萌发在教育博客知识共享的意愿。②在对博主角色的认知的作用下，用户为了满足"外界对自己博主身份的角色期待"，为了向教育博客平台展现自己的忠诚度与归属感，会遵循与其博主身份相一致的行为准则，将教育博客知识共享行为视为自身责无旁贷的义务行为。

虽然本书在 5.1.1 节阐明了感知的周边群体压力和对博主角色的认知与用户在教育博客的知识共享实践间的积极关系，但并未清晰描述二者对用户教育博客知识共享态度或意愿的作用路径。依据社会影响理论（SIT）和修订的社会影响理论（MSIT），控制型社会影响因素会迫使用户对某一行为产生顺从，并借由顺从间接影响用户的行为意愿。将该逻辑推演至教育博客知识共享的具体情景，不难得出：感知的周边群体压力和对博主角色的认知会促使用户对教育博客知识共享行为产生顺从。感知的周边群体压力能对用户行为发挥影响功效与用户天生的"从众心理"息息相关，即用户行为上会表现出服从周边群体意志的倾向；而用户之所以会产生"从众心理"是受到了避免周边群体非议和孤立、获得他人的好评和报偿、排除不确定性和风险等动机的影响。由此可见，在感知的周边群体压力的作用下，用户是出于自我保护而不得不顺从周边群体的意志，并表现出对周边群体倡导行为（即教育博客知识共享行为）的附和，尽管这种顺从可能是表面化的。对博主角色的认知能对用户行为发挥影响功效与"用户渴望满足外界对自己博主身份的角色期待"息息相关，即用户渴望向外界证明自己是一个"称职的博主"，而用户之所以会渴望满足外界对自己博主身份的角色期待同样也是出于获得外界赞赏或避免外界惩罚的诉求。因此，在对博主角色认知的作用下，用户会将教育博客知识共享行为视为与其博主身份相一致的行为准则；用户会尽职地履行教育博客知识共享行为与用户对该行为的个人喜好无关，而仅是为了恪守本分地扮演好"博主"这一角色。基于上述分析，本书提出如下假设：

假设 5.4：感知的周边群体压力会积极影响用户对教育博客知识共享行为的顺从。

假设 5.5：对博主角色的认知会积极影响用户对教育博客知识共享行为的顺从。

3. 自愿型社会影响因素与教育博客知识共享的主观规范

本书 5.1.2 节提出了三个自愿型社会影响变量——信任、平台共享文化和本土社会文化。其中，信任被定义为"用户相信并乐意依赖教育博客平台中的其他用户、自愿承担由其他用户行为所带来的风险、且无须对其他用户行为进行监管和控制的信念"；平台共享文化被定义为"教育博客平台中全体成员普遍认可和遵循的一种正确的感知、思考和处理知识共享的群体心智模式"；本土社会文化被定义为"以儒家文化为主导的价值观念、审美情趣和处世哲学，其长期且持续影响着中国人的价值取向和行为范式"。

在 5.1.2 节，本书通过借鉴前人相关研究成果和逻辑推演发现：信任和平台共享文化均会积极影响用户在教育博客的知识共享实践；本土社会文化对用户教育博客知识共享行为的影响效用具有二元性。具体而言：①教育博客平台的开放性、匿名性等特质使得用户之间的知识共享发生于非正式人际网络和非面对面沟通渠道的背景之下，因此只有当用户彼此间具有高度的信任感时，他们才会放心参与知识共享。②教育博客平台弘扬的"平等、民主"的亲民文化和秉承的"无私、无畏"的价值观理念，极大地释放了用户的"话语权"，激发了用户对私有知识无私奉献的精神与对他人知识无畏探索的热情。③用户由于受到不同本土社会文化变量的熏陶，其在教育博客知识共享的价值取向、心理认知、行为倾向等方面的表象不尽相同。某些本土社会文化变量（如关系、人情、和谐、集体主义等）会促进用户的教育博客知识共享行为，而某些本土社会文化变量（如面子）则会抑制用户的教育博客知识共享行为。

　　虽然本书在 5.1.2 节阐明了信任、平台共享文化和本土社会文化与用户在教育博客的知识共享实践之间存在显著关系，但并未清晰描述三者对用户教育博客知识共享态度或意愿的作用路径。依据社会影响理论（SIT）和修订的社会影响理论（MSIT），在自愿型社会影响因素的作用下，用户会对某一行为产生认同和内化，将该逻辑推演至教育博客知识共享的具体情景，不难得出：信任、平台共享文化和本土社会文化的作用下，用户同样会对教育博客知识共享行为产生认同和内化。

　　从本书对信任的内涵界定出发，一旦用户对其他用户或教育博客平台产生了信任，用户会天然地将其他用户或教育博客平台所倡导的知识共享行为视为对自身有利（或至少是无害）的行为。此时，用户如果能履行其他用户或教育博客平台所倡导的知识共享行为，一方面既能展示自己与其他成员的同质性进而获得用户所需的人际关系；另一方面也能有助于实现用户自身价值的优化。由认同和内化产生的机理可知：个体之所以会认同某种行为，是因为个体发现该行为有助于建立（或维护）自己与他人（或组织）令人满意的关系；个体之所以会内化某种行为，是因为个体发现该行为与个体本身的价值系统相符，并且这种行为的发生会有助于实现个体自身价值的最大化。由此可见，在信任的作用下，用户会更为积极的对外界倡导的教育博客知识共享行为产生认同和内化。基于上述分析，本书提出如下假设：

　　假设 5.6：信任会积极影响用户对教育博客知识共享行为的认同。

　　假设 5.7：信任会积极影响用户对教育博客知识共享行为的内化。

　　从本书对平台共享文化的内涵界定出发，平台共享文化是教育博客平台中全体成员普遍认可和遵循的一种正确的感知、思考和处理知识共享的群体心智模式。在平台共享文化的作用下，用户会将履行教育博客知识共享行为视为一种所有成员应该共同遵循的行为法则和有利于组织与个人利益最大化的价值理念。此时，用户一方面为了表现出自身言行与其他成员的一致性，会积极对教育博客知识共享行为产生认同；另一方用户会清楚地知道教育博客知识共享行为不仅有利于平台整体利益也有利于自己的个人利益，进而积极地内化该行为。基于上述分析，本书提出如下假设：

　　假设 5.8：平台共享文化会积极影响用户对教育博客知识共享行为的认同。

　　假设 5.9：平台共享文化会积极影响用户对教育博客知识共享行为的内化。

从本书对本土社会文化的内涵界定出发，本土社会文化是长期且持续影响着中国人的价值取向和行为范式。作为高阶的"源"文化，本土社会文化与平台共享文化的运行机理类似，同样会深刻影响用户对教育博客知识共享行为的认同和内化。但与平台共享文化所倡导的"教育博客知识共享行为是一种正确的行为价值观"有所不同，本土社会文化是一个错综复杂的文化系统，蕴含着诸多中国人深层的社会心理意象，其包含的有些文化变量（如关系、人情、和谐、集体主义）倡导教育博客知识共享行为是一种积极行为，但其包含的另一些文化变量（如面子文化）则倡导教育博客知识共享行为是一种消极行为。基于上述分析，本书提出如下假设：

假设 5.10：本土社会文化与用户对教育博客知识共享行为的认同之间存在二元效应，即某些本土社会文化变量会促进用户对教育博客知识共享行为的认同，而某些本土社会文化变量则会抑制用户对教育博客知识共享行为的认同。

假设 5.11：本土社会文化与用户对教育博客知识共享行为的内化之间存在二元效应，即某些本土社会文化变量会促进用户对教育博客知识共享行为的内化，而某些本土社会文化变量则会抑制用户对教育博客知识共享行为的内化。

基于前文的逻辑分析与假设提出，本书构建了如图 5-1 所示的理论模型，以揭示社会影响类因素对教育博客知识共享的一般作用路径。在图 5-1 中，

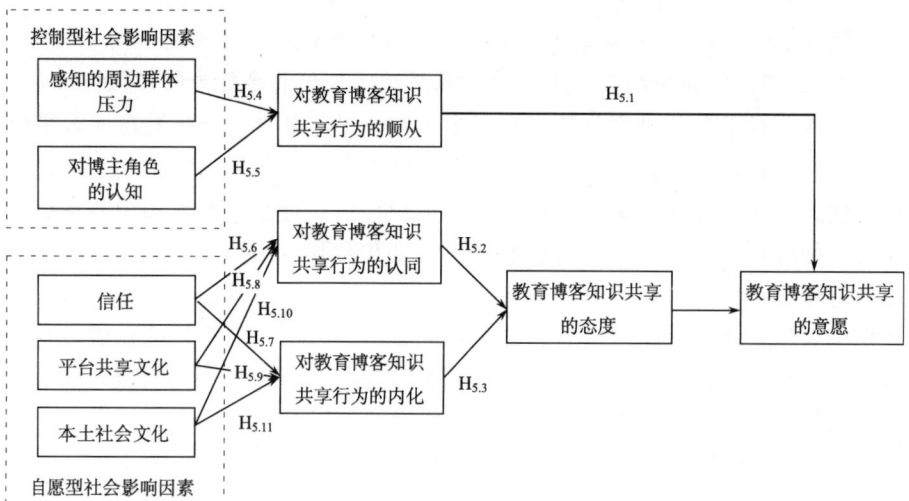

图 5-1　社会影响类因素对教育博客知识共享的一般作用路径

自变量分别为：感知的周边群体压力、对博主角色的认知、信任、平台共享文化、本土社会文化；中介变量分别为：对教育博客知识共享行为的顺从、对教育博客知识共享行为的认同、对教育博客知识共享行为的内化、教育博客知识共享的态度；因变量为教育博客知识共享的意愿。

5.3　社会影响类因素对教育博客知识共享影响效用的实证检验

5.3.1　量表设计与数据采集

1. 量表设计与修订

本书采用问卷调查法对 5.2 节提出的社会影响类因素对教育博客知识共享的一般作用路径及相关研究假设进行了检验。如图 5-1 所示，问卷调查涉及的测量变量包括：感知的周边群体压力、对博主角色的认知、信任、平台共享文化、本土社会文化、对教育博客知识共享行为的顺从、对教育博客知识共享行为的认同、对教育博客知识共享行为的内化、教育博客知识共享的态度、教育博客知识共享的意愿。其中，本土社会文化是一个错综复杂的抽象化概念，在中国情境下表现为"崇尚关系、追求和谐、讲求面子、注重人情、忠于集体"等诸多特征，故而难以在一项研究中穷尽影响教育博客知识共享的所有本土社会文化变量。鉴于此，本书拟选取"集体主义导向"和"面子导向"作为代表性研究变量。集体主义导向是指"一种将集体利益置于个体利益之上的个体心理倾向"；面子导向是指"一种为了迎合某一社会圈认同的形象而关心和维护面子的个体心理取向"。

为了保障调研数据的信度和效度，本书尽量沿用国内外相关研究成果中的成熟量表，并结合教育博客知识共享的具体情境加以修订与完善。另外需要说明的是：所有变量的测量均聚焦于个体层面。易引起争议的是"从个体层面采集组织文化（平台共享文化）和国家文化（本土社会文化）数据"是否合理。对此本书引用前人的研究成果，作出如下解释：首先文化客观存在于个体、组织和国家等多个层面，当文化作为自变量预测个人层面上的结果变量时，文化必须在个体层面上测量（Hofstede，1994）；其次就组织文化和国家文化而言，每个个体对组织文化和国家文化的理解和接受程度不同，用组织层面的组织文化整体得分和国家层面的国家文化整体得分去预测个体的行为态度和意愿显然是一种生态谬论（Hwang et al.，

2007）。

1）教育博客知识共享的态度和意愿

与本书 4.3.1 节一致，教育博客知识共享的态度和意愿的测量量表源自 Taylor 等（1995b）、Venkatesh 等（2003）、Bock 等（2005）的研究成果，由于原始量表未聚焦于教育博客知识共享情景，故结合教育博客知识共享具体情境对原始量表进行了修订。其中，教育博客知识共享的态度有 4 个题项，代表题项有"我认为在教育博客中和他人共享知识是一种有益的行为"等；教育博客知识共享的意愿有 3 个题项，代表题项有"我愿意在教育博客中和他人共享我的工作经验以及如何解决问题的方法"等。

2）对教育博客知识共享行为的顺从、认同和内化

对教育博客知识共享行为的顺从、认同和内化的测量量表源自 Malhotra 等（2003）、Hwang 等（2007）的研究成果，由于原始量表未聚焦于教育博客知识共享情景，故结合教育博客知识共享具体情境对原始量表进行了修订。其中，对教育博客知识共享行为的顺从有 3 个题项，代表题项有"作为平台的一名成员，我应该响应平台和其他用户倡导的知识共享行为"；对教育博客知识共享行为的认同有 3 个题项，代表题项有"我喜欢在教育博客进行知识共享是因为这样做会有助于我和其他用户保持良好的人际关系"；对教育博客知识共享行为的内化有 3 个题项，代表题项有"我认为教育博客知识共享行为与我的价值观念相吻合"。

3）感知的周边群体压力

感知的周边群体压力的测量量表改编自 Taylor 等（1995b）、Venkatesh 等（2000）的研究成果，并结合教育博客知识共享具体情境进行了修订。修订后的量表共有共 2 个题项，代表题项有"我感觉到我身边的朋友/同事认为我应该积极参与教育博客知识共享实践"。

4）对博主角色的认知

对博主角色的认知的测量量表改编自 Chiu 等（2006）、Bagozzi 等（2002）、Nahapiet 等（1998）的研究成果，并结合教育博客知识共享具体情境进行了修订。修订后的量表共有 4 个题项，代表题项有"我对教育博客平台有一种强烈的归属感"。

5）信任

信任的测量量表改编自 Hsu 等（2007）、Lee 等（2003）、Ridings 等（2002）的研究成果，并结合教育博客知识共享具体情境进行了修订。修订后的量表共有 4 个题项，代表题项有"我觉得教育博客平台中的其他博主是值得信赖

的"。

6）平台共享文化

平台共享文化的测量量表改编自 Chiu 等（2006）、Nahapiet 等（1998）、Tsai 等（1998）的研究成果，并结合教育博客知识共享具体情境进行了修订。修订后的量表共有 4 个题项，代表题项有"与他人分享知识是教育博客平台所有成员共同持有的正确价值观"。

7）集体主义导向

集体主义导向的测量量表改编自 Hofstede（1980）、王国保（2010）开发的量表。改编后的量表共有 5 个题项，代表题项有"只有在考虑了集体的利益之后，我才会追求个人的目标"。

8）面子导向

面子导向的测量量表改编自 Huang 等（2008、2011）、Zhang 等（2011）开发的量表。改编后的量表共有 5 个题项，代表题项有"当沟通对象谈及我的弱项时，我总希望转移话题"。

在量表打分方面，除背景统计变量外，所有变量均采用李克特 7 等级量表设计，其中 7 表示完全符合，4 表示一般，1 表示完全不符合。在量表翻译方面，采用了背对背回译法，以确保中文量表能真实反映原始英文量表的内涵。为了减少社会称许性偏差，问卷指导语处说明了本次调查为纯学术研究，并强调了被调查者信息会进行匿名和保密处理。

2. 样本选择与数据采集

所有调查对象设定为有过在教育博客知识共享经历的高校教师。受时间、空间、人力等因素制约，调查集中在江苏 17 所高校展开，如南京大学、东南大学、南京航空航天大学等。数据采集自 2015 年 3 月 1 日起，至 2015 年 6 月 26 日终。数据采集运用了现场发放和在线发放相结合的方式，共计发放问卷 300 份，回收问卷 245 份，回收率为 81.667%；剔除无效问卷 27 份，最终获得有效问卷 218 份，有效回收率是 72.667%。依据 Gorsuch（1983）的建议：样本量的大小要满足测量题项和被试的数据比例在 1：5 以上。本研究测量题项数为 40 项，样本容量基本满足统计分析的要求。背景统计变量包括：性别、年龄、学历、工作年限、职称和学科领域，具体样本特征分布状况如表 5-4 所示。

表 5-4　样本描述性统计

统计项		频率	百分比/%	统计项		频率	百分比/%
性别	男	111	50.9	学历	本科	58	26.6
	女	107	49.1		硕士	107	49.1
年龄	26~30 岁	46	21.1		博士	53	24.3
	31~35 岁	82	37.6	学科领域	生命科学	7	3.2
	36~40 岁	46	21.1		医学科学	6	2.8
	41~45 岁	27	12.4		化学科学	5	2.3
	46 岁及以上	17	7.8		材料科学	13	6.0
职称	助教	42	19.3		信息科学	16	7.3
	讲师	98	45.0		法律科学	6	2.8
	副教授	64	29.4		数理科学	14	6.4
	教授	14	6.4		管理科学	49	22.5
工作年限	5 年及以下	66	30.3		心理科学	8	3.7
	6~10 年	60	27.5		语言科学	20	9.2
	10~15 年	42	19.3		教育科学	20	9.2
	16~20 年	28	12.8		政治科学	8	3.7
	21 年及以上	22	10.1		其他	46	21.1

5.3.2　数据分析与模型检验

本书采用结构方程模型（structural equaion model，简称 SEM）来对理论模型和研究假设进行检验，采用的软件是 AMOS 17.0。SEM 是一种以回归分析为基础的多变量技术，其目的在于探究多变数间的因果关系（MacCallum et al.，1994）。SEM 分为测量方程分析和结构方程分析两部分。测量方程描述的是潜变量与观测指标之间的关系，旨在检验观测指标及其测量数据的质量；结构方程描述的是潜变量与潜变量之间的因果关系，旨在检验理论模型中的路径假设是否成立。

1. 测量模型分析

本书采用 SEM 技术，通过验证性因子分析（confirmatory factor analysis，

简称 CFA），对测量模型进行了检验。评价的内容具体涉及信度、聚合效度和区分效度。其中信度分析采用建构信度（construct reliability，简称 CR）和 Cronbach α 来测算；聚合效度采用潜变量提取平均方差抽取量（average variance extracted，简称 AVE）来测算；区分效度通过对比潜变量的 AVE 平方根与该潜变量和其他潜变量间的相关系数进行检验。

　　如表 5-5 所示：所有变量的 α 值介于 0.758～0.919，均大于标准阈值 0.7（Robinson，1996）；且各变量的 CR 值介于 0.756～0.916，均大于标准阈值 0.6（Bagozzi et al.，1988），表明对变量的数据测量信度较高。同时，各变量的 AVE 值介于 0.517～0.783，均大于标准阈值 0.5（Bagozzi et al.，1988），表明变量的数据测量具有良好的聚合效度。

表 5-5　信度与聚合效度检验

变量	题项数	α 值	CR 值	AVE 值
感知的周边群体压力	2	0.758	0.756	0.517
对博主角色的认知	4	0.823	0.825	0.584
信任	4	0.887	0.889	0.621
平台共享文化	4	0.809	0.812	0.610
集体主义导向	5	0.852	0.850	0.639
面子导向	5	0.849	0.851	0.532
对教育博客知识共享行为的顺从	3	0.919	0.916	0.731
对教育博客知识共享行为的认同	3	0.853	0.850	0.656
对教育博客知识共享行为的内化	3	0.881	0.879	0.708
教育博客知识共享的态度	4	0.918	0.915	0.783
教育博客知识共享的意愿	3	0.889	0.902	0.748

　　根据 Fornell 等（1981）的建议，在 CFA 中，区分效度的评估可以将平均方差抽取量（AVE）的平方根与该潜变量与其他潜变量之间的相关系数进行比较，如果前者远远大于后者，则说明每一个潜变量与其自身的测量项目分享的方差要大于与其他测量项目分享的方差，表明不同潜变量的测量项目之间具有明显的区分效度。如表 5-6 所示：各变量的 AVE 平方根（对角线部分数据）均大于该变量与其他变量之间的相关系数，表明各变量的数据测量具有良好的区分效度。

表 5-6 区分效度检验

变量	感知的周边群体压力	对博主角色的认知	信任	平台共享文化	集体主义导向	面子导向	对教育博客知识共享行为的顺从	对教育博客知识共享行为的认同	对教育博客知识共享行为的内化	教育博客知识共享的态度	教育博客知识共享的意愿
感知的周边群体压力	0.719										
对博主角色的认知	0.249	0.764									
信任	0.167	0.287	0.788								
平台共享文化	0.263	0.219	0.236	0.781							
集体主义导向	0.218	0.301	0.241	0.116	0.799						
面子导向	0.104	0.153	0.138	-0.294	-0.191	0.729					
对教育博客知识共享行为的顺从	0.455	0.562	0.278	0.238	0.259	0.243	0.855				
对教育博客知识共享行为的认同	0.314	0.385	0.453	0.317	0.320	-0.305	0.221	0.810			
对教育博客知识共享行为的内化	0.322	0.324	0.318	0.487	0.465	-0.473	0.298	0.221	0.841		
教育博客知识共享的态度	0.292	0.349	0.423	0.471	0.425	-0.416	0.281	0.482	0.516	0.885	
教育博客知识共享的意愿	0.521	0.422	0.458	0.460	0.410	-0.434	0.547	0.521	0.544	0.564	0.865

2. 结构模型分析

本书构建的结构模型分为前因变量、中介变量和结果变量三部分；前因变量包括感知的周边群体压力、对博主角色的认知、信任、平台共享文化、集体主义导向和面子导向；中介变量包括对教育博客知识共享行为的顺从、认同、内化和教育博客知识共享的态度；结果变量为教育博客知识共享的意愿。本研究采用软件 AMOS17.0 对结构模型进行计算，采用固定负荷法和极大似然法估计，结构模型的测算结果如图 5-2 所示。

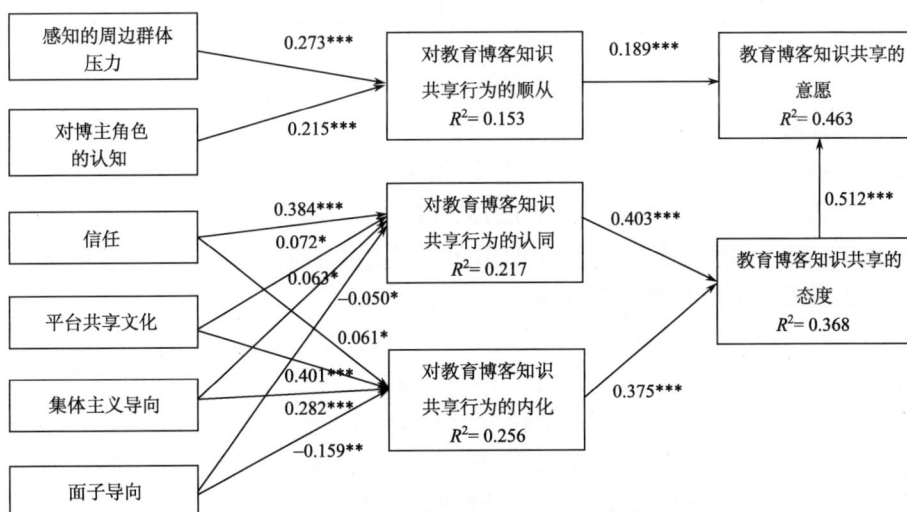

图 5-2　社会影响类因素对教育博客知识共享作用路径的 SEM 检验结果

CMIN/DF=4.118；RMSEA= 0.052；GFI=0.902；NFI=0.913；IFI=0.915；CFI=0.915；*表示 $P<0.1$；**表示 $P<0.05$；***表示 $P<0.01$

从图 5-2 可知：结构模型的 CMIN/DF= 4.118，低于标准阈值 5，达到卡方统计量的要求；RMSEA = 0.052，低于标准阈值 0.08；GFI = 0.902、NFI = 0.913、IFI = 0.915、CFI = 0.915，均高于标准阈值 0.9。由此可见，结构模型的整体拟合度良好，模型的测算结果可以接受。与此同时，结构模型解释了"对教育博客知识共享行为的顺从"方差的 15.3%、"对教育博客知识共享行为的认同"方差的 21.7%、"对教育博客知识共享行为的内化"方差的 25.6%、"教育博客知识共享的态度"方差的 36.8%、"教育博客知识共享的意愿"方差的 46.3%，所有构念的解释力度均超出了 Falk 和 Miller 建议的 10%，表明结构模型具有较高的解释力度。

判定假设检验关系成立与否的标准为：路径系数的显著性水平 $P < 0.1$ 为弱显著，假设部分成立；路径系数的显著性水平 $P < 0.05$ 为显著，假设成立；路径系数的显著性水平 $P < 0.01$ 为强显著，假设成立。依据这一标准，结构模型的各路径假设检验结果如下：

（1）对教育博客知识共享行为的顺从与教育博客知识共享的意愿之间的路径系数为 0.189，且在 0.01 水平显著，说明假设 5.1 得到了支持，即对教育博客知识共享的顺从会积极影响教育博客知识共享的意愿。

（2）对教育博客知识共享行为的认同和内化与教育博客知识共享的态度之间的路径系数分别为 0.403 和 0.375，且均在 0.01 水平显著，说明假设 5.2 和假设 5.3 得到了支持，即对教育博客知识共享的认同和内化均会积极影响教育博客知识共享的态度。

（3）感知的周边群体压力和对博主角色的认知与对教育博客知识共享行为的顺从之间的路径系数分别为 0.273 和 0.215，且均在 0.01 水平显著，说明假设 5.4 和假设 5.5 得到了支持，即感知的周边群体压力和对博主角色的认知均会积极影响用户对教育博客知识共享行为的顺从。

（4）信任与对教育博客知识共享行为的认同之间的路径系数为 0.384，且在 0.01 水平显著，说明假设 5.6 得到了支持，即信任会积极影响用户对教育博客知识共享行为的认同；信任与对教育博客知识共享行为的内化之间的路径系数为 0.061，且在 0.1 水平显著，说明假设 5.7 得到了部分支持，即信任在一定程度上会积极影响用户对教育博客知识共享行为的内化。

（5）平台共享文化与对教育博客知识共享行为的认同之间的路径系数为 0.072，且在 0.1 水平显著，说明假设 5.8 得到了部分支持，即平台共享文化在一定程度上会积极影响用户对教育博客知识共享行为的认同；平台共享文化与对教育博客知识共享行为的内化之间的路径系数为 0.401，且在 0.01 水平显著，说明假设 5.9 得到了支持，即平台共享文化会积极影响用户对教育博客知识共享行为的内化。

（6）集体主义导向和面子导向与对教育博客知识共享行为的认同之间的路径系数分别为 0.063 和 −0.050，且在 0.1 水平显著，说明假设 5.10 得到了部分支持，即本土社会文化与用户对教育博客知识共享行为的认同之间存在一定程度的二元效应，即某些本土社会文化变量（集体主义导向）会促进用户对教育博客知识共享行为的认同，而某些本土社会文化变量（面子导向）则会抑制用户对教育博客知识共享行为的认同。

（7）集体主义导向和面子导向与对教育博客知识共享行为的内化之间的路径系数分别为 0.282 和–0.159，且分别在 0.01 和 0.05 水平显著，说明假设 5.11 得到了支持，即本土社会文化与用户对教育博客知识共享行为的内化之间存在二元效应，即某些本土社会文化变量（集体主义导向）会促进用户对教育博客知识共享行为的内化，而某些本土社会文化变量（面子导向）则会抑制用户对教育博客知识共享行为的内化。

主体模型与假设检验结果汇总情况见表 5-7。

表 5-7　主体模型与假设检验结果汇总情况

假设序号	路径	路径系数	假设是否支持
H5.1	对教育博客知识共享行为的顺从 → 教育博客知识共享的意愿	0.189***	支持
H5.2	对教育博客知识共享行为的认同 → 教育博客知识共享的态度	0.403***	支持
H5.3	对教育博客知识共享行为的内化 → 教育博客知识共享的态度	0.375***	支持
H5.4	感知的周边群体压力 → 对教育博客知识共享行为的顺从	0.273***	支持
H5.5	对博主角色的认知 → 对教育博客知识共享行为的顺从	0.215***	支持
H5.6	信任 → 对教育博客知识共享行为的认同	0.384***	支持
H5.7	信任 → 对教育博客知识共享行为的内化	0.061*	部分支持
H5.8	平台共享文化 → 对教育博客知识共享行为的认同	0.072*	部分支持
H5.9	平台共享文化 → 对教育博客知识共享行为的内化	0.401***	支持
H5.10	本土社会文化 → 对教育博客知识共享行为的认同	0.063*　　－0.050*	部分支持
H5.11	本土社会文化 → 对教育博客知识共享行为的内化	0.282***　　－0.159**	支持

*表示 $P<0.1$；**表示 $P<0.05$；***表示 $P<0.01$

5.3.3　结论解释

1. 教育博客知识共享的主观规范、意愿与态度

依据社会影响理论（SIT）和修订的社会影响理论（MSIT），本书将影

响用户教育博客知识共享行为的主观规范细分为三个研究变量，分别为：对教育博客知识共享行为的顺从、认同和内化。假设 5.1 的成立，表明"对教育博客知识共享行为的顺从直接影响用户教育博客知识共享的意愿"的作用路径得以验证；假设 5.2 和假设 5.3 成立，表明"对教育博客知识共享行为的认同和内化会直接影响用户教育博客知识共享的态度进而间接影响用户教育博客知识共享的意愿"的作用路径得以验证。假设 5.1、假设 5.2、假设 5.3 的成立也再次验证了虽然从表面上看个体最终的行为结果可能相同，但不同类型的主观规范（顺从、认同和内化）的运作机理不同，"顺从直接影响个体的行为意愿但并不会改变个体的行为态度"、"内化和认同直接转变个体的行为态度进而间接影响个体的行为意愿"的研究范式对于解释用户在教育博客知识共享的行为实践同样适用。

2. 控制型社会影响因素与教育博客知识共享的主观规范

本书提出了两个控制型社会影响变量：感知的周边群体压力和对博主角色的认知。假设 5.4 和假设 5.5 的成立，既证实了感知的周边群体压力和对博主角色的认知均会积极且显著影响用户对教育博客知识共享行为的顺从，也验证了社会影响理论（SIT）和修订的社会影响理论（MSIT）对解释"控制型社会影响因素会直接影响用户对教育博客知识共享行为的顺从"的适用性。

3. 自愿型社会影响因素与教育博客知识共享的主观规范

本书提出了三个控制型社会影响变量：信任、平台共享文化和本土社会文化。假设 5.6 的成立和假设 5.8、假设 5.10 的部分成立，证实了信任、平台共享文化和本土社会文化会影响用户对教育博客知识共享行为的认同；假设 5.7 的部分成立和假设 5.9、假设 5.11 的成立，证实了信任、平台共享文化和本土社会文化会影响用户对教育博客知识共享行为的内化；与此同时，假设 5.6 至假设 5.11 的成立（或部分成立）也表明社会影响理论（SIT）和修订的社会影响理论（MSIT）对解释"自愿型社会影响因素会直接影响用户对教育博客知识共享行为的认同和内化"的适用性。

值得一提的是，由图 5-2 和表 5-7 的数据检验结果可知，"信任与对教育博客知识共享行为的认同"之间的路径系数要明显强于"信任与对教育博客知识共享行为的内化"之间的路径系数，而"平台共享文化和本土社会文化与对教育博客知识共享行为的内化"之间的路径系数要明显强于"平台共享文化和本土社会文化与对教育博客知识共享行为的认同"之间的路径系数。

这意味着信任主要是通过用户对教育博客知识共享行为的认同来发挥影响功效，而平台共享文化和本土社会文化则主要通过用户对教育博客知识共享行为的内化来发挥影响功效。对此，本书尝试从认同和内化的产生诱因出发，对信任、平台共享文化和本土社会文化的影响功效差异做出如下解释：①认同是指个体为了建立或维护自己与他人或组织良好的关系而接受外界给予自身的社会影响，此时个体采纳外界倡导的行为准则是为了维系或获得自身想要的"关系"（desired relationship）。由此可见，关系是认同产生的诱因，故而用户对教育博客知识共享行为的认同更多受到表征关系的社会因素（如信任）的影响。②内化是指个体发现该行为与个体本身的价值系统相符，并且这种行为的发生会有助于实现个体自身价值最大化（maximization of his values）而接受外界给予自身的社会影响。由此可见，价值观匹配是内化产生的诱因，故而用户对教育博客知识共享行为的内化更多受到塑造个体价值观的社会因素（如平台共享文化和本土社会文化）的影响。

5.4　社会影响驱动下的教育博客知识共享治理对策

虽然教育博客知识共享行为是一种用户自发产生的个体行为，但该行为总是高度嵌入于一定的社会情境之中，故而必然会受到来自外界的各种社会影响因素的干预、诱导或调试。结合上文关于"社会影响对教育博客知识共享的一般作用路径"的实证研究结论，本书认为：从社会影响视角出发，教育博客服务运营商和相关利益第三方可以分别通过"控制型社会影响因素"和"自愿型社会影响因素"两个方面对用户施加情景诱导和措施干预，让用户对教育博客知识共享行为产生顺从、认同甚至内化，进而改善用户的教育博客知识共享态度、提升用户的教育博客知识共享意愿。

5.4.1　基于控制型社会影响因素的教育博客知识共享治理对策

依据社会影响理论（SIT），外界通过施加控制型社会影响因素，可以让个体对某一特定行为产生顺从；控制型社会影响因素虽然无法改变个体对待行为的态度，但其对增进个体的行为意愿具有较强的说服性和干预性。本书将影响用户教育博客知识共享的控制型社会影响因素划分为感知的周边群体压力和对博主角色的认知两个变量，且分别验证了这两个变量均会直接影响用户在教育博客的知识共享意愿。鉴于感知的周边群体压力和对博主角色的认知对于用户的教育博客知识共享意愿具有强烈的控制力量，本书认为教育博客服务运营商和相关利益第三方可以通过强化用户对"周边群体压力的感知"和"自身博主角色的认知"，借由顺从机制让用户迫于"压力"履行教育博客知识共享行为。

1. 强化用户对周边群体压力的感知

周边群体对个体施压主要通过两种途径，其一周边群体可以向个体"直接传达"语言上的建议和观点（如赞成或不赞成该特定行为），其二周边群体可以向个体"间接释放"行为上的展示或示范（如周边群体是否经常发生该特定行为）（Hartshorne et al.，2009）。为此，教育博客服务运营商和相关利益第三方可以综合运用上述两种途径，通过周边群体的施压，向用户传达、灌输或暗示教育博客知识共享行为是一种值得倡导的行为。

"直接传达"是一种舆论导向的干预措施。在这方面，教育博客服务运营商和相关利益第三方可以通过各种宣传和教育手段，营造出一种社会舆论压力，让用户明确意识到教育博客知识共享行为的重要性和紧迫性。例如，教育行政部门可以积极向其所管辖范围内的用户推荐教育博客平台，通过加大对教育博客知识共享行为的宣传力度，引导广大用户都参与教育博客知识共享实践（樊景新，2013）；教育博客服务运营商可以就教育博客上的某些热点问题定期或不定期举办座谈会，以引起更多现实和潜在的用户对教育博客知识共享的关注（郭琳，2009）；教育行政部门和教育博客服务运营商还可以强强联合，面向用户举办有关教育博客知识共享方面的讲座和报告，从而增加用户对教育博客知识共享的理解，激发用户参与教育博客知识共享的积极性（张杰等，2012）。

"间接释放"是一种示范导向的干预措施。在这方面，教育博客服务运营商和相关利益第三方可以采取"树榜样、立标杆"的手段，让用户在以榜样、标杆为鉴的同时潜移默化地感受到教育博客知识共享行为是一种值得倡导的行为。例如，教育博客服务运营商和教育行政部门可以打造一批"名人教育博客"（徐满等，2013），一方面"名人"（如国内知名教育专家、教学名师等）的言论影响力较大，周边往往聚集着大量的"粉丝"，因此"名人"创建教育博客可以吸引和带动众多"粉丝"关注甚至使用教育博客（陶龙超，2009）；另一方面，"名人"用户在教育博客平台的知识共享行为可以起到很好的引领和表率作用，可以调动"粉丝"用户也积极参与到教育博客知识共享实践中来（谢园园，2013）。

2. 强化用户对博主角色的认知

用户对博主角色的认知是指用户对自身博主身份、地位及与该身份和地位相一致的行为规范的识别和感知。角色认知是角色扮演的先决条件，用户只有在对自身博主角色认知十分清晰的情况下才能很好地扮演好博主角色，反之角色不明则会让用户产生混沌、局促甚至不安。依据有关角色认知的相关理论研究，强化个体对某一角色的认知主要包括两种途径，一是强化个体对角色规范的认知，二是强化个体对角色评价的认知；前者旨在让个体明确角色赋予自身的行为责任和义务，后者旨在让个体知晓外界会如何评价自身角色扮演的好坏。基于此，教育博客服务运营商和相关利益第三方可以分别通过强化用户对博主角色的规范认知和评价认知，进而对用户的教育博客知识共享行为施加干预。

在强化用户对博主角色的规范认知方面，教育博客服务运营商和相关利益第三方要让用户清晰感受到履行教育博客知识共享行为是自身作为博主应该承担的职责和应尽的义务。例如，在用户创建教育博客之初，教育博客服务运营商就可以通过用户协议的方式，让用户明白教育博客知识共享行为是与博主身份相匹配的一种行为规范，作为一名合格的博主应该频繁且持续的与其他用户进行知识共享。

在强化用户对博主角色的评价认知方面，教育博客服务运营商和相关利益第三方要让用户明确感受到平台或其他用户会以教育博客知识共享行为绩效的高低来评判用户博主角色扮演的好坏。例如，教育博客服务运营商可以通过定期（如每周/每月）公布知识分享踊跃的博主名单、置顶（或推送）优质知识分享博文等方式，将用户的教育博客知识共享行为与用户的博主声誉对接，来强化用户对"教育博客知识共享习行为会受到社会称许"的感性认知（Hsu et al.，2008；吴祐昕，2008）。

另外，强化对用户的人文关怀既可以增进用户对教育博客平台的归属感，也可以强化用户对自身博主角色的认知。例如，梳理用户资料，在用户生日当天发送电子祝福卡片，甚至可以制造一些惊喜活动；根据用户所登记的知识偏好和用户的知识查询历史发送最新的相关讨论主题和知识更新信息；祝贺每一位用户的晋级；用电子邮件向长期未登录的老用户进行问候，并介绍最新的知识内容等。

5.4.2　基于自愿型社会影响因素的教育博客知识共享治理对策

依据社会影响理论（SIT），自愿型社会影响因素会直接改变个体对待行为的态度，让个体发自内心的接受行为准则，并且这种态度的改变是由内及外地根植于个体的信念、价值观（而无需外界的说服或监控）。本书将影响用户教育博客知识共享的自愿型社会影响因素划分为信任、平台共享文化和本土社会文化，且分别验证了三者均会分别通过认同和内化机制影响用户对待教育博客知识共享的态度。基于此，本书认为教育博客服务运营商和相关利益第三方可以通过"提升用户对信任关系的感知"、"优化用户对平台共享文化和本土社会文化的价值观取向"，潜移默化、循循善诱地让用户自发地产生教育博客知识共享行为。

1. 提升用户对信任关系的感知

用户参与教育博客知识共享不仅仅是为了获取或分享知识，他们还渴望通过博客平台去结识人脉、获得支持、建立友谊——即获得高质量的人际信任关系（Zhang et al.，2003；Andrews，2002；Hof et al.，1997）；而这种信任关系一旦建立，用户就会受其牵绊，更加自愿且积极地参与教育博客知识共享实践（Chen et al.，2010；Hsu et al.，2007；Andrews et al.，2002；Ridings et al.，2002）。但是由于教育博客的自身特点，其用户来源广泛且流动频繁，用户之间往往缺乏了解，人际关系较为松散且脆弱，因此信任难以建立（Chen et al.，2010）。

前人对信任的大量研究表明人际信任并非一个单一维度的构念（Hsu et al.，2007；Abrams et al.，2003；Levin et al.，2003；Käser et al.，2001；McAllister，1995；Mayer et al.，1995）。对于管理者而言，了解信任的不同维度和构成，就可以有针对性地设计对策和措施来提升人际信任（Chai et al.，2010）。从不同视角出发，信任的维度划分也各不相同。有些学者从信任的水平出发，依据人际关系的亲疏远近程度对信任进行了维度区分。例如，Käser 等（2001）提出信任水平从低到高依次可分为：恐吓型信任（金钱交换）、算计型信任（社会交换）、知识型信任（指导关系）、认同型信任（群体关系）和关怀型信任（合作关系）。还有学者从信任的构成出发，依据信任产生的来源对信任进行了维度界定。例如，Mayer 等（1995）将信任区分为善良信任、正直信任和能力信任；Levin 等（2003）将信任分为基于能力的信任和基于善心的信任等。在众多学者的划分中，来自 McAllister（1995）的维度划分方法具有较大的影响力。McAllister（1995）将信任划分为认知型信任（cognition-based trust）和情感型信任（affect-based trust），前者是以对被信任者的能力或可靠性的认知判断为基础，后者则是以信任双方情感联系强度和质量为基础。

依据 McAlliste（1995）对人际信任的二分法，本书建议教育博客服务运营商可以分别采取不同的措施来提升用户之间的认知型信任和情感型信任。一方面，由于认知型信任是建立在信任方对被信任方的能力、专业、品性的理性判断基础之上，因此该信任的构建需要信任方尽可能多地获取被信任方的相关背景信息（Lin et al.，2009；Hsu et al.，2008；Miura，2007；Sharratt et al.，2003）。基于此，教育博客服务运营商可以通过完善用户信息建档和用户间信息披露的方式来增进用户之间的相互了解。例如，当用户在注册时，要求用户提供相对完善的个人信息（如教育、行业、职业、工作年限等个体背景统计信息）；当用户在浏览其他博主页面时，可以便捷查阅到该博主的相关个人信息（Lin et al.，2009）。另一方面，由于情感型信任是建立在信任方与被信任方的情感交流的感性认知基础之上，因此该信任的构建需要信任方与被信任方大量的人际互动。基于此，教育博客服务运营商应致力于完善各种沟通渠道和举办各种形式的平台活动来促进用户之间频繁的社交（Collins，2001），进而增进用户之间的情感交融（廖方伟，2011；Chai et al.，2010）。例如，教育博客平台既可以提供各种线上沟通渠道（如留言板，聊天室，论坛等）来提高用户在线沟通的机会、频率和时间，加强用户之间的彼此了解；还可以举办各种线下社交活动（如面对面的讨论会、用户俱乐部等），通过一次次真实的接触为用户创造更多相互了解、友好沟通、彼此关爱的机会，进而增进对彼此的情感（Lin et al.，2009；Hsu et al.，2007）。除此以外，教育博客平台还可以提供基于知识兴趣的成员分组功能，使那些志同道合的用户能够在一起更为便捷的沟通交流，这样可以将用户缩小在虚拟但相对稳定的人际圈子里，从而降低知识交流的风险，继而建立起比其他游散虚拟成员更加牢固的人际信任（王东等，2012）。

2. 优化用户对平台共享文化和本土社会文化的价值观取向

无论是平台共享文化（组织文化层面）还是本土社会文化（国家文化层面）均关系到在特定文化情境中组织知识共享实践的成败。作为一种无形准则、群体思维模式和精神能量，适宜的文化会在教育博客平台内部营造一种良好的知识共享氛围，让每个成员对知识共享产生强烈的心理共鸣，激发成员积极的知识共享态度和意愿，从而引导成员产生持续且持久的知识共享行为。为此，教育博客服务运营商一方面要在平台内部打造积极的共享文化，努力实现用户个体价值观与平台共享文化价值观相匹配；另一方面，应采取有效措施发挥本土社会文化因素对用户知识共享的积极效应，避免其对用户知识共享的消极效应，竭力引导有利于用户积极共享知识的价值观。

在打造平台共享文化方面。教育博客服务运营商必须清晰界定"平台共享文化"的内核，即厘清"什么样的平台共享文化会有效促进用户的知识共享行为"。依据前人的相关研究成果（陈明等，2009；阎继宏，2008；万新安，2008；Connelly et al., 2003；Mohr et al., 1995），一个对知识共享产生积极影响的组织文化往往包含"鼓励学习、开放互动、和谐信任、创新变革、诚实合作、容许失败、以人为本"等诸多内涵。结合教育博客平台自身的特点，本书认为教育博客的平台共享文化应至少具备"平等、民主、无私、无畏"四大内核。一方面，"平等、民主"的亲民文化将有助于打破用户对身份、地位的思想禁锢，极大地释放用户的"话语权"，让每一个用户都可以袒露心声并按照自己的意愿决定知识共享的内容和方式，进而促使用户之间的知识共享得以实现；另一方面，"无私、无畏"的价值观理念将有效激发用户对知识的无私奉献与无畏探索的精神，抵制用户对知识产权的自我保护意识，激励用户通过频繁的知识共享让自身变得越来越"博"。

在引导本土社会文化积极效应方面。教育博客服务运营商首先应甄别哪些本土社会因素是影响用户教育博客知识共享行为的关键文化变量，并厘清在这些关键文化变量中，哪些会对用户知识共享行为产生积极效应，哪些又会对用户知识共享行为产生消极效应。在此基础上，教育博客服务运营商应进一步弘扬和倡导积极的本土社会变量，例如"培育用户的集体主义意识"、"呼吁用户遵循人情法则"、"倡导'和而不同'的共享精神"等，以发挥这些本土社会变量对用户教育博客知识共享行为的助推功效（黄柳青，2012）；与此同时，教育博客服务运营商还应抵制和摒弃消极的本土文化变量，例如"消除用户'怕丢面子'的心理顾虑"、"打破用户'中庸求稳'的思想禁锢"、"去除用户'圈内抱团圈外排斥'的意识形态"，以制约这些本土社会变量对用户教育博客知识共享行为的负面功效（张萍，2007）。

5.5 本章小结

本章主要对"影响教育博客共享行为的社会影响类因素及其影响功效和治理对策"进行了全面探究。

首先，本章将影响教育博客知识共享的社会影响类因素细分为两类，分别为"控制型社会影响因素"和"自愿型社会影响因素"。在此基础上，分别阐述了两个控制型社会影响因素变量（即感知的周边群体压力和对博主角色的认知）、三个自愿型社会影响因素变量（即信任、平台共享文化、本土社会文化）与用户教育博客知识共享实践之间的内隐逻辑关系。

其次，本章选取了社会影响理论（SIT）、修订的社会影响理论（MSIT）、社会认知理论（SCT）和理性行为理论（TRA）作为基础理论，演绎了社会影响类因素对教育博客知识共享的一般作用路径，构建了相应的理论模型，提出了十一个研究假设。

再次，本章采用问卷调查的方式，以江苏17所高校218位有过在教育博客知识共享经历的高校教师为样本，运用结构方程模型分析技术，就社会影响类因素对教育博客知识共享的作用路径和影响效用进行了实证检验和解释说明。研究结果表明：感知的周边群体压力和对博主角色的认知均会积极且显著影响用户对教育博客知识共享行为的顺从；信任和平台共享文化均会积极且显著影响用户对教育博客知识共享行为的认同和内化；本土社会文化会显著影响用户对教育博客知识共享行为的认同和内化且影响功效存在"二元效应"；用户对教育博客知识共享行为的顺从直接积极影响用户教育博客知识共享的意愿；用户对教育博客知识共享行为的认同和内化直接积极影响用户教育博客知识共享的态度进而间接积极影响用户教育博客知识共享的意愿。

最后，结合实证检验结果，本章分别从"控制型社会影响因素"和"自愿型社会影响因素"两个维度出发，为教育博客平台服务运营商和相关利益第三方就如何"强化用户对周边群体压力的感知"、"强化用户对博主角色的认知"、"提升用户对信任关系的感知"、"优化用户对平台共享文化和本土社会文化的价值观取向"提出了一系列针对性的治理对策。

第六章 行为保障驱动下的教育博客知识共享机理与对策

行为保障类因素是用户发生教育博客知识共享行为的必要支撑。在缺乏充分的行为条件和行为能力的情况下，用户教育博客知识共享的进程会受到很大的阻碍，效率和有效性也会大打折扣。为此，本章拟从行为保障的视角出发展开对用户教育博客知识共享行为的研究，探讨影响用户教育博客知识共享的行为保障因素有哪些？这些行为保障因素如何作用于用户教育博客知识共享行为？它们对用户教育博客知识共享行为发挥着怎样的影响功效？在构建理论模型和研究假设的基础上，本章将就行为保障类因素对用户教育博客知识共享行为的作用路径和影响效用展开实证研究，并依据研究结论提出相应的治理对策。

6.1 影响教育博客知识共享的行为保障类因素

如果说主体认知类因素（本书第四章）表征了用户对教育博客知识共享行为的偏好认知，社会影响类因素（本书第五章）表征了用户对教育博客知识共享行为的压力认知，那么行为保障类因素则表征了用户对教育博客知识共享行为的信心认知。与主体认知类因素直接影响用户对待教育博客知识共享的态度、社会影响类因素直接影响用户对待教育博客知识共享的主观规范不同，行为保障类因素将直接影响用户对教育博客知识共享行为的控制感知。具体而言，当用户感知到自身履行教育博客知识共享行为是具备必要的保障因素时（如资源充足、能力具备），那么用户将认为该行为是可控的、现实的且易发生的，故而会对该行为的顺利完成充满信心；反之，如若用户感知到自身履行教育博客知识共享行为是不受保障时（如资源匮乏、能力欠缺），那么用户将认为该行为是不可控且难以实现的，故而丧失履行该行为的信心（甘春梅等，2012）。由此可见，行为保障类因素对于教育博客知识共享实践来说是一个关键的必要条件，行为保障类因素的缺失无疑将导致教育博客知识共享实践陷入"空中楼阁"或"纸上谈兵"的尴尬境地。

依据计划行为理论（TPB）和解构计划行为理论（DTPB）等相关理论的观点，个体的行为保障性因素主要由两个部分构成，分别为：行为能力和行为条件。行为能力是个体完成某一项具体行为所需要的个体素质（属于个体主观控制范畴），行为条件则是个体完成某一项具体行为所需要的客观资源（属于外界客观控制范畴）。沿袭该思路，本书也将影响教育博客知识共享的行为保障类因素细分为两类：其一为个体感知的教育博客知识共享的行为能力，其二为个体感知的教育博客知识共享的行为条件；前者指向的是用户对发生教育博客知识共享行为的自我能力的预判，后者指向的是用户对发生教育博客知识共享行为所需各种资源可得性的预判。有"能力"但无"条件"，亦或有"条件"而无"能力"，均会直接抑制用户教育博客知识共享行为的效率和效果，因此二者对于促进教育博客知识共享实践是"相辅相成"且"缺一不可"的。

6.1.1　感知的教育博客知识共享的行为能力

在社会学、心理学和组织行为学等相关学科领域，自我效能（self-efficacy）被学者们视为是最能代表个体对自我行为能力感知的经典构念。该构念由社会学习理论（social learning theory，简称 SLT）的鼻祖班杜拉（Bandura）于 1977 年首创，被用以解释在特殊情景下行为产生的原因。Bandura（1977a；1977b）认为自我效能与个体对自我行为能力的感知息息相关，是决定个体行为发生的关键性因素，会直接影响个体的行为决策以及个体面对行为障碍时的努力和毅力程度。基于此，本书亦选择自我效能作为用户对自身教育博客知识共享行为能力感知的代表构念。

Bandura（1986b；1977a）将自我效能定义为"人们对自身能否利用所拥有的技巧和能力去完成某项行为的主观评估"。由该定义不难发现：自我效能并非指向个体的实际行为能力，而是指向个体对自身行为能力的自我判断。换而言之，实际行为能力高的个体并不一定具备高自我效能，反之实际行为能力低的个体也并不一定具备低自我效能。自我效能更多代表的是个体对完成行为的自信程度（Hartshorne et al.，2009）。在知识管理情境中，知识共享的自我效能（knowledge sharing self-efficacy，简称 KSSE）被一些学者进一步详细界定为："个体对自身发生知识共享行为能力的主观评估"（Bock et al.，2005；Kankanhalli et al.，2005）。甚至一些学者认为知识共享的自我效能应该更为精确的表述为"个体对能否提供有价值知识的自我能力的判断"，即其不仅体现了"个体对是否拥有知识共享行为能力的判断"，而且还体现了

"个体对被共享的自我知识是否有价值的判断"（Lu et al.，2007）。在前人研究的基础上，本书将教育博客知识共享的自我效能定义为："用户对自身是否具备在教育博客平台进行（有价值的）知识共享的行为能力的主观评估"。

无论是社会学习理论（SLT）、社会认知理论（SCT）或是解构计划行为理论（DTPB）均将自我效能作为解释个体行为发生的关键前置变量，并且大量有关个体一般行为的定性和定量研究论证或验证了自我效能是决定个体行为发生的决定性变量（Bandura，1997，1986，1982；Igbaria et al.，1995b；Taylor et al.，1995b；Gist et al.，1992）。以 IS 研究领域为例，Compeau et al.（1995b；1999）、Johnson 等（2000）发现：个体的电脑自我效能（Computer Self-Efficacy，简称 CSE）与个体的电脑使用行为之间存在显著的正向关系；Easley 等（2003）、Venkatesh 等（2003）发现：个体的信息化自我效能（IT Self-Efficacy，简称 ITSE）可以有效预测个体对新信息技术的使用行为；Hsu 等（2004）、Lam 等（2005）发现：个体的互联网自我效能（internet self-efficacy，简称 ISE）会积极促进个体的上网行为。

那么为什么那些具有较高自我效能的个体会比那些具有较低自我效能的个体更愿意发生行为呢？关于这一问题，美国罗切斯特大学的社会科学心理学教授 Deci 于 1975 年从个体行为的内生动机视角给出了一种可能性解答。Deci（1975）认为：个体行为的内生动机源自个体对"自我感知的需求"（need to feel himself）。具体而言，个体在与外界环境交互的行为过程中之所以会表现出充满活力、好学、提升自我、渴望掌握新的技能、施展才智等行为特征是因为个体需要感觉到他们是能胜任（feel competence）且能自我掌控（self-determination）外界环境的；正是这种自我感知的需求激励着个体去探索未知、解决难题和挑战困境。而 Deci（1975）描述的"自我感知的需求"正是"自我效能"的早期缩影。依据 Deci（1975）的阐述，本书认为：一方面不断提升自我效能是个体的天性或本能，而自我效能的提升需要借由一次又一次的行为发生才能得以实现，因此对提升自我效能的渴望会持续激励个体行为的发生；另一方面，高自我效能的个体往往对自身的行为能力充满胜任感和自我掌控感，这会使得个体对行为的顺利发生充满信心，继而激发个体更为强烈的行为意愿，即"人们往往更愿意做自己擅长或有把握的事情"。

在知识共享研究领域，自我效能也被学者们广泛用于解释各种情境下的个体知识共享行为。一系列的理论与实证研究表明：自我效能有助于激励个体与他人共享知识，高自我效能个体往往对自己提供知识（价值）充满信心，并且更倾向于参与复杂的知识共享工作（Chen et al.，2010；Hsu et al.，2007；

Quigley et al.，2007；Wasko et al.，2005；Kankanhalli et al.，2005；Bock et al.，2005，2002；Constant et al.，1996，1994）。例如，Constant（1996；1994）发现：通过知识共享，个体可以增强自身的知识共享自我效能，以及增进自身知识有用性的信心；Bock 等（2005；2002）的研究证实：自我效能对个体的知识共享意愿具有显著的正向作用；Quigley 等（2007）提出：高度的知识共享自我效能有助于让个体相信他们的知识能够帮助同事解决工作难题，进而产生更为积极的知识共享态度和意愿；Kankanhalliet 等（2005）认为：相对于低自我效能的社区成员而言，高自我效能的社区成员更乐意与他人分享知识；Hsu 等（2007）发现：社区成员自我效能的高低会显著影响社区成员知识共享的程度；Chen 等（2010）将知识共享行为细分为知识贡献行为和知识索取行为，并且分别验证了：知识共享自我效能与这两种知识共享行为均存在显著的正向关系。

　　聚焦于教育博客知识共享的具体情境，用户在教育博客知识共享的自我效能同样会显著影响其知识共享行为的频次和效率。在教育博客平台，用户除了要具备一般情景中的知识共享通用能力（如构建知识能力、表达知识能力、理解知识能力、吸收知识能力等）之外，还需熟练掌握各种教育博客提供的信息技术（如 Referrer 超级链接、Trackback 引用通告、Tag 标签、RSS 订阅、评论和留言等）并借以这些信息技术巧妙且娴熟的分享或获取知识（陈卓群，2012；陈伟超，2009）。当用户在教育博客知识共享的自我效能越高时，其对自身在教育博客进行知识共享的能力就越有自信，继而会更加积极地参与教育博客知识共享实践；反之，当用户在教育博客知识共享的自我效能越低时，其会认为在教育博客进行知识共享困难重重，继而抑制自身参与教育博客知识共享实践的意愿。樊景新在 2012 年 1 月至 3 月期间对东莞市 32 个镇（区）具有代表性的 54 位生物学教师的问卷调查表明：18.5%的教师由于"对如何利用教育博客进行知识共享的能力欠缺"直接导致了他们放弃使用教育博客。一些学术研究也验证了自我效能对博客或虚拟社区知识共享的影响功效。例如，Lu 等（2007）的研究表明：自我效能作为一种重要的个体自我驱动力会对用户在博客进行信息共享的意愿有直接的影响；张赫等（2008）发现：自我效能会积极促进博客社区成员的知识交流和共享；Lin 等（2009）验证了：虚拟社区成员的自我效能会积极显著影响其在线知识共享行为；金辉（2015a）发现：当高校教师对自身在教育博客知识共享的行为能力充满信心时（即高自我效能时），其会产生更为积极的知识共享意愿。

　　基于上述分析，本书认为：教育博客知识共享的自我效能会积极影响用户在教育博客的知识共享实践。

6.1.2　感知的教育博客知识共享的行为条件

行为条件是指"个体/组织为了发生某一特定行为所需获得或使用的各种资源的总和"。行为条件对于个体/组织行为的重要性可以追溯至相关资源理论。无论是资源基础理论（resource-based view，简称 RBV）、资源依赖理论（resource dependence theory，简称 RDT）、资源限制理论（resource constraint theory，简称 RCT）还是资源保存理论（conservation of resource theory，简称 COR），这些理论学说均认同：个体/组织的行为是个体/组织与周边资源环境互动下的产物；个体/组织的行为过程本质上就是个体/组织对资源配置和使用的过程；因此，个体/组织所拥有的资源的类别、数量与质量直接影响了个体/组织行为的方向、方式和效率（Hobfoll et al.，1993；Wernerfelt，1984；Pfeffer et al.，1978）。由此可见，行为条件对于达成个体/组织行为的重要性不言而喻。

与行为条件有所区别的是，感知的行为条件是指"个体/组织对某一特定行为发生所需资源的可得性的预判"。感知的行为条件并非是个体/组织实际获得的资源总和的客观测量，而是一种个体/组织对自身可驾驭资源总和的主观判断。

依据解构计划行为理论（DTPB），个体感知的行为条件主要有两个变量，分别为：资源促进条件（resource facilitating conditions）和科技促进条件（technology facilitating conditions）（Taylor et al.，1995b）。前者是指个体感知到的能源资源的可得性，如时间、金钱等；后者是指个体感知到的技术资源的可得性，如电脑、网络等。沿袭解构计划行为理论（DTPB）的观点，本书亦将"感知的能源资源"和"感知的技术资源"作为本书研究感知的教育博客知识共享行为条件的代表变量。值得一提的是，Taylor 和 Todd 在 1995 年创建解构计划行为理论（DTPB）时，主要考察的是现实生活中的个体行为而非虚拟世界中的个体行为。有别于现实生活中个体行为的可见性和实名性，虚拟世界中的个体行为具有高度的符号化与匿名性，因此后者更依赖于制度法规的保障和约束。故此，本书将"感知的制度资源"作为研究感知的教育博客知识共享行为条件的另一代表变量。

1. 感知的能源资源

在本书中，感知的能源资源特指"教育博客用户对发生知识共享行为所需能源资源（如时间、金钱等）可得性的预判"。由于任何个体行为的发生均需要耗损一定程度的能源资源，因此能源资源是个体行为发生的必要基础条件（Ratnasingam，2005）。只有当个体感知自身具备了充足的能源资源时（即感知的能源资源高时），个体才会萌生履行行为的意愿；反之，当个体感知能源资源缺失或不足时（即感知的能源资源低时），个体则会抑制自身行为的意愿（Paul et al.，2004）。

来自技术扩散研究领域的相关研究文献表明：感知的能源资源是用户采纳某一新技术的必备前提。例如，Taylor 等（1995b）对个体信息技术使用行为的实证研究发现：资源促进条件（即感知的能源资源）会直接显著影响个体对信息技术使用行为的控制感知（$\beta=2.21$，$P<0.05$），进而间接影响个体对信息技术使用行为的意愿。类似地，Hartshorne 等（2009）发现：学生们在采纳和使用 Web 2.0 技术的过程中，感知的能源资源对学生们的行为决策起到了显著的正向影响功效（$\beta=0.204$，$P<0.01$）。

聚焦于博客知识共享行为，相关学者的研究也证实了：感知的能源资源是影响用户参与博客知识共享行为的先决条件。例如，Paul 等（2004）提出：只有当用户具有充足的能源资源时（如时间、金钱），他们才会愿意在博客空间与他人分享信息和知识。黄柳青（2012）、周良梅（2009）的研究发现：由于用户时间不够和精力有限导致的教育博客更新频率低是当前国内教育博客平台普遍存在的一个共性问题。樊景新（2012）对东莞市 32 个镇（区）具有代表性的 54 生物学教师的问卷调查表明：63%的教师表示由于平时工作非常忙碌，没有时间和精力去更新博客内容，进而导致许多教育博客更新频率非常缓慢；而没有新鲜、吸引的内容又导致教育博客的访问量锐减；继而乏人问津的访问量又进一步削弱了教师们更新教育博客的热情与动力；至此周而复始的恶性循环最终导致了教育博客难以健康存活。

基于上述分析，本书认为：感知的能源资源会显著影响用户在教育博客的知识共享实践。

2. 感知的技术资源

在本书中，感知的技术资源特指"教育博客用户对发生知识共享行为所需技术资源（如计算机、网络、信息技术等）可得性的预判"。

早在知识共享实践的初期，技术资源的筹措与构建就一直是备受组织关注的焦点。众多组织不惜重金打造自身的知识管理信息系统，以期通过改进自身的技术条件来促进内部雇员间知识的共享。著名的国际管理咨询公司安达信凭借他们多年的企业咨询经验，给出他们对高效知识管理的公式界定：$KM = (P + K)^s$。其中，KM 代表知识管理，P 指的是个体（person），K 是知识(knowledge)，+ 号指的是技术资源(technology)，S 则是代表共享(share)。公式的含义是：知识管理是在采用技术资源将人与知识充分结合的过程中，通过知识分享，促使知识的积累和沉淀呈现出指数倍的效应。解读该公式不难发现：技术资源（technology）是联结知识共享主体（person）和知识共享客体（knowledge）的桥梁，技术资源的缺失无疑将直接导致知识共享难以实现。

在知识共享研究领域，学者们也纷纷强调技术资源对于促进个体知识共享行为具有重要的积极意义。例如，DeLong 等（2000）认为：组织知识共享实践是否成功，技术资源占据了 20%的权重；Eriksson 等（2000）指出：技术资源在知识共享的过程中扮演了不可或缺的角色；Davenport 等（1998）认为：技术资源为个体的知识共享行为发生提供了必要的技术支撑。并且，国内外学者还对"哪些具体技术资源会影响个体知识共享行为发生"展开了深入研究，相关研究结论如表 6-1 所示。

表 6-1　影响知识共享的技术资源分类

技术资源分类		代表人物及其研究
技术资源	网络平台技术	Yoo 等（2002）、Hsu 等（2007）、王晶晶（2008）、孔德超（2009）、成全（2012）
	知识库技术	Hildreth 等（2002）、Kim 等（2006）、Preece（2000）、秦铁辉等（2006）
	信息沟通技术	Hendriks（1999）、Chung（2001）、Hall（2001）、程妮（2008）、王娟（2012）、夏湘远（2009）、张亚（2012）

聚焦于教育博客知识共享的具体情境，相关研究亦表明：感知的技术资源是用户教育博客知识共享实践的保障性因素。例如，王金鹏（2008）发现：技术资源会直接影响用户对教育博客知识共享实践便捷性的判断；只有当用户感知技术资源有保障时，其才会感觉到自身的知识转移行为是无障碍或者低障碍的，进而才会尽力履行知识转移行为。王晶晶（2008）的研究表明：由于受上网条件的限制（例如没有电脑和网络、网络访问速度慢和不稳定等），导致了教师们对教育博客的使用率偏低。郭琳（2009）认为：教育博客的技术资源包括教育博客的访问速度、服务稳定性、操作便捷性、个性化功能强弱等；而用户对这些教育博客技术资源的感知会直接影响用户在教育博客进

行知识共享的信心。

基于上述分析，本书认为：感知的技术资源会显著影响用户在教育博客的知识共享实践。

3. 感知的制度资源

在本书中，感知的制度资源特指"教育博客用户对发生知识共享行为所需制度资源（如隐私安全制度、信息披露制度、第三方认证制度等）可得性的预判"。

正如现实世界需要借由法律法规来监管和约束个体行为，在互联网虚拟世界同样需要相应的制度资源来规范用户的网络行为。事实上，在互联网虚拟世界，仅仅凭借用户的内在自律是远远不够的，必须辅之以外在约束力——即法律、法规的有关规定和阐述以及相关部门的严格监督和科学管理（郭琳，2009）。一旦制度资源缺失，用户将不必为自己的行为负责；甚至即便发生侵害他人或公共利益的不端行为，用户也无须担心会受到制度的制裁，继而严重影响互联网有序健康的长期发展（王傲等，2012；周建新，2009）。因此，McKnight 等（2002）认为：相较于现实世界，互联网虚拟世界更需要通过制度资源从法律法规层面为规范用户行为和维护用户权益提供担保或保障。完备的制度资源不仅可以有效约束用户的网络行为，还可以减少用户对潜在风险和不确信的担忧，为用户营造一个安全放心的网络环境（Hsu et al.，2007）。

早在 21 世纪初，来自网络用户在线交易行为的相关研究就发现：感知的制度资源对用户的网络行为具有显著的影响功效。例如，McKnight 等（2002）将制度资源定义为"保障电子商务交易的各种制度和法律资源总和"，并提出：感知的制度资源为用户参与电子商务交易提供了结构性保证（structural assurance），有助于促进用户对电商平台的信心、提升用户参与在线交易的水平。类似地，Gefen 等（2003b）的研究发现：如果电商服务平台能够为用户提供稳健的制度保障（如：隐私制度、第三方认证制度等），会极大增进用户对在线交易成功的信念，继而会有效促进用户的在线交易行为。

聚焦于博客知识共享的具体情境，一些零散的研究也表明：感知的制度资源是用户博客知识共享行为的影响因素之一。例如，Chai 等（2010）发现：用户对制度资源（如安全制度和隐私制度）的感知会有效增进用户对互联网和博客平台的信任，进而有助于促进用户的博客知识共享行为；黄柳青（2012）认为：教师对教育博客行为规范的感知可以有效地约束和督促教师自身在平台内的知识共享行为，并且可以帮助教师更好地融入教育博客平台、更多地实现与他人的情感互动；郭琳（2009）提出：如果用户认为教育博客平台可以为自身提供充足的制度担保，那么他们会更愿意也更放心在平台内与其他用户分享知识。

基于上述分析，本书认为：感知的制度资源会显著影响用户在教育博客的知识共享实践。

6.2 行为保障类因素对教育博客知识共享的作用路径

6.2.1 基础理论选取

如上文所述，本书将影响教育博客知识共享的行为保障类因素细分为两类——感知的教育博客知识共享的行为能力（代表变量为教育博客知识共享的自我效能）和感知的教育博客知识共享的行为条件（代表变量为感知的能源资源、感知的技术资源和感知的制度资源）。为了进一步清晰描绘各具体行为保障类因素对用户教育博客知识共享行为的作用路径，本书选用了解构计划行为理论（DTPB）作为基础理论来进行理论模型构建和研究假设推演。

本书选取解构计划行为理论（DTPB）作为基础理论主要基于以下三点理由：①虽然多个不同学科的基础理论均有强调行为保障类因素对催生个体行为的重要意义，但这些理论多将行为保障类因素直接作为影响个体行为的前置变量，研究行为保障类因素对个体行为的直接效用，而没有解释行为保障类因素会通过何种中介机制最终作用于个体行为。例如，社会学习理论（SLT）、社会认知理论（SCT）将自我效能（感知的个体行为能力）作为解释个体行为发生的直接前置变量。再如，资源基础理论（RBV）、资源依赖理论（RDT）、资源限制理论（RCT）、资源保存理论（COR）认为个体拥有的资源类别、数量与质量（感知的个体行为条件）直接影响了个体行为方向、方式和效率。与上述基础理论不同，解构计划行为理论（DTPB）首次揭秘了行为保障类因素与个体行为之间的"黑匣"，清晰演绎了"行为保障类因素对一般个体行为的作用路径"，有效弥补了上述基础理论在变量关系路径描绘过于笼统的不足。②解构计划行为理论（DTPB）是建立在计划行为理论（TPB）、技术接受模型（TAM）和创新扩散理论（DIP）的基础之上，其不仅融合了三者的优势，而且能够被应用到各种不同研究领域的一般个体行为研究，具有较好的普适性和较高的解释力度（Taylor et al.，1995b）。③在知识/信息共享研究领域，已有部分学者（如金辉，2015b；刘春济等，2013；

李金莲，2012；刘彩娟等，2010；Hartshorne et al.，2009 等）运用解构计划行为理论（DTPB）对"行为保障类影响因素如何影响个体知识/信息共享"进行了探索性研究，并验证了该理论对解释个体间知识/信息共享的适用性和科学性。

6.2.2　行为保障类因素对教育博客知识共享的一般作用路径

1.　感知的教育博客知识共享的行为控制与教育博客知识共享的意愿、行为

追溯计划行为理论（TPB）和解构计划行为理论（DTPB）的起源不难发现：二者在理性行为理论（TRA）的基础上提出了一个新的研究变量——感知的行为控制（perceived behavioral control，简称 PBC）。依据计划行为理论（TPB）和解构计划行为理论（DTPB）对感知的行为控制的定义，该变量被界定为"个体对自身采取某一特定行为的可控程度的感知或预判"。在本书中，感知的教育博客知识共享的行为控制特指"用户对自身履行教育博客知识共享行为的可控程度的感知或预判"。

在组织管理实践中，由于个体的诸多行为会受到个体行为能力和情境资源的制约，因此个体并非一定具有完全控制自身行为的能力和条件。那么，当个体感知自身无法完全掌控某一行为时，即便此时个体对该行为具有良好的态度或较高的主观规范，个体依然会因为感知无法驾驭该行为而丧失行为的意愿并最终放弃履行该行为。基于这一现实，计划行为理论（TPB）和解构计划行为理论（DTPB）均提出：个体感知的行为控制会分别直接影响个体的行为意愿和个体的现实行为（Taylor et al.，1995b；Ajzen，1991）。具体而言，当个体对某一行为的自我控制程度评价越高时，个体对发生该行为的意愿就会越强烈，并且个体现实履行该行为的概率也会越高。

在前人运用计划行为理论（TPB）或解构计划行为理论（DTPB）对知识共享行为的研究中，一些学者的研究成果也验证了感知的行为控制与知识共享意愿、知识共享行为之间的关系。例如，Compeau 等（1995b）发现：当个体运用知识管理系统中的信息技术与他人进行知识共享时，个体感知的知识共享行为可控性的增强会积极促进个体知识共享的意愿；Taylor 等（1995a）在研究信息化组织中哪些因素会影响个体信息技术的使用时，发现：感知的行为控制会分别对知识共享意愿和知识共享行为有直接促进作用；Jarvenpaa 等（2000）发现：当个体感知行为控制程度越高时，个体运用信息技术进行知识分享的概率越大；Hartshorne 等（2009）证实了：个体感知的行为控制会

积极影响个体在线知识共享的意愿。

鉴于计划行为理论（TPB）或解构计划行为理论（DTPB）是研究一般个体行为的经典理论工具，加之诸多学者的研究成果运用 TPB 和 DTPB 验证了个体感知的行为控制是个体行为意愿和个体行为的有效前置变量，因此本书推演在教育博客知识共享的具体情境中，感知的教育博客知识共享的行为控制与教育博客知识共享的意愿、教育博客知识共享的行为之间也存在密切的逻辑联系。具体而言，用户感知的教育博客知识共享的行为控制会分别积极影响其知识共享的意愿和行为；当用户对自身履行教育博客知识共享行为的可控程度的感知越强烈时，其对实践教育博客知识共享的意愿就会越强烈，其显示发生教育博客知识共享行为的概率也会越高。在此基础上，本书提出如下假设：

假设 6.1：感知的教育博客知识共享的行为控制对教育博客知识共享的行为具有积极的影响。

假设 6.2：感知的教育博客知识共享的行为控制对教育博客知识共享的意愿具有积极的影响。

依据理性行为理论（TRA），个体的行为意愿可以有效预测个体的行为。在知识共享的研究领域，诸多学者的实证研究验证了个体知识共享的意愿与个体知识共享的行为之间存在显著的正向关系（Chou et al.，2008；Chennamaneni，2006；Bock et al.，2002）。本书在第四章也已验证了教育博客知识共享的意愿会对教育博客知识共享的行为产生显著的积极影响。故此不再重复提出假设。

2. 感知的教育博客知识共享的行为能力与感知的教育博客知识共享的行为控制

本书依据社会学习理论（SLT）、社会认知理论（SCT）和解构计划行为理论（DTPB）的相关学术观点，选取了自我效能作为感知的教育博客知识共享的行为能力的代表变量。在本书中，教育博客知识共享的自我效能被定义为"用户对自身是否具备在教育博客平台进行（有价值的）知识共享的行为能力的主观评估"。

在 6.1.1 节，本书运用 Deci（1975）的内生动机学说对自我效能与个体行为间关系的内在机理进行了解释。本书认为自我效能之所以会有效促进个体行为的发生主要是基于两个方面的原因：其一，不断提升自我效能是个体的天性或本能，而自我效能的提升需要借由一次又一次的行为发生才能得以实现，因此对提升自我效能的渴望会持续激励个体行为的发生；其二，高自我效能的个体往往对自身的行为能力充满胜任感和自我掌控感，这会使得个体对行为的顺利发生充满信心，继而激发个体更为强烈的行为意愿，即"人们往往更愿意作自己擅长或有把握的事情"。通过对知识共享研究领域相关文献的阅读和梳理，本书发现大量的前人研究成果证实了：知识共享自我效能与个体的知识共享实践（态度、意愿或行为）之间的确存在显著的正向关系（Chen et al., 2010; Quigley et al., 2007; Hsu et al., 2007; Wasko et al., 2005; Kankanhalli et al., 2005; Bock et al., 2005, 2002; Constant et al., 1996, 1994）。在借鉴前人相关研究成果的基础上，本书通过逻辑推演提出了教育博客知识共享的自我效能亦会积极促进用户的教育博客知识共享实践。

虽然本书在 6.1.1 节阐明了教育博客知识共享的自我效能与教育博客知识共享实践之间会存在积极的关系，但并未清晰描绘教育博客知识共享的自我效能对教育博客知识共享的行为的作用路径。为此，本书拟运用解构计划行为理论（DTPB）进一步厘清二者之间的路径关系。依据构计划行为理论（DTPB），个体的自我效能代表了个体对某一行为能力的自信程度；因此，当个体的自我效能感越高时，意味着个体对履行某一行为的能力就越自信，此时，个体感知到的对该行为的掌控程度也就越高；简而言之，个体的自我效能会直接正向影响感知的行为控制。而进一步依据构计划行为理论（DTPB），感知的行为控制会直接影响个体的行为意愿和现实行为。由此可见，自我效能是借由感知的行为控制的中介作用间接影响个体的行为意愿和现实行为。将该逻辑推演至教育博客知识共享的具体情景，可以得出：教育博客知识共享的自我效能会直接正向影响感知的教育博客知识共享的行为控制，并借由感知的教育博客知识共享的行为控制的中介作用间接正向影响教育博客知识共享的意愿和行为。基于上述分析，本书提出如下假设：

假设 6.3：教育博客知识共享的自我效能对感知的教育博客知识共享的行为控制具有积极的影响。

3. 感知的教育博客知识共享的行为条件与感知的教育博客知识共享的行为控制

依据资源基础理论（RBV）、资源依赖理论（RDT）、资源限制理论（RCT）、资源保存理论（COR）和解构计划行为理论（DTPB）的相关学术观点，本书选取了感知的能源资源、感知的技术资源和感知的制度资源作为感知的教育博客知识共享的行为条件的代表变量。其中，感知的能源资源被定义为"教育博客用户对发生知识共享行为所需能源资源（如时间、金钱等）可得性的预判"；感知的技术资源被定义为"教育博客用户对发生知识共享行为所需技术资源（如电脑、网络、信息技术等）可得性的预判"；感知的制度资源被定义为"教育博客用户对发生知识共享行为所需制度资源（如隐私安全制度、信息披露制度、第三方认证制度等）可得性的预判"。

如 6.1.2 节所述，本书通过借鉴前人相关研究成果和逻辑推演发现：感知的能源资源、感知的技术资源和感知的制度资源均会积极的影响用户在教育博客的知识共享实践。具体而言：①由于用户教育博客知识共享行为需要耗损一定程度的能源资源，因此能源资源是用户教育博客知识共享行为发生的必要基础条件，只有当用户感知自身具备充足的能源资源时，其才会愿意积极参与教育博客知识共享实践；②技术资源是联结知识共享主体（教育博客用户）和知识共享客体（被共享的知识）的"桥梁"，为用户教育博客知识共享行为的发生提供了必要的技术支撑，因此用户对技术资源充足与否的感知直接影响了用户在教育博客进行知识共享的信心；③制度资源的缺失将诱发用户产生侵害他人或公共利益的不端行为，而完善的制度资源不仅可以规范用户的行为且为维护用户权益提供了保障，因此当用户感知制度资源充足时，其才会放心在教育博客平台内与他人共享知识。

在了解三种感知的资源和教育博客知识共享实践之间会存在积极关系的基础上，本书拟运用解构计划行为理论（DTPB）进一步厘清三种感知的资源对教育博客知识共享的行为的作用路径。依据解构计划行为理论（DTPB），感知的资源代表了个体对推进或阻碍自身行为的各种资源因素（这些资源因素往往是由外界提供的，一般不受个体的主观意志操控或改变）的认知，感知的资源与自我效能一样会直接影响个体对行为难易程度的判断——即个体感知的行为控制。如果说自我效能影响的是个体对自我行为能力控制（内部控制）的判断，那么感知的资源则影响的是个体对外界行为条件控制（外部控制）的判断，二者对促成个体感知的行为控制缺一不可。具体而言，当个体感知自身不具备发生行为的充足资源时（即低感知的资源），即使此时个体对自身的行为能力充满信心（即高自我效能），个体依然会认为履行行为困难重重，自身不具备完全掌控行为发生的充足条件。正所谓"巧妇难为无米之炊"说的就是这个道理。前人的相关研究也表明，感知的资源（如时间、精力、技术等）会影响个体对行为可控程度的判断（Paul et al.，2004；Jarvenpaa et al.，2000；Igbaria et al.，1995a；Compeau et al.，1995b；Rogers，1983）。

将该逻辑推演至教育博客知识共享的具体情景，不难得出：感知的能源资源、感知的技术资源和感知的制度资源也均会直接正向影响感知的教育博客知识共享的行为控制。基于上述分析，本书提出如下假设：

假设6.4：感知的能源资源对感知的教育博客知识共享的行为控制具有积极的影响。

假设6.5：感知的技术资源对感知的教育博客知识共享的行为控制具有积极的影响。

假设6.6：感知的制度资源对感知的教育博客知识共享的行为控制具有积极的影响。

在前文逻辑分析与假设提出的基础上，本书构建了如图6-1所示的理论模型，以揭示行为保障类因素对教育博客知识共享的一般作用路径。在图6-1中，自变量分别为教育博客知识共享的自我效能、感知的能源资源、感知的技术资源、感知的制度资源；中介变量分别为感知的教育博客知识共享的行为控制、教育博客知识共享的意愿；因变量为教育博客知识共享的行为。

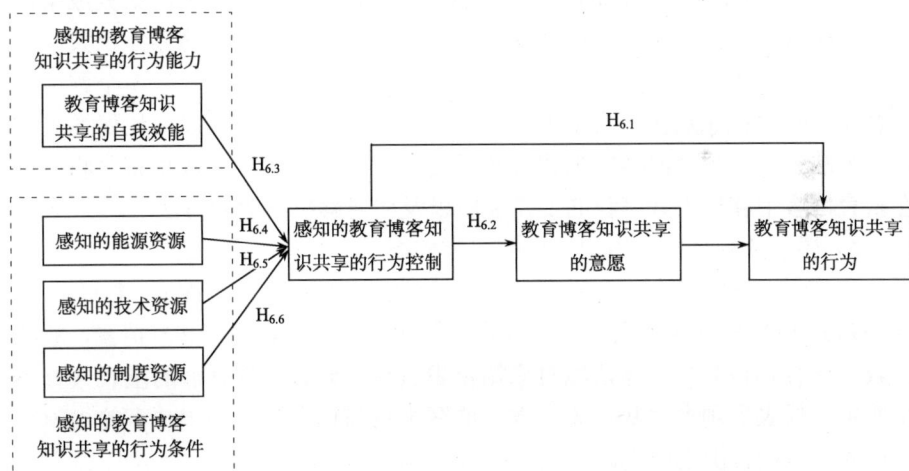

图6-1　行为保障类因素对教育博客知识共享的一般作用路径

6.3 行为保障类因素对教育博客知识共享影响效用的实证检验

6.3.1 量表设计与数据采集

1. 量表设计与修订

本书采用问卷调查法对 6.2 节提出的行为保障类因素对教育博客知识共享的一般作用路径及相关研究假设进行了检验。如图 6-1 所示，问卷调查涉及的测量变量包括：教育博客知识共享的自我效能、感知的能源资源、感知的技术资源、感知的制度资源、感知的教育博客知识共享的行为控制、教育博客知识共享的意愿和教育博客知识共享的行为。为保障调研数据的信度和效度，本书尽量沿用国内外相关研究成果中的成熟量表，并结合教育博客知识共享的具体情境加以修订与完善。

1）教育博客知识共享的意愿和行为

与本书 4.3.1 节一致，教育博客知识共享的意愿和行为的测量量表源自 Taylor 等（1995b）、Venkatesh 等（2003）、Bock 等（2005）的研究成果，由于原始量表未聚焦于教育博客知识共享情景，故结合教育博客知识共享具体情境对原始量表进行了修订。其中教育博客知识共享的意愿有 3 个题项，代表题项有"我愿意在教育博客中和他人共享我的工作经验以及如何解决问题的方法"等；教育博客知识共享的行为有 3 个题项，代表题项有"我经常在教育博客中和他人共享我的工作经验以及如何解决问题的方法"。

2）感知的教育博客知识共享的行为控制

感知的教育博客知识共享的行为控制的测量量表改编自 Taylor 等（1995b）的研究成果，由于原始量表未聚焦于教育博客知识共享情景，故结合教育博客知识共享具体情境对原始量表进行了修订。修订后的量表共有 3 个题项，代表题项有"我认为在教育博客平台与他人进行知识共享的行为完全在我的控制范围之中"。

3）教育博客知识共享的自我效能

教育博客知识共享的自我效能的测量量表改编自 Taylor 等（1995b）、Kankanhalli 等（2005）、Chen 等（2010）的研究成果，由于原始量表未聚焦于教育博客知识共享情景，故结合教育博客知识共享具体情境对原始量表进行了修订。修订后的量表共有 3 个题项，代表题项有"我自信有能力在教育博客平台为他人提供有价值的知识"。

4）感知的能源资源

感知的能源资源的测量量表改编自 Taylor 等（1995b）的资源便利条件（resource facilitating conditions）量表，并结合教育博客知识共享具体情境对原始量表进行了修订。修订后的量表共有 3 个题项，代表题项有"我认为自己拥有在教育博客平台与他人进行知识共享的时间"。

5）感知的技术资源

感知的能源资源的测量量表改编自 Taylor 等（1995b）的技术便利条件（technology facilitating conditions）量表，并结合教育博客知识共享具体情境对原始量表进行了修订。修订后的量表共有 3 个题项，代表题项有"我认为自己具备在教育博客平台与他人进行知识共享的电脑设备"。

6）感知的制度资源

由于感知的制度资源没有相对成熟的前人量表可以借鉴，本书自行研制了感知的制度资源的测量量表。在对感知的制度资源进行内涵与特征界定的基础上，本书运用理论扎根法和半结构化访谈生成了初始题项，并通过内容效度的评价和内部结构的检验剔除了与变量内容关联度较低的题项，最终形成了包括 3 个题项的测量量表，代表题项有"我认为教育博客平台能够为用户提供稳健的制度保障"。

在量表打分方面，除背景统计变量外，所有变量均采用李克特 7 等级量表设计，其中 7 表示完全符合，4 表示一般，1 表示完全不符合。在量表翻译方面，采用了背对背回译法，以确保中文量表能真实反映原始英文量表的内涵。为了减少社会称许性偏差，问卷指导语处说明了本次调查为纯学术研究，并强调了被调查者信息会进行匿名和保密处理。

2. 样本选择与数据采集

结合本书的研究对象和具体情境，调查对象设定为有过在教育博客知识共享经历的高校在读大学生。之所以选择高校在读大学生作为调查样本，原因有三：①高校在读大学生是当前国内教育博客平台主流用户群体之一；②高校在读大学生具有良好的教育背景和成熟的互联网使用经历，故而拥有较好的在线与他人进行知识共享的能力；③高校在读大学生具备相对充足的资源（如时间、精力、计算机设备）参与教育博客知识共享实践。

受时空、人力等因素制约，调查集中在江苏 17 所高校展开，如南京大学、东南大学、南京航空航天大学等。为了保障样本有效性，所有调研对象均为：①17 所高校在读大学生；②在国内知名教育博客平台（如中国教育人博客、新浪教育博客等）有过一年及以上的使用经历。数据采集自 2015 年 3 月 1 日起，至 2015 年 6 月 26 日终。

数据采集运用了现场发放和在线发放相结合的方式；共计发放问卷 748 份，回收问卷 640 份，回收率为 85.6%；剔除无效问卷 120 份，最终有效问卷为 520 份，实际有效回收率为 69.5%。剔除的标准为：①单个题项有多个答案；②连续在多个题项完全选择同一答案；③题项遗漏过多，问卷累计 5 个及以上遗漏题项或连续遗漏题项超过 3 个及以上。依据 Gorsuch（1983）的建议：样本量的大小要满足测量题项和被试的数据比例在 1：5 以上。本研究测量题项数为 21 项，样本容量满足统计分析的要求。

背景统计变量包括：性别、年级、上网年限和学科领域，具体样本特征分布如表 6-2 所示。

表 6-2　样本描述性统计

统计项		频率	百分比/%	统计项	频率	百分比/%
性别	男	308	59.2	医学	14	2.7
	女	212	40.8	理学	88	16.9
年级	大一	91	17.5	工学	124	23.8
	大二	163	31.3	农学	13	2.5
	大三	212	40.8	法学	17	3.3
	大四	54	10.4	经济学	52	10.0
上网年限	1~3	16	3.1	管理学	66	12.7
	4~6	187	36.0	教育学	48	9.2
	7~9	278	53.5	文学	37	7.1
	10 年及以上	39	7.5	其他（军事、历史、艺术等）	61	11.7

（"学科领域"为右侧一组统计项的分类标题）

6.3.2　数据分析与模型检验

1. 数据质量分析

信度分析方面，本研究以 Cronbach（1951）提出的 α 系数作为信度评价的指标。在探索性研究中，Cronbach α 介于 0.6 与 0.7 之间视为信度一般，尚可接受；Cronbach α 高于 0.7 视为信度较好，可以接受。

如表 6-3 所示：本研究中的 7 个研究变量的 Cronbach α 系数分布在 0.797~0.931，表明研究变量的测量信度较高。

表 6-3　信度分析

变量	题项数	Cronbach α 系数
教育博客知识共享的行为	3	0.897
教育博客知识共享的意愿	3	0.931
感知的教育博客知识共享的行为控制	3	0.839
教育博客知识共享的自我效能	3	0.901
感知的能源资源	3	0.799
感知的技术资源	3	0.843
感知的制度资源	3	0.797

效度分析方面，本研究采用探索性因子分析（explorative factor analysis，简称 EFA）对变量间的区分效度进行检验。在探索性因子分析之前，采用 KMO 和 Bartlett 的球形度检验是否适合做因子分析。如表 6-4 所示，本研究 KMO 值是 0.963（大于 0.5），且 Bartlett 球形度检验显著，说明适合进行探索性因子分析。

表 6-4　KMO 和 Bartlet 球形度检验

KMO 测度值		0.963
Bartlett 的球形度检验	近似卡方	2703.289
	Df	126
	Sig.	0.000

本研究采用主成分分析法对测量题项进行因素提取，并采用方差最大法进行因子旋转，将特征值大于 1 作为因子提取的标准。探索性分子分析结果如表 6-5 所示，共提取出七个因子（Eigen 值大于 1），各题项的因子载荷均大于 0.5，且均分布于对应潜变量，说明量表具有较好的结构效度。

表 6-5　探索性因子分析

题项	成分						
	1	2	3	4	5	6	7
教育博客知识共享的行为 1				0.741			
教育博客知识共享的行为 2				0.755			
教育博客知识共享的行为 3				0.811			
教育博客知识共享的意愿 1		0.832					
教育博客知识共享的意愿 2		0.728					
教育博客知识共享的意愿 3		0.718					
感知的教育博客知识共享的行为控制 1	0.695						
感知的教育博客知识共享的行为控制 2	0.832						
感知的教育博客知识共享的行为控制 3	0.728						
教育博客知识共享的自我效能 1						0.711	
教育博客知识共享的自我效能 2						0.824	
教育博客知识共享的自我效能 3						0.736	
感知的能源资源 1					0.791		
感知的能源资源 2					0.809		
感知的能源资源 3					0.708		
感知的技术资源 1							0.797
感知的技术资源 2							0.664
感知的技术资源 3							0.771
感知的制度资源 1			0.699				
感知的制度资源 2			0.755				
感知的制度资源 3			0.566				

注：提取方法：主成分分析法；旋转法：具有 Kaiser 标准化的正交旋转法；旋转在 6 次迭代后收敛

另外，本研究采用 Harman 单因素检验法分析同源方差问题。在将所有题项进行探索性因子分析时，在未进行因子旋转的情况下提取出七个因子，七个因子共解释了总方差的 72.145%，第一个因子解释了总方差的 19.854%，这表明没有哪个单一因子能够解释大部分的总方差，可见本研究中的同源方差问题并不严重。

2. 模型假设检验

本研究运用多层线性回归分析法来进行模型假设检验。控制变量包括：性别、年级、上网年限和学科领域。考虑到变量间交互作用的影响，采用逐步加入控制变量和自变量的层级线性回归模型进行数据分析（Cohen et al.，1983）。

表 6-6 中的模型 2（M2）检验了假设 6.1 的预测情况。如表 6-6 所示：感知的教育博客知识共享的行为控制与教育博客知识共享的行为呈现显著的正相关关系，回归系数 $\beta = 0.338$（$P < 0.01$）；教育博客知识共享的意愿与教育博客知识共享的行为呈现显著的正相关关系，回归系数 $\beta = 0.270$（$P < 0.01$），从模型 1 到模型 2 整体模型的 ΔR^2 为 0.244，在 0.05 置信水平下 F 检验显著。数据检验结果既表明假设 6.1 成立——即感知的教育博客知识共享的行为控制对教育博客知识共享的行为具有显著积极的影响，与此同时也再次验证了教育博客知识共享的意愿对教育博客知识共享的行为具有显著积极的影响（与本书第 4 章 4.3.2 节检验结果一致）。

表 6-6　感知的教育博客知识共享的行为控制与教育博客知识共享行为的回归分析

变量			因变量：教育博客知识共享的行为	
			M1	M2
常量			5.744***	3.605***
控制变量		性别	−0.087	−0.074
		年级	0.013	0.010
		上网年限	−0.042	−0.055
		学科领域	0.027	0.024
自变量		教育博客知识共享的意愿		0.270***
		感知的教育博客知识共享的行为控制		0.338***
	R^2		0.006	0.250
	ΔR^2			0.244***
	ΔF			33.457***

*表示 $P < 0.1$；**表示 $P < 0.05$；***表示 $P < 0.01$

表 6-7 中的模型 4（M4）检验了假设 6.2 的预测情况。如表 4-4 所示：感知的教育博客知识共享的行为控制与教育博客知识共享的意愿呈现显著的正相关关系，回归系数 $\beta=0.266$（$P<0.01$），从模型 3 到模型 4 整体模型的 ΔR^2 为 0.149，在 0.05 置信水平下 F 检验显著。数据检验结果表明假设 6.2 成立——即感知的教育博客知识共享的行为控制对教育博客知识共享的意愿具有显著积极的影响。

表 6-7　感知的教育博客知识共享的行为控制与教育博客知识共享意愿的回归分析

变量		因变量：教育博客知识共享的意愿	
		M3	M4
常量		4.309***	3.638***
控制变量	性别	−0.073	−0.067
	年级	0.016	0.013
	上网年限	−0.094	−0.087
	学科领域	0.031	0.034
自变量	感知的教育博客知识共享的行为控制		0.266***
R^2		0.015	0.164
ΔR^2			0.149***
ΔF			17.382***

*表示 $P<0.1$；**表示 $P<0.05$；***表示 $P<0.01$

表 6-8 中的模型 6（M6）检验了假设 6.3、假设 6.4、假设 6.5 和假设 6.6 的预测情况。如表 6-8 所示：教育博客知识共享的自我效能与感知的教育博客知识共享的行为控制呈现显著的正相关关系，回归系数 $\beta=0.242$（$P<0.01$）；感知的能源资源与感知的教育博客知识共享的行为控制呈现显著的正相关关系，回归系数 $\beta=0.206$（$P<0.01$）；感知的技术资源与感知的教育博客知识共享的行为控制呈现弱显著的正相关关系，回归系数 $\beta=0.089$（$P<0.1$）；感知的制度资源与感知的教育博客知识共享的行为控制呈现显著的正相关关系，回归系数 $\beta=0.149$（$P<0.05$）；从模型 5 到模型 6 整体模型的 ΔR^2 为 0.202，在 0.05 置信水平下 F 检验显著。数据检验结果表明：假设 6.3 成立——即教

表 6-8　行为保障类因素与感知的教育博客知识共享的行为控制的回归分析

变量			因变量：感知的教育博客知识共享的行为控制	
			M5	M6
常量			4.937***	4.325***
控制变量		性别	−0.051	−0.047
		年级	0.033	0.047
		上网年限	0.068	0.053
		学科领域	-0.046	−0.052
自变量		教育博客知识共享的自我效能		0.242***
		感知的能源资源		0.206***
		感知的技术资源		0.089*
		感知的制度资源		0.149**
R^2			0.022	0.224
ΔR^2				0.202***
ΔF				21.243***

*表示 $P<0.1$；**表示 $P<0.05$；***表示 $P<0.01$

育博客知识共享的自我效能对感知的教育博客知识共享的行为控制具有显著积极的影响；假设 6.4 成立——即感知的能源资源对感知的教育博客知识共享的行为控制具有显著积极的影响；假设 6.5 部分成立——即感知的技术资源对感知的教育博客知识共享的行为控制具有一定程度的积极影响；假设 6.6成立——即感知的制度资源对感知的教育博客知识共享的行为控制具有显著积极的影响。

上述各主体模型与假设检验结果汇总见表 6-9。

表 6-9　主体模型与假设检验结果汇总情况

假设序号	路径	回归系数 β	假设是否支持
H6.1	感知的教育博客知识共享的行为控制→教育博客知识共享的行为	0.338***	支持
H6.2	感知的教育博客知识共享的行为控制→教育博客知识共享的意愿	0.266***	支持
H6.3	教育博客知识共享的自我效能→感知的教育博客知识共享的行为控制	0.242***	支持

续表

假设序号	路径	回归系数 β	假设是否支持
H6.4	感知的能源资源→感知的教育博客知识共享的行为控制	0.206***	支持
H6.5	感知的技术资源→感知的教育博客知识共享的行为控制	0.089*	部分支持
H6.6	感知的制度资源→感知的教育博客知识共享的行为控制	0.149**	支持

*表示 $P<0.1$；**表示 $P<0.05$；***表示 $P<0.01$

6.3.3 结论解释

1. 感知的教育博客知识共享的行为控制与教育博客知识共享的意愿、行为

假设 6.1 和假设 6.2 成立，表明"用户感知的教育博客知识共享的行为控制会分别积极影响其知识共享的意愿和行为"，由此印证了用户在教育博客平台中的知识共享行为并非是一种完全出自于用户理性意志掌控（total volitional control）的行为；用户在教育博客知识共享过程中"心有余而力不足"的现象的确存在。只有当用户对教育博客知识共享行为控制的感知越强时，其对实践教育博客知识共享的意愿才会越强，其教育博客知识共享行为的发生概率也才会越高。与此同时，假设 6.1 和假设 6.2 的成立也验证了运用计划行为理论（TPB）和解构计划行为理论（DTPB）从"感知的行为控制"视角来解释用户教育博客知识共享行为的适用性。

2. 感知的教育博客知识共享的行为能力与感知的教育博客知识共享的行为控制

假设 6.3 成立，表明"教育博客知识共享的自我效能会积极影响用户感知的教育博客知识共享的行为控制"，由此印证了当用户的自我效能感越高时，用户对履行教育博客知识共享行为就越自信，此时用户感知到的对教育博客知识共享行为的掌控程度也就越高。与此同时，假设 6.3 的成立也验证了解构计划行为理论（DTPB）对解释"感知的行为能力会直接影响感知的教育博客知识共享的行为控制" 的适用性。

3. 感知的教育博客知识共享的行为条件与感知的教育博客知识共享的行为控制

假设 6.4 成立、假设 6.6 成立和假设 6.5 部分成立，表明"感知的能源资源、感知的技术资源和感知的制度资源会分别积极影响用户感知的教育博客知识共享的行为控制"，由此印证了感知的外部资源（即行为条件）会直接影响用户对教育博客知识共享的行为可控程度的判断。即便用户具备较高的教育博客知识共享自我效能，但若缺失充足的外部资源，依然会面临"巧妇难为无米之炊"的尴尬境遇。与此同时，假设 6.4 至 6.6 的成立（或部分成立）也验证了解构计划行为理论（DTPB）对解释"感知的行为条件会直接影响感知的教育博客知识共享的行为控制" 的适用性。

值得一提的是，依据表 6-8 的数据检验结果，本研究发现：不同的感知的教育博客知识共享的行为条件对感知的教育博客知识共享的行为控制的影响功效存在差异。如表 6-8 所示，用户感知的教育博客知识共享的行为控制更多受到感知的能源资源和感知的制度资源的影响，而受感知的技术资源的影响较弱。这一检验结果与一些前人的研究结果相似。例如，Taylor 等（1995b）在探究个体信息技术使用行为时发现：感知的能源资源会显著影响个体对信息技术使用行为的控制感，而感知的技术资源则不然；Hartshorne 等（2009）的研究表明：感知的能源资源与学生感知的 Web 2.0 信息技术行为控制之间存在显著正向关系，而感知的技术资源则与学生感知的 Web 2.0 信息技术行为之间的关系则不显著。对此，本书借鉴 Taylor 等（1995b）的观点，尝试作出如下解释：对于感知的行为控制而言，感知的行为条件属于必要但不充分条件。具体而言，当必要的行为条件不足（或相对稀缺）时，会削减个体对行为的控制感，此时二者存在正向关系；但是，当必要的行为条件充足（或相对富裕）时，并不会必然增进个体对行为的控制感，此时二者可能不存在显著关系。那么将该逻辑推演到教育博客知识共享的具体情境中，由于信息技术（如互联网技术、计算机技术等）的迅猛发展，感知的技术资源已经不再是当代教育博客的主流用户关注的稀缺性资源，因此此时充足的技术资源并不会必然提升用户感知的教育博客知识共享的行为控制。与之相反，当代教育博客的主流用户对基础性能源资源（如时间、金钱）和制度资源（如隐私安全、信息披露等方面的制度）更为敏感和关注，因此感知的能源资源和感知的制度资源会显著影响用户感知的教育博客知识共享的行为控制。

6.4　行为保障驱动下的教育博客知识共享治理对策

　　行为保障类因素是催生用户教育博客知识共享行为不可或缺的前提和基石。在参与教育博客知识共享实践之前，用户是否具备必要的行为保障类因素作为行动支撑不仅影响了用户对履行教育博客知识共享行为难易程度的判断，而且直接影响了用户对教育博客知识共享实践的信心以及用户在面临共享障碍时的努力和坚持程度。结合上文关于"行为保障对教育博客知识共享的一般作用路径"的实证研究结论，本书认为：从行为保障视角出发，教育博客服务运营商和相关利益第三方可以分别从"行为能力"和"行为条件"两个方面入手，通过提升"用户对自身教育博客知识共享行为能力的认知"和"用户对教育博客知识共享行为发生所需各种资源可得性的预判"，让用户感知的教育博客知识共享行为是可控的、现实的且易发生的，使用户对教育博客知识共享行为的顺利完成充满信心，进而提升用户教育博客知识共享的意愿、增进用户教育博客共享行为的现实发生。

6.4.1　基于用户感知的教育博客知识共享的行为能力的治理对策

　　作为用户感知的教育博客知识共享的行为能力的典型构念——教育博客知识共享的自我效能代表了用户对自身履行教育博客知识共享行为的自我能力的判断。结合前文的理论逻辑推演与实证调研，本书验证了教育博客知识共享的自我效能会积极显著影响用户感知的教育博客知识共享的行为控制。具体而言，当用户具有较高的自我效能时，用户会认为自身是有能力胜任教育博客知识共享行为的（即对教育博客知识共享行为的发生具有较强的掌控感），进而对该行为产生积极进取的意愿；反之当用户具有较低的自我效能时，用户会认为自身无法胜任教育博客知识共享行为（即对教育博客知识共享行为的发生具有较强的失控感），进而对该行为产生消极回避的意愿。基于此，本书认为教育博客服务运营商和相关利益第三方应该致力于通过提升用户的"教育博客知识共享的自我效能"增进用户对成功发生教育博客知识共享行为的信心或信念，借由培育用户"我能行"的积极心态来激发用户更多的"我乐行"的良好意愿。

　　依据 Bandura（1986；1977a）、Gist 等（1992）、Silveret 等（1995）、Compeau 等（1995b）学者对个体自我效能的相关研究成果，组织提升个体自我效能主要有两个常规路径：其一提升个体的现实行为能力，随着个体现实行为能力的提升，个体自发地会对自己的行为表现产生积极的预期；其二为个体的行为绩效提供积极的信息反馈，当个体被清楚告知自身是能够成功履行某一行为时，个体会更加相信自身的行为能力（Barr et al.，1994）。借鉴前人的研究成果，本书认为：要提升用户的教育博客知识共享的自我效能也可以从上述两个路径着手，即一方面要着力培育用户的教育博客知识共享的现实行为能力，另一方面要为用户的教育博客知识共享的行为表现提供积极的信息反馈。

在培育用户的教育博客知识共享的现实行为能力方面。个体现实行为能力的提升离不开个体的自我学习和外界对个体的培训。为此，教育博客服务运营商和相关利益第三方可以采取的具体措施有：①为徘徊在教育博客门外且能力自信心不足的潜在用户提供一系列多样化的理论或实践类培训（张杰，2012；Hartshorne et al.，2009），例如，在理论培训方面可以通过举办教育博客知识共享方面的讲座帮助用户掌握一般的教育博客知识共享方面的理念知识、理论知识和工具知识（郭琳，2009；易志亮，2004），在实践培训方面可以就教育博客知识共享方面的某些热点问题举办座谈研讨会帮助用户解决教育博客知识共享过程中有可能遇到的现实难题（陈卓群，2012；丁璐，2007）等；②为实践经验和能力不足的现实用户提供实时的在线技术指导与支持（Lin et al.，2009），例如，在用户登录界面设置"帮助目录"的快速链接以帮助用户快速掌握相关技术的使用方法（樊景新，2013），开设"用户小助手"模块专门用于成员在线提问与解疑（王少峰，2010）、设置"新用户之家"论坛帮助和鼓励新用户结成共同成长的学习联盟（张学锋，2007）等。

在为用户的教育博客知识共享的行为表现提供积极的信息反馈方面。个体获得自身行为绩效信息反馈的渠道主要有两个：组织官方的行为绩效评价和组织非官方的其他成员评价（Lu et al.，2007；Barr et al.，1994；Bandura，1986）。如果组织官方或组织内部的其他成员能够给予个体所期望的积极信息反馈，个体会认为自身的言行是成功且正确的，并加强自身的行为胜任感（Luthans et al.，2003；Parker，1998；Kinch，1968）。为此，教育博客服务运营商和相关利益第三方可以采取的具体措施有：①通过设置"虚拟积分"制度和技术对用户在教育博客平台内的每一次知识共享行为给予及时且积极的积分反馈，逐步提升用户对自身教育博客知识共享行为能力的自信程度；②通过设置"他人点赞"、"阅读量提示"技术让用户感受到自己的教育博客知识共享行为是被其他用户鼓励和肯定的，加深用户对自身教育博客知识共享行为给他人和平台创造价值和贡献的理解程度。

6.4.2 基于用户感知的教育博客知识共享的行为条件的治理对策

本书选取了感知的能源资源、感知的技术资源和感知的制度资源作为用户感知的教育博客知识共享的行为条件的代表构念，结合前文的理论逻辑推演与实证调研，本书验证了三者会积极影响用户感知的教育博客知识共享的行为控制。具体而言，当用户感知到具有充沛的外部行为条件时（即高感知的能源资源、技术资源和制度资源时），用户会增进自身对教育博客知识共享行为的掌控感，并更愿意将教育博客知识共享的意愿付诸行动；但如果用户感知到外部行为条件不成熟时（即低感知的能源资源、技术资源和制度资源时），用户则会产生"巧妇难为无米之炊"的无奈心态，进而会削减其教育博客知识共享的意愿和行为。由此可见，用户感知的教育博客知识共享的行为条件是一个非常重要的外空变量，在一定程度上决定了用户是否会将"教育博客知识共享的心动"转化为"教育博客知识共享的行为"。基于此，本书认为教育博客服务运营商和相关利益第三方应该致力于为用户创造"无障碍"的外部条件，通过为用户提供教育博客知识共享行为发生所必需的各种能源资源、技术资源和制度资源，让用户摆脱资源的"束缚"，进而让用户更安心、更放心地融入到教育博客知识共享实践中去。

在能源资源保障方面。由于大部分能源资源具有"不可再生性"和"稀缺性"的双重属性，因此教育博客服务运营商和相关利益第三方应致力于用户能源资源的开发和利用。具体而言，一方面教育博客服务运营商和相关利益第三方应为用户提供必要的能源资源支持（例如提供必要的时间资源支持、经费支持等），以降低用户参与教育博客知识共享实践的能源门槛（邹婷，2013）；另一方面教育博客服务运营商和相关利益第三方应尽心竭力为用户节省各项能源资源的支出（例如通过技术和制度优化减少用户在教育博客知识共享过程中的时间、精力、经费支出），以帮助用户在有限能源资源的情境下依然可以轻松愉悦的履行教育博客知识共享行为（Chai et al.，2010；Paul et al.，2004）。

在技术资源保障方面。技术资源的可得性是用户普遍关心的问题，也是用户参与教育博客知识共享的准入条件。依据相关研究成果，用户关注的技术资源主要涉及两个方面：硬件技术（如计算机设备、网络接入设备等）和软件技术（如教育博客平台内的信息技术）（郭琳，2009；王晶晶，2008）。为此，一方面用户的相关主管部门和相关利益第三方应为用户筹措必要的硬件技术资源，以打破用户在计算机使用和上网条件的限制（樊景新，2013；

王傲等，2012）；另一方教育博客服务运营商应致力于优化教育博客平台的各项软件技术资源（如提升网址访问的速度、后台服务的稳定性、界面操作的便捷性等），为用户营造一个可靠、稳定、便捷的软件技术环境（丁璐，2007；李志刚，2006）。

在制度资源保障方面。互联网高度的虚拟性、匿名性和符号化加剧了教育博客平台监管用户在线行为的难度，为了避免教育博客呈现"脏"、"乱"、"差"的无序状态，仅仅依靠用户的内在自律是远远不够的，还必须借助相应法规制度的外在约束（Chai et al.，2010；郭琳，2009）。为此，一方面教育博客服务运营商和相关利益第三方可通过制定相关管理规章或制度（如网站安全、隐私保护、知识产权保护、互动规则等）来规范用户的在线行为、保障用户的合法权益、营造人际信任的共享空间（黄柳青，2012；周建新，2009）；另一方面还必须依法按规对用户的在线行为加强监管，不可让法规制度沦为"空洞的摆设"，一经发现用户有违规行为或机会主义行为必须要严格审查并予以相应的处罚，真正让制度资源做到为教育博客平台的健康发展"保驾护航"（胡昌平等，2008；姚丽芬等，2007；李志刚，2006）。

6.5　本 章 小 结

本章主要对"影响教育博客共享行为的行为保障类因素及其影响功效和治理对策"进行了全面探究。

首先，本章将影响教育博客知识共享的行为保障类因素细分为两类，分别为"感知的教育博客知识共享的行为能力"和"感知的教育博客知识共享的行为条件"。在此基础上，分别阐述了"感知的教育博客知识共享的行为能力"的代表变量（即教育博客知识共享的自我效能）和"感知的教育博客知识共享的行为条件"的代表变量（即感知的能源资源、感知的技术资源和感知的制度资源）与用户教育博客知识共享实践之间的内隐逻辑关系。

其次，本章选取了解构计划行为理论（DTPB）作为基础理论，演绎了"感知的教育博客知识共享的行为能力"和"感知的教育博客知识共享的行为条件"对用户教育博客知识共享行为的一般作用路径，构建了相应的理论模型，提出了六个研究假设。

再次，本章对 17 所江苏高校有过教育博客知识共享经历的 520 位在读大学生进行了问卷调查，并运用 SPSS17.0 软件和线性回归分析分析技术，就行为保障类因素对教育博客知识共享的作用路径和影响效用进行了实证检验和解释说明。研究结果表明：教育博客知识共享的自我效能、感知的能源资源、感知的技术资源和感知的制度资源均会积极影响用户感知的教育博客知识共享的行为控制；用户感知的教育博客知识共享的行为控制会分别积极影响其知识共享的意愿和行为；感知的能源资源、感知的技术资源和感知的制度资源对用户感知的教育博客知识共享的行为控制的影响功效存在差异，其中感知的能源资源影响功效最强，感知的制度资源次之，感知的技术资源最弱。

最后，结合实证检验结果，本章分别从"感知的教育博客知识共享的行为能力"和"感知的教育博客知识共享的行为条件"两个视角出发，为教育博客平台服务运营商和相关利益第三方就如何"提升用户的教育博客知识共享的自我效能"以及"保障用户发生教育博客知识共享行为所需的各种能源资源、技术资源和制度资源"提出了一系列针对性的治理对策。

参 考 文 献

白静. 2006. 基于知识管理的企业文化创新. 商场现代化, 474(7): 220-221.

布朗, 乔纳森. 2004. 自我. 陈浩莺等译. 北京: 人民邮电出版社.

陈力, 宣国良, 鲁若愚. 2004. 基于知识分享的企业文化再造. 中国科技论坛, (4): 118-120.

陈美荣, 董涛. 2010. 高校教师博客问题分析及发展策略研究. 教书育人·高教论坛, (4): 40-41.

陈明, 周健明. 2009. 企业文化、知识整合机制对企业间知识转移绩效的影响研究. 科学学研究, 27(4): 580-587.

陈伟超. 2009. 教育博客的教育传播特点探析. 和田师范专科学校学报(汉文综合版), 28(4): 44-45.

陈义兵. 2007. 教育博客促进教师专业发展的研究. 上海: 上海师范大学.

陈卓群. 2012. 基于学术博客的个体之间知识转移研究. 武汉: 华中师范大学.

成全. 2012. 基于社会资本理论的网络社区知识共享影响因素研究. 图书馆论坛, 32(3): 1-5.

程娟. 2008. 基于博客的知识转移与一般知识转移的比较研究. 情报科学, 26(4): 586-590.

程妮. 2008. 组织知识共享障碍消除策略研究. 图书情报工作, 52(2): 24-25, 27.

丁璐. 2007. 博客在教育教学中的应用研究. 武汉: 华中师范大学.

董晨. 2006. 教育博客的问题思考与建议. 中国电化教育, 229(2): 43-44.

樊景新. 2013. 生物学教师教育博客使用现状与影响的因素分析. 生物学教学, 38(2): 43-45.

甘春梅, 王伟军, 田鹏. 2012. 学术博客知识交流与共享心理诱因研究. 中国图书馆学报, 38(5): 91-99.

管士亮. 2005. 基于博客(Blog)技术的现代教育理论应用简析. 教学与管理, 36(12): 95-96.

郭琳. 2009. 教育博客的现实问题与规范化管理研究. 山东: 曲阜师范大学.

郭卿, 提秀雷. 2008. 我国教育博客研究的回顾与反思. 当代教育论坛, (5): 32-34.

何绍华, 郭琳琳. 2005. 促进知识型企业中隐性知识的共享. 图书情报, (6): 6-9.

胡昌平, 余晶晶, 邵其赶. 2008. 学术博客中的创新知识转移. 情报杂志, 27(5): 3-6.

胡凡刚, 鹿秀娥. 2009. 教育虚拟社区知识共享影响因素实证分析. 电化教育研究, (12): 20-25.

胡士强, 彭纪生, 周路路. 2010. 关系取向、面子需求与组织内知识共享——中国情境下知识共享意愿的探讨. 上海管理科学, 32(4): 81-86.

华海英. 2006. 试析基于博客系统的组织知识共享. 现代情报, (7): 76-77.

黄柳青. 2012. 基于教育博客的教师互动策略模型研究. 福州: 福建师范大学.

黄小平. 2006. 教育博客: 促进教师专业发展的有效载体. 教书育人·教师新概念, (6): 36-38.

黄彦婷, 杨忠, 金辉, 等. 2013. 基于社会影响理论的知识共享意愿产生模型. 情报杂志, 32(6): 141-146.

金辉. 2015a. 个体认知、社会影响与教育博客知识共享——基于社会认知理论. 远程教育杂志, 33(5): 80-87.

金辉. 2015b. 基于 DTPB 的高校教师教育博客知识共享影响机理研究——来自现实用户和潜在用户的实证调研. 情报杂志, 34(10): 175-182.

金辉, 杨忠, 黄彦婷, 等. 2013. 组织激励、组织文化对知识共享的作用机理——基于修订的社会影响理论. 科学学研究, 31(11): 1697-1707.

经晓明. 2009. 教育博客在高校教学中的应用. 中国现代教育装备, (1): 166-167.

孔德超. 2009. 虚拟社区的知识共享模式研究. 图书馆学研究, (10): 95-97.

孔庆杰, 王红波. 2007. 图林博客的知识交流与共享探析. 图书馆学研究, (9): 14-16.

李宝玲. 2006. 构建基于知识管理的现代企业文化. 商业时代, (34): 91-93.

李聪, 胡晓娟, 王兰. 2008. 教育博客的应用与反思. 计算机与网络, (6): 199-200.

李东才. 2006. 基于知识管理的企业文化建设. 管理观察, (1): 63-64, 53.

李纲, 田鑫. 2007. 企业文化与企业内部隐性知识转移的关系研究. 情报杂志, (2): 4-6.

李怀祖. 2000. 管理研究方法论. 西安: 西安交通大学出版社: 15-18.

李洁, 张从善, 马茂祥. 2007. 中国教育博客发展状况研. 中国教育技术装备, (9): 17, 21.

李金莲. 2012. 图书馆员对 ILS 的接受程度——基于 DTPB 模型的实证研究. 农业图书情报学刊, 24(1): 222-224.

李俐颖. 2012. 档案类博客知识共享的阻碍因素与对策. 兰台世界, (11): 16-17.

李明. 2011. 基于博客的图书馆员个人知识共享实践. 图书馆杂志, 30(11): 39-42.

李墨珺. 2008. 博客质量的评价及其对学术交流的影响. 情报资料工作, (2): 61.

李欣荣. 2010. 基于机构典藏平台的学术交流与传统学术交流的区别分析. 图书馆学研究, (7): 4-7.

李勇. 2005. 知识博客——基于博客的知识管理方法研究. 武汉: 武汉大学.

李志刚. 2006. 电子商务中虚拟社区知识共享的作用及对策研究. 情报杂志, 25(10): 35-37, 40.

李志宏, 李敏霞, 何济乐. 2009. 虚拟社区成员知识共享意愿影响因素的实证研究. 图书情报工作, 53(6): 53-56.

梁欢. 2009. 集体主义倾向和长期导向对知识共享意愿的影响研究. 杭州: 浙江大学.

廖方伟, 乔闻钟, 郭岚. 2011. 隐性知识共享中接受者行为条件研究. 商业时代, (4): 144-145.

廖盈昇. 1999. 企业文化对于知识管理应用之影响: 国内企业之实证研究. 嘉义: 台湾中正大学.

林慧丽, 林文火, 虞奇. 2007. 企业文化与知识管理绩效相关性的案例研究. 企业活力, (9): 61-63.

刘彩娟, 陈雪琼. 2010. 基于 DTPB 模型对高星级酒店员工信息系统接受程度的实证研究. 旅游学刊, 25(5): 79-85.

刘春济, 冯学钢. 2013. 我国出境游客旅行前的信息搜索行为意向研究: 基于 TAM、TPB 与 DTPB 模型. 旅游科学, 27(2): 59-72.

刘枫. 2012. 基于学术博客的知识共享模式研究. 武汉: 华中师范大学.

刘辉, 陈孟娴, 杨磊. 2007. 教育博客发展的文化视角分析. 现代教育论丛, (7): 15-18.

刘健. 2006. 教育博客群风起云涌. 中国教育网络, (4): 17-18.

刘蕤, 田鹏, 王伟军. 2012. 中国文化情境下的虚拟社区知识共享影响因素实证研究. 情报科学, 30(6): 866-872.

刘烨. 2008. 马斯洛的人本哲学. 内蒙古: 内蒙古文化出版社: 19-25.

路琳, 陈晓荣. 2011. 人际和谐取向对知识共享行为的影响研究. 管理评论, 23(1): 68-74.

罗洪云, 林向义, 巩艳芬. 2010. 网络环境下高校教师隐性知识共享的影响因素分析. 情报杂志, 29(3): 116-119.

马俊. 2007. 浅析知识管理与企业文化创新的内在联系. 科技情报开发与经济, 17(12): 251-252.

马利霞. 2004. Blog 在组织内部信息交流中的应用. 情报科学, (7): 881-883.

马庆国. 2002. 中国管理科学研究面临的几个关键问题. 管理世界, (8): 105-115, 140.

米雁. 2011. Blog 与高校教师的知识管理. 佳木斯教育学院学报, 105(3): 126-128.

牟向荣. 2005. 面向知识管理的企业文化创新. 工会论坛, 11(6): 60-61.

南国农, 李运林. 2005. 教育传播学. 北京: 高等教育出版社: 61-83.

潘珩. 2008. 教育博客在高职教育教学中的应用. 科技经济市场, (5): 113-114.

裴香兰, 佘蒙. 2013. 传播学视野中的教育博客探析. 赤峰学院学报(汉文哲学社会科学版), 34(8): 212-214.

强健, 梅强. 2010. 高校教师隐性知识共享的主要影响因素研究. 科技管理研究, (4):

248-251.

秦铁辉, 程妮. 2006. 试论影响组织知识共享的障碍及其原因. 图书情报知识, 114(11): 105-106.

邵秀蔚, 王彬彬, 李绍杰. 2004. 以教育叙事博客推进教师专业发展的区域化探索与实践. 中国电化教育, (10): 47-49.

史萍. 2008. 基于教育博客促进教师专业发展的研究. 上海: 上海师范大学.

史新艳, 肖仙桃. 2009. 学术博客连接结构及其交流特性分析. 图书情报知识, (131): 79-83, 89.

斯蒂芬. P. 罗宾斯. 1997. 组织行为学. 北京: 中国人民大学出版社: 107-119.

唐蓉蓉. 2009. 科学博客的传播要素及传播功能研究. 合肥: 中国科学技术大学.

唐晓勇, 杨征. 2007. 教育博客_繁荣背后折射的隐忧. 中小学信息技术教育, (7-8): 113-114.

陶龙超. 2009. Web2.0背景下教育博客应用策略分析. 新闻知识, (11): 92-94.

田伟, 郑冬生. 2010. 网站系统界面友好性研究. 信息技术, (11): 26.

万新安. 2008. 知识管理视野下的企业文化建设. 国外建材科技, 29(3): 136-139.

王傲, 刘宝瑞. 2012. 虚拟社区知识共享过程中的知识信任度研究. 情报科学, 30(9): 1328-1333.

王保国. 2010. 中国文化因素对知识共享、员工创造力的影响研究. 杭州: 浙江大学.

王东, 刘国亮. 2012a. 虚拟学术社区的知识共享过程及其参与主体间关系研究. 图书情报工作, 56(8): 113-117.

王东, 刘国亮. 2012b. 虚拟学术社区及其知识共享实现机制研究框架. 科技进步与对策, 29(5): 138-141.

王金明, 田利娟. 2003. 试论知识管理与企业文化的转型. 企业经济, (9): 154-155.

王金鹏. 2008. 浅析博客对知识转移的推动作用. 华中师范大学研究生学报, 15(4): 123-126.

王锦花. 2008. 教育博客——构筑高校新型师生关系的载体. 社科纵横, 23(6): 256-257.

王晶晶. 2008. 基于教育博客的面向信息化的教师专业发展个案研究. 北京: 首都师范大学.

王娟. 2012. 组织内部知识共享过程中的影响因素分析. 情报科学, 30(7): 993-998.

王飒, 崔宇红, 包丽颖. 2013. 学术博客在学科知识交流中的作用分析——基于科学网博客的实证分析. 现代情报, 33(2): 125-128, 133.

王少峰. 2010. 关于推动教育博客深层次发展的思考. 中小学电教, (11): 10.

王士红. 2012. 组织动机感知、损失感知及知识共享意愿——面子的调节作用. 科研管理,

33(1): 56-63.

王学东, 杜晓曦, 石自更. 2013. 面向学术博客知识交流的社会网络中心性分析. 情报科学, 31(3): 3-8, 16.

王言峰. 2010. 基于计划行为理论的组织内知识共享研究. 南京: 南京大学.

王周秀. 2007. Blog 在高校教师知识管理中的应用. 教育技术导刊, (10): 36-37.

魏丹丹, 陈美芳. 2007. 知识管理在教育博客中运用的冷思考. 文教资料(上旬刊), (11): 90-92.

魏宁. 2004. 教师反思的新工具——Blog. 中小学管理, (10): 52-53.

魏宁. 2007. 教育博客的发展: 一个阶段框架. 软件导刊, (16): 1.

文鹏, 廖建桥. 2008. 国外知识共享动机研究述评. 科学学与科学技术管理, 29(11): 92-96.

吴巧燕. 2013. 浅谈教育博客在信息技术教学中的应用. 课程教育研究, (3): 143.

吴盛. 2003. 以计划行为理论探讨资讯人员的知识分享行为. 高雄: 中山大学.

吴淑铃. 2001. 企业特性、人力资源管理措施与知识导向文化关系之研究. 高雄: 中山大学.

吴祐昕. 2008. 基于 Web2.0 的教育博客对大学教与学的信息化推进. 江南大学学报: 教育科学版, (1): 85-88.

席彩丽. 2011. 基于信任原则的博客知识共享研究. 图书馆学研究, (11): 17-20.

夏湘远. 2009. 企业隐性知识共享的技术支撑. 求索, (3): 86-88.

谢佳琳, 覃鹤. 2011. 基于学术博客的知识交流研究. 情报杂志, 30(8): 159-162.

谢园园. 2013. "教育技术" 微博圈知识扩散网络结构研究. 武汉: 华中师范大学.

徐满, 曹艳. 2013. 利用高校教师博客, 开展隐性专业教育. 边疆经济与文化, (5): 118-119.

徐美凤, 叶继元. 2011. 学术虚拟社区知识共享行为影响因素研究. 情报理论与实践, 34(11): 72-77.

徐英萍, 范郭昌骅, 欧秀芳. 2009. 教育博客期刊论文内容分析研究. 中国远程教育: 综合版, (10): 61-65.

阎继宏. 2008. 基于知识管理的企业文化. 北京石油管理干部学院学报, (2): 73-75.

阳大胜, 陈搏. 2005. 我国知识管理严重缺乏效率的症结: 共享文化缺失. 广州市经济管理干部学院学报, 7(3): 6-10.

阳燊, 张仙, 黎加厚. 2006. 教育 Blog 促进教师专业发展的现状分析与展望. 中国电化教育, (2): 39-42.

杨国枢. 1993a. 我们为什么要建立中国人的本土心理学. 本土心理学研究, (1): 6-28.

杨国枢. 1993b. 中国人的社会取向//杨国枢, 余安邦. 中国人的心理与行为: 理论与方法篇. 台北: 桂冠图书公司: 21-54.

杨欢耸. 2010. 教育博客促进教师专业发展的案例与分析. 华中师范大学学报(人文社会科

学版), (1): 82-86.

杨倩. 2011. 教育博客与教师专业化发展. 高教研究, (2): 106-107.

杨书成. 2006. 从社会交换理论观点探讨团队成员内隐知识取得与分享之研究. 桃园: 中央大学.

杨小玲. 2013. 教育博客与教师个体专业发展. 赣南师范学院学报, (4): 92-95.

姚丽芬, 赖传涛. 2007. 促进教育博客可持续发展的对策研究. 成才之路, (35): 7-9.

姚璇, 罗国峰. 2009. 刍议知识博客在知识管理中的应用. 情报探索, (1): 102-104.

易志亮. 2004. 博客及其引申的知识管理在中小学教育中的应用研究. 上海: 华东师范大学.

尹成, 尹茂坡. 2009. 对教育博客发展现状的调查与反思. 山东水利职业学院院刊, (2): 44-46.

应吉康. 2002. 信息系统的高友好性用户界面的设计. 微型电脑应用, (11): 46-49.

于米. 2011. 个人/集体主义倾向与知识分享意愿之间的关系研究: 知识活性的调节作用. 南开管理评论, 14(6): 149-157.

曾尔雷. 2006. 博客博客在创建学习型图书馆中的意义. 情报探索, (12): 58-59.

詹小路, 王淑华. 2010. 从博客使用看大学生网络媒介素养现状及教育走向. 中国广播电视学刊, 229(4): 36-38.

张赫, 武玉英, 闫健美. 2008. 博客社区中知识交流行为探究. 中国市场, (39): 114-116.

张鹏, 孙潇静. 2004. 建立符合知识管理要求的企业文化. 电子商务世界, (6): 44-46.

张莉, 齐中英, 田也壮. 2005. 知识转移的影响因素及转移过程研究. 情报科学, (11): 1606-1609.

张莉靖, 曹殿波. 2010. 教育博客——想说爱你不容易. 科教文汇(下旬刊), (7): 198-199.

张亮. 2005. 知识管理下的企业文化建设探析. 市场周刊, (8): 117-118.

张萍. 2007. 论博客文化与知识共享. 现代教育技术, 17(11): 22-24, 12.

张胜, 赵兆平, 熊钰. 2007. 博客(Blog)在高等教育中的应用. 中国成人教育, (1): 67-68.

张学锋. 2007. 教育博客在高校教育教学中的应用. 长春师范学院学报(自然科学版), 26(2): 149-152.

张学侠. 2012. 教育博客促进学习型教师团队的创建. 北京教育学院学报: 社会科学版, 26(1): 26-28.

张亚. 2012. 数字环境下图书馆知识共享的影响因素研究. 兰台世界, (12): 113-114.

赵宇翔, 朱庆华. 2010. Web2.0 环境下影响用户生成内容动因的实证研究: 以土豆网为例. 情报学报, 29(3): 449-459.

赵卓嘉, 宝贡敏. 软科学. 面子需要对个体知识共享意愿的影响. 2010, 24(6): 89-93.

郑映锋. 2011. 基于博客的图书馆知识转移探究. 农业网络信息, (4): 45-47.

钟兰凤. 2008. 教育博客、自我认同与教师发展. 安庆师范学院学报(社会科学版), (7): 122-125.

钟山, 金辉, 赵曙明. 2015. 中国传统文化视角下高校教师教育博客知识共享意愿研究. 管理学报, 12(11): 1607-1613.

周建新. 2009. 教育博客"狂欢"后的思考. 中国教育信息化, (20): 9-11.

周军杰, 左美云. 2012. 线上线下互动群体分化与知识共享的关系研究——基于虚拟社区的实证分析. 中国管理科学, 20(6): 185-192.

周良梅. 2009. 基于博客的中小学教师专业发展研究. 企业技术开发月刊, 28(1): 160-161.

周琳洁. 2011. 基于博客的图书馆隐性知识转移模式分析. 图书馆学研究, (9): 48-51, 78.

朱洪军, 徐玖平. 2008. 企业文化、知识共享及核心能力的相关性研究. 科学学研究, 26(4): 820-826.

邹婷. 2013. 运用教育博客促进教师专业成长的策略探研. 快乐阅读, (10): 37.

左美云. 2004. 企业信息化主体间的六类知识转移. 计算机系统应用, (8): 72-74.

Abrams L C, Cross R, Lesser E, et al. 2003. Nurturing interpersonal trust in knowledge-sharing networks. Academy of Management Executive, 17(4): 64-77.

Adams J S. 1965. Inequity in social exchange//Berkowitz L. Advances in experimental social psychology. New York: Academic Press, 267-289.

Ajjan H, Hartshorne R. 2008. Investigating faculty decisions to adopt Web 2. 0 technologies: theory and empirical tests. The Internet and Higher Education, 11(2): 71-80.

Ajzen I. 1991. The theory of planned behavior. Organizational Behavior and Human Decision Processes, 50(2): 179-211.

Ajzen I. 2000. Perceived behavioral control, self-efficacy, locus of control, and the theory of planned behavior. Journal of applied social psychology, 32(4): 665-683.

Ajzen I, Fishbein M. 1980. Understanding attitudes and predicting social behaviour. Englewood Cliffs: Practice-Hall, 31-52.

Alavi M, Kanyworth T, Leidner D E. 2003. An empirical examination of the influence of organizational culture on knowledge management practices. Journal of Management Information Systems, 22(3): 191-224.

Albarracin D, Johnson B T, Fishbein M, et al. 2001. Theories of reasoned action and planned behavior as models of condom use: a meta-analysis. Psychological Bulletin, 127(1): 142-161.

Andrews D, Preece J, Turoff M. 2002. A conceptual framework for demographic groups resistant to on-line community interaction. International Journal of Electronic commerce, 6(3): 9-24.

Andrews D. 2002. Audience-specific online community design. Communications of the ACM, 45(4): 64-68.

Ardichvili A, Page V, Wentling T. 2003. Motivation and barriers to participation in virtual knowledge-sharing communities of practice. Journal of Knowledge Management, 7(1): 64-77.

Arnold B. 2007. Blog statistics and demographics, Caslon Analytics Blogging. http: //www. caslon. com. au/weblogprofile1. htm [2007-06-11].

Ashforth B E, Mael F A. 1989. Social identity theory and the organization. Academy of Management Review, 14(1): 20-39.

Ba S. 2001. Establishing online trust through a community responsibility system. Decision Support Systems, 31(4): 323-336.

Bagozzi R P, Dholakia U M. 2002. Intentional social actions in virtual communities. Journal of Interactive Marketing, 16(2): 2-21.

Bagozzi R P, Yi Y. 1988. On the evaluation of structural equation models. Journal of the academy of marketing science, 16(1): 74-94.

Bandura A. 1977a. Self-efficacy: toward a unifying theory of behavioral change. Psychological review, 84(2): 191.

Bandura A. 1977b. Social learning theory. Englewood Cliffs: Prentice-Hall: 41-63.

Bandura A. 1982. Self-efficacy mechanism in human agency. American Psychologist, 37(2): 122-147.

Bandura A. 1986. Social foundations of thought and action: a social cognitive theory. Englewood Cliffs: Prentice-Hall, 75-86.

Bandura A. 1997. Self-efficacy: the exercise of control. New York: W. H. Freeman and Company, 18-27.

Barr S H, Conlon E J. 1994. Effects of distribution of feedback in work groups. Academy of Management Journal, 37(3): 641-655.

Bartol K M, Srivastava A. 2002. Encouraging knowledge sharing: the role of organizational reward systems. Journal of Leadership & Organizational Studies, 9(1): 64-76.

Baumeister R F. 1982. A self-presentational view of social phenomena. Psychological Bulletin, 91(1): 3-26.

Bergami M, Bagozzi R P. 2000. Self-categorization, affective commitment and group self-esteem as distinct aspects of social identity in the organization. British Journal of Social Psychology, 39(4): 555-577.

Blau P M. 1964. Exchange and power in social life. New York: Wiley, 53-79.

Blood R. 2002. Weblogs: a history and perspective//Rodzvilla J. We've got blog: how weblogs are changing our culture. Cambridge: Perseus Publishing, 7-16.

Bock G W, Kim Y G. 2002. Breaking the myths of rewards: an exploratory study of attitudes about knowledge sharing. Information Resources Management Journal, 15(2): 14-21.

Bock G W, Zmud R W, Kim Y G, et al. 2005. Behavioral intention information in knowledge sharing: examining the roles of extrinsic motivators, social-psychological forces, and organizational climate. MIS Quarterly, 29(1): 87-111.

Botkin J W. 1999. Smart business: how knowledge communities can revolutionize your company. New York: The Free Press, 78-95.

Bourdieu P. 1980. The social capital. The Research on Sciences Socials, 31(1): 2-3.

Bourdieu P. 1986. The forms of capital//Richardson J G. Handbook of theory and research for the sociology of education. New York: Greenwood Press, 241-258.

Buckman R H. 1998. Knowledge sharing at Buckman Labs. Journal of Business Strategy, 19(1): 11-15.

Budman M. 2003. Internet life: What your customers are doing online. Across the Board, 40(1): 59-60.

Butler B, Sproull L, Kiesler S, et al. 2007. Community effort in online groups: who does the work and why//Weisband S, Atwater L. Leadership at a Distance. New York: Lawrence Erlbaum Publishers, 171-194.

Cabrera A, Cabrera E F. 2002. Knowledge-sharing dilemmas. Organization studies, 23(5): 687-710.

Calder B J, Staw B M. 1975. The self-perception of intrinsic and extrinsic motivation. Journal of Personality and Social Psychology, 31(4): 599-605.

Chai S, Kim M. 2010. What makes bloggers share knowledge? An investigation on the role of trust. International Journal of Information Management, 30(5): 408-415.

Chang M K. 1998. Predicting unethical behavior: a comparison of the theory of reasoned action and the theory of planned behavior. Journal of business ethics, 17(16): 1825-1834.

Chen C J, Hung S W. 2010. To give or to receive? Factors influencing members' knowledge sharing and community promotion in professional virtual communities. Information & Management, 47(4): 226-236.

Chennamaneni A. 2006. Determinants of knowledge sharing behaviors: developing and testing an integrated theoretical model. The University of Texas at Arlington, 45-63.

Chiang I P, Chiang Y H, Lin Y C. 2013. The antecedents and consequences of blogging behavior. Social Behavior and Personality: an international journal, 41(2): 311-317.

Chiu C M, Hsu M H, Wang E T G. 2006. Understanding knowledge sharing in virtual communities: an integration of social capital and social cognitive theories. Decision Support Systems, 42(3): 1872-1888.

Chou S W, Chang Y C. 2008. An empirical investigation of knowledge creation in electronic networks of practice: social capital and theory of planned behavior(TPB). Proceedings of the 41st Hawaii International Conference on System Sciences, 1-10.

Chow C W, Deng F J, Ho J L. 2000. The openness of knowledge sharing within organizations: a comparative study of the United States and the People's Republic of China. Journal of Management Accounting Research, 12(1): 65-95.

Chow C W, Harrison G L, McKinnon J L, et al. 1999. Cultural influences on informal information sharing in Chinese and Anglo-American organizations: an exploratory study. Accounting, Organizations and Society, 24(7): 561-582.

Chow W S, Chan L S. 2008. Social network, social trust and shared goals in organizational knowledge sharing. Information & Management, 45(7): 458-465.

Chowdhury S. 2005. The role of affect- and cognition-based trust in complex knowledge sharing. Journal of Managerial Issues, 17(3): 310-326.

Chua A. 2003. Knowledge sharing: a game people play. Aslib proceedings, 55(3): 117-129.

Chung L H. 2001. The Role of Management in knowledge transfer. Third Asian Pacific Interdisciplinary Research in Accounting Conference Adelaide, 15-17.

Cialdini R B, Kallgren C A, Reno R R. 1991. A focus theory of normative conduct: a theoretical refinement and reevaluation of the role of norms in human behavior. Advances in experimental social psychology, 24(20): 201-234.

Cialdini R B, Reno R R, Kallgren C A. 1990. A focus theory of normative conduct: recycling the concept of norms to reduce littering in public places. Journal of personality and social psychology, 58(6): 1015-1026.

Cohen J, Cohen P. 1983. Applied multiple regression/correlation analysis for the behavioral sciences. Hillsdale: Lawrence Erlbaum Associates Press, 11-19.

Cohn M A, Matthias RM, Pennebaker J W. 2004. Linguistic markers of psychological change surrounding September 11, 2001. Psychol Science, 15(10): 687-693.

Collins H M. 2001. Tacit knowledge, trust and the Q of sapphire. Social Studies of Science, 31(1): 71-85.

Compeau D R, Higgins C A. 1995a. Application of social cognitive theory to training for computer skills. Information Systems Research, 6(2): 118-143.

Compeau D R, Higgins C A. 1995b. Computer self-efficacy: development of a measure initial test . MIS Quarterly, 19(2): 189-211.

Compeau D R, Higgins C A, Huff S. 1999. Social cognitive theory and individual reactions to computing technology: a longitudinal study. MIS Quarterly, 23(2): 145-158.

Connelly C E, Kelloway E K. 2003. Predictors of employees' perceptions of knowledge sharing cultures. Leadership & Organization Development Journal, 24(5/6): 294-301.

Conner M, Armitage C J. 1998. Extending the theory of planned behavior: a review for further research. Journal of Applied Social Psychology, 28(15): 1429-1464.

Constant D, Kiesler S, Sproull L. 1994. What's mine is ours, or is it? A study of attitudes about information sharing. Information Systems Research, 5(4): 400-421.

Constant D, Sproull L, Kiesler S. 1996. The kindness of strangers: the usefulness of electronic weak ties for technical advice. Organization Science, 7(2): 119-135.

Corritore C L, Kracher B, Wiedenbeck S. 2003. On-line trust: concepts, evolving themes, a model. International Journal of Human-Computer Studies, 58(6): 737-758.

Currall S C, Judge T A. 1995. Measuring trust between organizational boundary role persons. Organizational Behavior & Human Decision Processes, 64(2): 151-170.

Czerwinski M L K. 2002. Cognition and the web: Moving from theory to design//Ratner J. Human factors and web development. Hillsdale: Erlbaum, 147-165.

Dasgupta P. 1988. Trust as a commodity//Gambetta D. Trust: making and breaking cooperative relations. New York: Basil Blackwell, 49-72.

Davenport T H, Klahr P. 1998. Managing customer support knowledge. California Management Review, 40(3): 195-208.

Davenport T H, Prusak L. 1998. Working knowledge: How organizations manage what they know. Boston: Harvard Business Press, 21-56.

Davis F D. 1989. Perceived usefulness, perceived ease of use, and user acceptance of information technology. MIS Quarterly, 13(3): 319-399.

Davis F D. 1993. User acceptance of information technology: system characteristics, user perceptions and behavioral impacts. International Journal of Man Machine Studies, 38(3): 475-487.

Davis F D, Bagozzi R P, Warshaw P R. 1989. User acceptance of computer technology: a comparison of two theoretical models. Management Science, 35(8): 982-1003.

De Long D, Fahey L. 2000. Diagnosing cultural barriers to knowledge management. Academy of Management Executive, 14(4): 113-127.

Decharms R. 1968. Personal causation: the internal affective determinants of behavior. New York: Academic, 129-130.

Deci E L. 1971. Effects of externally mediated rewards on intrinsic motivation. Journal of Personality and Social Psychology, 18(1): 105-115.

Deci E L. 1975. Intrinsic motivation. New York: Plenum, 15-19.

Delahaye B L. 2000. Human resource development: Principles and practice. Brisbane: John Wiley & Sons, 12-16.

Dholakia U M, Bagozzi R P, Pearo L K. 2004. A social influence model of consumer participation in network- and small-group-based virtual communities. International Journal of Research in Marketing, 21(3): 241-263.

Dirks K T. 1999. The effects of interpersonal trust on work group performance. Journal of Applied Psychology, 84(3): 445-455.

Dixon N M. 2000. Common knowledge: How companies thrive by sharing what they know. Boston: Harvard Business Press, 21-26.

Dyer J H, Chu W. 2003. The role of trustworthiness in reducing transaction costs and improving performance: empirical evidence from the United States, Japan, and Korea. Organization Science, 14(1): 57-68.

Eagly A H, Chaiken S. 1993. The psychology of attitudes. New York: Harcourt Brace Jovanovich College Publishers, 13-17.

Easley R F, Devaraj S, Crant J M. 2003. Relating collaborative technology use to teamwork quality and performance: an empirical analysis. Journal of Management Information Systems, 19(4): 247-268.

Eriksson I V, Dickson G W. 2000. Knowledge sharing in high technology companies. Americas Conference on Information Systems(AMCIS), 1330-1335.

Farmer J, Bartlett-Bragg A. 2005. Blogs @ anywhere: high fidelity online communication. Balance, Fidelity, Mobility: Maintaining the momentum, ASCILITE: 27-36.

Fehr E, Gachter S. 2000. Fairness and retaliation: the economics of reciprocity. Journal of Economic Perspectives, 14(40): 159-181.

Fishbein M, Ajzen I. 1975. Belief, attitude, intention and behavior: an introduction to theory and research. Don Mills: Wesley, 29-34.

Fornell C, Larcker D F. 1981. Structural equation models with unobservable variables and measurement error: algebra and statistics. Journal of marketing research, 18(3): 382-388.

French D P, Sultion S, Hennings S J, et al. 2005. The importance of affective beliefs and altitudes in the theorg of planned behavior: prediction intention to increase physical activity. Journal of Applied Social Psychology, 35(9): 1824-1848.

Furukawa T, Matsuzawa T, Matsuo Y, et al. 2006. Analysis of user relations and reading activity in weblogs. Electronics & Communications in Japan, 89(12): 88-96.

Gagné M. 2009. A model of knowledge-sharing motivation. Human Resource Management, 48(4): 571-589.

Galegher J, Sproull L, Kiesler S. 1998. Legitimacy, authority, and community in electronic support groups. Written Communication, 15(4): 493-530.

Gefen D. 2000. E-commerce: the role of familiarity and trust. Omega, 28(6): 725-737.

Gefen D, Karahanna E, Straub D W. 2003a. Inexperience and experience with online stores: the importance of TAM and trust. IEEE Transactions on Engineering Management, 50(3): 307-321.

Gefen D, Karahanna E, Straub D W. 2003b. Trust and TAM in online shopping: an integrated model. Mis Quarterly, 27(1): 51-90.

Gerrard P, Cunningham J B. 2003. The diffusion of internet banking among Singapore consumers. International Journal of Bank Marketing, 21(1): 16-28.

Gibbert M, Krause H. 2002. Practice exchange in a best practice marketplace//Davenport T H, Probst G J B. Knowledge management case book: siemens best practices. Erlangen: Publicis Corporate Publishing, 89-105.

Gilbert M, Cordey-Hayes M. 1996. Understanding the process of knowledge transfer to achieve successful technological innovation. Technovation, 16(6): 301-312.

Gist M E, Mitchell T R. 1992. Self-efficacy: a theoretical analysis of its determinants and malleability. Academy of Management Review, 17(2): 183-211.

Glasser P. 1998. The knowledge factor-knowledge management. CIO Magazine, 12(6): 108-114.

Goodhue D L, Thompson R L. 1995. Task-technology fit and individual performance. MIS Quarterly, 19(2): 213-236.

Gorsuch R. 1983. Factor analysis. Hillsdale: Erlbaum: 97-103.

Guadagno R E, Okdie B M, Eno C A. 2008. Who blogs? Personality predictors of blogging.

Computers in Human Behavior, 24(5): 1993-2004.

Hall E T. 1976. Beyond culture. New York: Anchor Books/Doubleday Press, 61-84.

Hall H. 2001. Input-friendliness: motivating knowledge sharing across intranets. Journal of Information Science, 27(3): 139-146.

Hargadon A B. 1998. Firms as knowledge brokers: lessons in pursuing continuous innovation. California management review, 40(3): 209-227.

Hars A, Ou S. 2002. Working for free? Motivations for participating in open-source projects. International Journal of Electronic Commerce, 6(3): 25-39.

Hartshorne R, Ajjan H. 2009. Examining student decisions to adopt Web 2. 0 technologies: theory and empirical tests. Journal of Computing in Higher Education, 21(3): 183-198.

Hendriks P. 1999. Why share knowledge? The influence of ICT on the motivation for knowledge sharing. Knowledge and process management, 6(2): 91-100.

Herring S C, Scheidt L A, Wright E, et al. 2005. Weblogs as bridging genre. Information Technology & People, 18(2): 142-171.

Hildreth P M, Kimble C. 2002. The duality of knowledge. Information Research. Http: //informationr. net/ir/8-1/paper142. html[2012-08-01].

Hobfoll S E, Lilly R S. 1993. Resource conservation as a strategy for community psychology. Journal of Community Psychology, 21(2): 128-148.

Hof R, Browder S, Elstrom P. 1997. Internet communities-forget surfers. A new class of netizen is settling right. Business Week, (5): 38-45.

Hoffer J A, Alexander M B. 1992. The diffusion of database machines. Data Base, 23(2): 13-20.

Hofstede G. 1980. Culture and organizations. International Studies of Management & Organization, 10(4): 15-41.

Hofstede G. 1994. Values survey module 1994 manual. The Netherlands: IRIC, 12-23.

Hofstede G. 1998. Identifying organizational subcultures: an empirical approach. Journal of Management Studies, 35(1): 1-12.

Holloway A. 2006. To blog, or not to blog? Canadian Business, 80(1): 15.

Hsu C L, Lin J C C. 2008. Acceptance of blog usage: The roles of technology acceptance, social influence and knowledge sharing motivation. Information & Management, 45(1): 65-74.

Hsu C L, Lu H P. 2004. Why do people play on-line games? An extended TAM with social influences and flow experience. Information & Management, 41(7): 853-868.

Hsu M H, Chiu C M. 2004. Internet self-efficacy and electronic service acceptance. Decision Support Systems, 38(3): 369-381.

Hsu M H, Ju T L, Yen C H, et al. 2007. Knowledge sharing behavior in virtual communities: the relationship between trust, self-efficacy, and outcome expectations. International Journal of Human-Computer Studies, 65(2): 153-169.

Huang Q, Davison R M, Gu J. 2008. Impact of personal and cultural factors on knowledge sharing in China. Asia Pacific Journal of Management, 25(3): 451-471.

Huang Q, Davison R M, Gu J. 2011. The impact of trust, guanxi orientation and face on the intention of Chinese employees and managers to engage in peer-to-peer tacit and explicit knowledge sharing. Information Systems Journal, 21(6): 557-577.

Huffaker D A, Calvert S L. 2005. Gender, identity, and language use in teenage blogs. Http: //jcmc. indiana. edu/vol10/issue2/huffaker. html[2011-10-2].

Hung S Y, Chang C M. 2005. User acceptance of WAP services: test of competing theories. Computer Standards & Interfaces, 27(4): 359-370.

Hutchings K, Michailova S. 2004. Facilitating knowledge sharing in Russian and Chinese subsidiaries. Journal of Knowledge Management, 8(2): 84-94.

Hutchings K, Michailova S. 2006. The impact of group membership on knowledge sharing in Russia and China. International Journal of Emerging Markets, 1(1): 21-34.

Hwang Y J. 2012. Understanding moderating effects of collectivist cultural orientation on the knowledge sharing attitude by email. Computers in Human Behavior, 28(6): 2169-2174.

Hwang Y, Kim D J. 2007. Understanding affective commitment, collectivist culture, and social influence in relation to knowledge sharing in technology mediated learning. IEEE Transactions on Professional Communication, 50(3): 232-248.

Igbaria M, Guimaraes T, Davis G. B. 1995a. Testing the determinants of microcomputer usage via a structural equation model. Journal of Management Information Systems, 11(4): 87-114.

Igbaria M, Iivari J. 1995b. The effects of self-efficacy on computer usage. Omega, 23(6): 587-605.

Igbaria M, Parasuraman S, Pavri F. 1990. A path analytic study of the determinants of microcomputer usage. Journal of Management Systems, 2(2), 1-14.

Jacobs J. 2000. Successful community creates bond with users. Business Times, 11(10): 5.

Jakob N. 2011. Participation inequality: Encouraging more users to contribute. Http: //www. useit. com/alertbox/participation_inequality. html [10-08-20].

Jarvenpaa S L. 1989. The effect of task and graphical format congruence on information processing strategies and decision making performance. Management Science, 35(3):

285-303.

Jarvenpaa S L. 1998. Is anybody out there? Antecedents of trust in global virtual teams. Journal of Management Information Systems, 14(4): 29-65.

Jarvenpaa S L, Staples D S. 2000. The use of collaborative electronic media for information sharing: an exploratory study of determinants. The Journal of Strategic Information Systems, 9(2): 129-154.

Jarvenpaa S L, Tractinsky N, Saarinen L. 1999. Consumer trust in an internet store: a cross-cultural validation. Journal of Computer-Mediated Communication, 5(2): 1-35.

Johnson R D, Marakas G M. 2000. Research report: the role of behavioral modeling in computer skills acquisition-toward refinement of the model. Information Systems Research, 11(4): 402-417.

Kankanhalli A, Tan B C, Wei K K. 2005. Contributing knowledge to electronic knowledge repositories: an empirical investigation. MIS Quarterly, 29(1): 113-143.

Käser P A W, Miles R E. 2001. Knowledge activists: the cultivation of motivation and trust properties of knowledge sharing relationships. Academy of Management Annual Meeting Proceedings, (1): 1-6.

Käser P A W, Miles R E. 2002. Understanding knowledge activists' successes and failures. Long Range Planning, 35(1): 9-28.

Kawaura Y, Yamashita K, Kawakami Y. 1999. What makes people keep writing Web diaries? Self-expression in cyberspace. Japanese Journal of Social Psychology, 14(3): 133-143(In Japanese).

Kelley H H, Thibaut J W. 1978. Interpersonal relations: a theory of interdependence. New York: Wiley, 35-47.

Kelman H C. 1958. Compliance, identification, and internalization: three processes of attitude change. Journal of Conflict Resolution, 2(1): 51-60.

Kim D, Ferrin D, Rao H R. 2007. A trust-based consumer decision making model in electronic commerce: the role of trust, perceived risk, and their antecedents. Decision Support Systems, 44(2): 544-564.

Kim D, Ferrin D, Rao H R. 2009. Trust and satisfaction, two stepping stones for successful e-commerce relationships: a longitudinal exploration. Information Systems Research, 20(2): 237-257.

Kim S, Lee H. 2006. The impact of organizational context and information technology on employee knowledge-sharing capabilities. Public Administration Review, 66(3): 370-385.

Kinch J W. 1968. Experiments on factors related to self-concept change. The Journal of social psychology, 74(2): 251-258.

Kirkman B L, Lowe K B, Gibson C B. 2006. A quarter century of Culture's Consequences: review of empiricical research incorporating Hofstede's cultural values framework. Journal of International Business Studies, 37(3): 285-320.

Ko D G, Kirsch L J, King W R. 2005. Antecedents of knowledge transfer from consultants to clients in enterprise system implementations. MIS quarterly, 29(1): 59-85.

Kolekofski K E, Heminger A R. 2003. Beliefs and attitudes affecting intentions to share information in an organizational setting. Information & Management, 40(6): 521-532.

Kollock P. 1999. The economies of online cooperation: Gifts and public goods in cyberspace//Smith M, Kollock P. Communities in Cyberspace. NewYork: Routledge, 220-239.

Krebs D. 1975. Empathy and altruism. Journal of Personality and Social psychology, 32(6): 1132-1146.

Lam J, Lee M. 2005. Bridge the digital divide—the role of internet selfefficacy towards learning computer and the internet among elderly in Hong Kong, China. Proceedings of the 38th Hawaii International Conference on System Science, 1-10.

Lang E M. 2005. Would you, could you, should you blog? Journal of Accountancy, 199(6): 36-41.

Lange D E. 1990. A blueprint for teacher development//Richards J, Nunan D. Second language teacher education. New York: Cambridge University Press, 245-268.

Langellier K M, Peterson E E. 2004. Storytelling in a Weblog: performing narrative in a digital age//Langellier K M, Peterson E E. Storytelling in daily life: performing narrative. Philadelphia: Temple University Press, 159-188.

Lee H, Choi B. 2003. Knowledge management enablers, processes, and organizational performance: an integrative view and empirical examination. Journal of Management Information Systems, 20(1): 179-228.

Lee M K, Cheung C M, Sia C L. 2006. Understanding customer knowledge sharing in web-based discussion boards. Internet Research, 16(3): 289-303.

Leonard D, Sensiper S. 1998. The role of tacit knowledge in group innovation. California management review, 40(3): 112-132.

Lesser E L. 2000. Leveraging social capital in organizations//Lesser E L. Knowledge and social capital: foundations and applications. Woburn: Butterworth Heinemann: 3-16.

Levett G P, Guenov M D. 2000. A methodology for knowledge management implementation. Journal of Knowledge Management, 4(3): 258-270.

Levin D, Cross R. 2003. The strength of weak ties you can trust: the mediating role of trust in effective knowledge transfer. Management Science, 50(11): 1477-1490.

Lewis W, Agarwal R, Sambamurthy V. 2003. Sources of influence on beliefs about information technology use: an empirical study of knowledge workers. MIS quarterly, 27(4): 657-678.

Liao H L, Liu S H, Pi S M. 2011. Modeling motivations for blogging: an expectancy theory analysis. Social Behavior and Personality: an international journal, 39(2): 251-264.

Lin H F. 2007. Effects of extrinsic and intrinsic motivation on employee knowledge sharing intentions. Journal of information science, 33(2): 135-149.

Lin H F. 2008. Determinants of successful virtual communities: contributions from system characteristics and social factors. Information & Management, 45(8): 522-527.

Lin M J J, Hung S W, Chen C J. 2009. Fostering the determinants of knowledge sharing in professional virtual communities. Computers in Human Behavior, 25(4): 929-939.

Lindskold S. 1978. Trust development, the GRIT proposal, and the effects of conciliatory acts on conflict and cooperation. Psychological Bulletin, 85(4): 772-793.

Lu H P, Hsiao K L. 2007. Understanding intention to continuously share information on weblogs. Internet Research, 17(4): 345-361.

Luarn P, Lin H H. 2005. Toward an understanding of the behavioral intention to use mobile banking. Computers in Human Behavior, 21(6): 873-891.

Luthans F, Peterson S J. 2003. 360-degree feedback with systematic coaching: empirical analysis suggests a winning combination. Human Resource Management, 42(3): 243-257.

Maccallum R C, Roznowski M, Mar C M, et al. 1994. Alternative strategies for cross-validation of covariance structure models. Multivariate Behavioral Research, 29(1): 1-32.

Malhotra Y, Galleta D. 2003. Role of commitment and motivation in knowledge management systems implementation: theory, conceptualization, and measurement of antecedents of success//Sprague R H. Proceedings of 36th Hawaii international conference on systems sciences. Los Alamitos, CA: IEEE Computer Society Press, 1-10.

Martin B. 2000. Knowledge management within the context of management: an evolving relationship. Singarpore Management Review, 22(2): 17-36.

Mathieson K. 1991. Predicting user intentions: comparing the technology acceptance model with the theory of planned behavior. Information Systems Research, 2(3): 173-191.

Mayer R C, Davis J H, Schoorman F D. 1995. An integrative model of organizational trust.

Academy of Management Review, 20(3): 709-734.

McAllister D. 1995. Affect and cognition-based trust as foundations for interpersonal cooperation in organizations. Academy of Management Journal, 38(l): 24-59.

McEvily B, Perrone V, Zaheer A. 2003. Trust as an organization principle. Organization Science, 14(1): 91-103.

McKnight D H, Choudhury V, Kacmar C. 2002. Developing and validating trust measures for e-commerce: An integrative typology. Information Systems Research, 13(3): 334-359.

McKnight D H, Cummings L L, Chervany N L. 1998. Initial trust formation in new organizational relationships. The Academy of Management Review, 23(3): 473-490.

McMillan D W, Chavis D M. 1986. Sense of community: a definition and theory. Journal of Community Psychology, 14(1): 6-23.

Meyer J P, Stanley D J, Herscovitch L, et al. 2002. Affective, continuance, and normative commitment to the organization: a meta-analysis of antecedents, correlates, and consequences. Journal of Vocational Behavior, 61(1): 20-52.

Miura A. 2007. Can weblogs cause the emergence of social intelligence? Causal model of intention to continue publishing weblog in Japan. Ai & Society, 22(2): 237-251.

Mohr J J, Sohi R. 1995. Communication-ows in distributed channels: impact on assessments of communication quality and satisfaction. Journal of Retailing, 71(4): 393-416.

Moon H, Park M. 2002. Effective reward systems for knowledge sharing: facilitating knowledge flow at Samsung Life Insurance. Knowledge Management Review, 4(6): 22-25.

Moon J W, Kim Y G. 2001. Extending the TAM for a world-wide-web context. Information & Management, 38(4): 217-230.

Moore G C. 1987. End user computing and ofiice automation: a diffusion of innovations perspective. Informaion, 25(3): 214-235.

Moore G C, Benbasat I. 1991. Development of an instrument to measure the perceptions of adopting an information technology innovation. Infromation Systems Research, 2(3): 192-222.

Moorman C, Zaltman G, Deshpande R. 1992. Relationships between providers and users of market research: the dynamics of trust within and between organizations. Journal of Marketing Research, 29(3): 314-328.

Morris M, Venkatesh V, Ackerman P. 2005. Gender and age differences in employee decisions about new technology: an extension to the theory of planned behavior. IEEE Transactions on Engineering Management, 52(1): 69-84.

Nahapiet J, Ghoshal S. 1998. Social capital, intellectual capital, and the organizational advantage. Academy of Management Review, 23(2): 246-266.

Nardi B A, Schiano D J, Gumbrecht M, et al. 2004. Why we blog. Communications of the ACM, 47(12): 41-46.

Nelson K M, Cooprider J G. 1996. The contribution of shared knowledge to IS group performance. Mis Quarterly, 21(4): 409-429.

Nonaka I. 1994. A dynamic theory of organizational knowledge creation. Organization Science, 5(1): 14-35.

Nonaka I, Takeuchi H, Takeuchi H. 1995. The knowledge-creating company: how Japanese companies create the dynamics of innovation. New York: Oxford University Press, 68-83.

O'Dell C, Grayson C J. 1998. If only we knew what we know: identification and transfer of internal best practices. California Management Review, 40(3): 154-174.

O'Reilly C, Chatman J. 1986. Organizational commitment and psychological attachment: the effects of compliance, identification, and internalization on prosocial behavior. Journal of applied psychology, 71(3): 492-499.

Organ D W. 1988. Organizational citizenship behavior: The good soldier syndrome. Lexington: Lexington Books, 23-34.

Panteli N, Sockalingam S. 2005. Trust and conflict within virtual inter-organizational alliances: a framework for facilitating knowledge sharing. Decision Support Systems, 39(4): 599-617.

Parker S K. 1998. Enhancing role breadth self-efficacy: the roles of job enrichment and other organizational interventions. Journal of Applied Psychology, 83(6): 835-852.

Paul D L, McDaniel J R R. 2004. A field study of the effect of interpersonal trust on virtual collaborative relationship performance. Mis Quarterly, 28(2): 183-227.

Pavlou P A, Fygenson M. 2006. Understanding and predicting electronic commerce adoption: an extension of the theory of planned behavior. Mis Quarterly, 30(1): 115-143.

Pavlou P A, Gefen D. 2004. Building effective online marketplaces with institution-based trust. Information Systems Research, 15(1): 35-62.

Petrock F. 1990. Corporate culture enhances profits. HR Magazine, 35(11): 64-66.

Pfeffer J, Salancik G R. 1978. The external control of organizations: a resource dependence perspective. New York: Harper and Row, 82-96.

Polanyi M. 1966. The tacit dimension. London: Routledge and Kegan Paul, 36-53.

Porter L W, Lawler E E. 1968. What job attitudes can tell us about employee motivation?

Harvard Business Review, 46(1): 118-126.

Preece J. 2000. Online communities: designing usability and supporting socialbilty. Chichester: John Wiley & Sons: 24-34.

Prensky M. 2001. Digital natives, digital immigrants Part 2: do they really think differently? On the Horizon, 9(9): 1-6.

Putnam R D. 2000. Bowling alone: the collapse and revival of American community. New York: Simon and Schuster, 55-67.

Quigley N R, Tesluk P E, Locke E A, et al. 2007. A multilevel investigation of the motivational mechanisms underlying knowledge sharing and performance. Organization Science, 18(1): 71-88.

Rand D M, Gibson A M. 1990. Methodology in business ethical research: a review and critical assessment. Journal of Business Research, 9(6): 457-471.

Ratnasingam P. 2005. Trust in inter-organizational exchanges: a case study in business to business electronic commerce. Decision Support Systems, 39(3): 525-544.

Rheingold H. 2000. The virtual community: homesteading on the electronic frontier. Cambridge: MIT Press, 101-115.

Ridings C M, Gefen D, Arinze B. 2002. Some antecedents and effects of trust in virtual communities. Journal of Strategic Information Systems, 11(3-4): 271-295.

Robinson S L. 1996. Trust and breach of the psychological contract. Administrative Science Quarterly, 41(4): 574-599.

Rogers E M. 1983. Diffusion of innovations. New York: The Free Press, 77-86.

Ruggles R. 1998. The state of notion: knowledge management in practice. California management review, 40(3): 80-89.

Ryan R M. 1982. Control and information in the intrapersonal sphere: an extension of cognitive evaluation theory. Journal of personality and social psychology, 43(3): 450-461.

Ryu S, Ho S H, Han I. 2003. Knowledge sharing behavior of physicians in hospitals. Expert Systems with applications, 25(1): 113-122.

Senge P. 1997. Sharing knowledge: the leader's role is key to a learning culture. Executive Excellence, 14(11): 17-19.

Shapin S. 1988. The house of experiment in seventeenth-century England. ISIS, 79(3): 373-404.

Sharratt M, Usoro A. 2003. Understanding knowledge-sharing in online communities of practice. Electronic Journal on Knowledge Management, 1(2): 187-196.

Sheppard B H, Hartwick J, Warshaw P R. 1988. The theory of reasoned action: a meta-analysis of past research with recommendations for modifications and future research. Journal of consumer Research, 50(2): 325-343.

Shih H P. 2004. An empirical study on predicting user acceptance of e-shopping on the Web. Information & Management, 41(3): 351-368.

Shih H P. 2006. Assessing the effects of self-efficacy and competence on individual satisfaction with computer use: an IT student perspective. Computers in Human Behavior, 22(6): 1012-1026.

Shin S K, Ishman M, Sanders G L. 2007. An empirical investigation of socio-cultural factors of information sharing in China. Information & Management, 44(2): 165-174.

Shumaker S, Brownell A. 1984. Toward a theory of social support: closing conceptual gaps. Journal of Social Issues, 40(4): 11-36.

Silver W S, Mitchell T R, Gist M E. 1995. Responses to successful and unsuccessful performance: the moderating effect of self-efficacy on the relationship between performance and attributions. Organizational Behavior and Human Decision Process, 62(3): 286-299.

Smith D H. 1981. Altruism, volunteers, and volunteerism. Nonprofit and Voluntary Sector Quarterly, 10(1): 21-36.

Strub P J, Priest T B. 1976. Two patterns of establishing trust: the marijuana user. Sociological Focus, 9(4): 399-411.

Swann W B, Schroeder D G. 1995. The search for beauty and truth: a framework for understanding reactions to evaluations. Personality and Social Psychology Bulletin, 21(12): 1307-1318.

Szulanski G. 1996. Exploring internal stickiness: impediments to the transfer of best practice within the firm. Strategic management journal, 17(winter special issue): 27-43.

Tang Z, Hu Y, Smith M D. 2008. Gaining trust through online privacy protection: self-regulation, mandatory standards, or caveat emptor. Journal of Management Information Systems, 24(4): 153-173.

Taylor S, Todd P A. 1995a. Decomposition and crossover effects in the theory of planned behavior: a study of consumer adoption intentions. International journal of research in marketing, 12(2): 137-155.

Taylor S, Todd P A. 1995b. Understanding information technology usage: a test of competing models. Information Systems Research, 6(2): 144-176.

Te'eni D. 2001. Review: a cognitive-affective model of organizational communication for designing IT. MIS Quarterly, 25(2): 251-312.

Technorati Inc. 2008. State of the blogosphere 2008. Http: //www. technorati. com. html [2010-08-13].

Terry D J, O'Leary J E. 1995. The theory of planned behavior: the effects of perceived behavioral control and self-efficacy. British Journal of Social Psychology, 34(2): 199-220.

Thatcher J B, Loughry M L, Lin J, et al. 2007. Internet anxiety: an empirical study of the effects of personality, belief, and social support. Information & Management, 44(4): 353-363.

Thibaut J W, Kelly H H. 1959. The Social Psychology of Groups. New York: John Wiley & Sons: 3-10.

Thorn B K, Connolly T. 1987. Discretionary data bases a theory and some experimental findings. Communication Research, 14(5): 512-528.

Tohidinia Z, Mosakhani M. 2010. Knowledge sharing behaviour and its predictors. Industrial Management & Data Systems, 110(4): 611-631.

Tornatzky L G, Klein K J. 1982. Innovation characteristics and innovation adoption-implementation: A meta-analysis of findings. IEEE Transactions on Engineering Management, 29(1): 28-45.

Tsai W, Ghoshal S. 1998. Social capital and value creation: The role of intrafirm networks. Academy of Management Journal, 41(4): 464-476.

Tsui A S. 2004. Contributing to global management knowledge: A case for high quality indigenous research. Asia Pacific Journal of Management, 21(4): 491-513.

Tsui A S, Farh J L. 1997. Where guanxi matters: Relational demography and guanxi in the Chinese context. Work and Occupations, 24(1): 56-79.

Venkatesh V, Davis F D. 2000. A theoretical extension of the technology acceptance model: four longitudinal field studies. Management Science, 46(2): 186-204.

Venkatesh V, Morris M G. 2000. Why don't men ever stop to ask for directions? Gender, social influence, and their role in technology acceptance and usage behavior. MIS Quarterly, 24(1): 115-139.

Venkatesh V, Morris M G, Davis G B, et al. 2003. User acceptance of information technology: Toward a unified view. MIS quarterly, 27(3): 425-478.

Verkasalo M, Lappalainen P. 1998. A method of measuring the effciency of the knowledge utilization process. IEEE Transactions on Engineering Management, 45(4): 414-423.

Vessey I. 1991. Cognitive fit: a theory-based analysis of the graphs versus tables literature. Decision Sciences, 22(2): 219-240.

Viégas F B. 2005. Bloggers' expectations of privacy and accountability: an initial survey. Http: //jcmc. indiana. edu/vol10/issue3/viegas. html[2009-06-05].

Vijayasarathy L R. 2004. Predicting consumer intentions to use on-line shopping: the case for an augmented technology acceptance model. Information & Management, 41(6): 747-762.

Voelpel S C, Han Z. 2005. Managing knowledge sharing in China: the case of Siemens ShareNet. Journal of Knowledge Management, 9(3): 51-63.

Vogelstein F, Kirkpatrick D, Roth D, et al. 2005. 10 Tech trends to watch in 2005. Fortune, 151(1): 43-55.

Vroom V H. 1964. Work and motivation. New York: John Wiley, 7-12.

Wasko M M, Faraj S. 2000. It is what one does: why people participate and help others in electronic communities of practice. Journal of Strategic Information Systems, 9(2-3): 155-173.

Wasko M M, Faraj S. 2005. Why should I share? Examining social capital and knowledge contribution in electronic networks of practice. MIS Quarterly, 29(1): 35-57.

Webster J, Martocchio J J. 1992. Microcomputer playfulness: development of a measure with workplace implications. MIS Quarterly, 16(2): 201-227.

Wei J, Stankosky M, Calabrese F, et al. 2008. A framework for studying the impact of national culture on knowledge sharing motivation in virtual teams. The journal of information and knowledge management systems, 38(2): 221-231.

Wellman B, Gulia M. 1999. Virtual communities as communities: net surfers don't ride alone//Smith M A & Kollock P(Eds.). Communities in cyberspace. London: Routledge, 167-194.

Wernerfelt B. 1984. A resource-based view of the firm. Strategic Management Journal, 5(2): 171-180.

White K M, Terry D J, Hogg M A. 1994. Safer sex behavior: the role of attitudes, norms, and control factors. Journal of Applied Social Psychology, 24(24): 2164-2192.

Wu J B, Hom P W, Tetrick L E, et al. 2006. The norm of reciprocity: scale development and validation in the Chinese context. Management and Organization Review, 2(3): 377-402.

Xin K R, Pearce J L. 1996. Guanxi: Connections as substitutes for formal institutional support. Academy of Management Journal, 39(6): 1641-1658.

Yang M M. 1994. Gifts, favors, and banquets: The art of social relationships in China. Ithaca: Cornell University Press, 4-19.

Yoo W S, Suh K S, Lee M B. 2002. Exploring the factors enhancing member participation in virtual communities. Journal of Global Information Management, 10(3): 55-71.

Zhang K Z, Lee M K, Cheung C M, et al. 2009. Understanding the role of gender in bloggers' switching behavior. Decision Support Systems, 47(4): 540-546.

Zhang X, Cao Q, Grigoriou N. 2011. Consciousness of social face: the development and validation of a scale measuring desire to gain face versus fear of losing face. The Journal of Social Psychology, 151(2): 129-149.

Zhang Y, Hiltz S R, Zhang Y. 2003. Factors that influence online relationship development in a knowledge sharing community. Proceedings of the Ninth American Conference on Information Systems, 410-417.

Zint M. 2002. Comparing three attitude-behavior theories for predicting science teachers' intentions. Journal of research in science teaching, 39(9): 819-844.

索　引